实践哲学视野下的中学青年教师能力素质模型建构研究

赵光义 著

苏州大学出版社

图书在版编目(CIP)数据

实践哲学视野下的中学青年教师能力素质模型建构研究 / 赵光义著. —苏州:苏州大学出版社, 2021.5
ISBN 978-7-5672-3508-3

Ⅰ. ①实… Ⅱ. ①赵… Ⅲ. ①中学教师-教师素质-研究 Ⅳ. ①G635.1

中国版本图书馆 CIP 数据核字(2021)第 089827 号

书　名:	实践哲学视野下的中学青年教师能力素质模型建构研究
著　者:	赵光义
责任编辑:	周凯婷
装帧设计:	吴　钰
出版发行:	苏州大学出版社(Soochow University Press)
社　址:	苏州市十梓街1号　邮编: 215006
印　装:	镇江文苑制版印刷有限责任公司
网　址:	www.sudapress.com
邮　箱:	sdcbs@suda.edu.cn
邮购热线:	0512-67480030
销售热线:	0512-67481020
开　本:	700 mm×1 000 mm　1/16　印张: 15.25　字数: 250 千
版　次:	2021 年 5 月第 1 版
印　次:	2021 年 5 月第 1 次印刷
书　号:	ISBN 978-7-5672-3508-3
定　价:	55.00 元

凡购本社图书发现印装错误,请与本社联系调换。服务热线: 0512-67481020

前言 Preface

　　教师是教育发展的最大变量,中学青年教师是我国基础教育师资队伍的重要组成部分,是教育变革大潮中的中坚力量,肩负着国家富强、民族振兴的历史使命。纵观中国教师发展观的传统,主要经历了德行为先、强国树人、以生为本、多元共生四个阶段。在现代社会,由于工具理性与价值理性断裂、教师发展的过程向度与结果向度颠倒、教师生存压力与社会期待冲突等因素的交织影响,中学青年教师往往很容易迷失方向,陷入交往异化和主体性丧失的困境。教师的发展和发展观发生异化,直接导致教师能力素质发展的危机。虽然新时代中学青年教师专业发展的价值与意义是显而易见的,但当前中学青年教师专业发展的成效不尽如人意。如何有效提高中学青年教师专业成长的效能是新时代面临的重要问题,解决这个问题既需要实践探索,也需要有高屋建瓴的理论指引与哲学反思。通过哲学反思来追根溯源,追问中学青年教师在新时代发展的价值取向;追问新时代中学青年教师发展如何避免异化、回归本源;追问中学青年教师在人的发展和服务社会的价值取向之间如何兼顾;追问中学青年教师工具理性和价值理性之间如何和谐统一。我们需要从更高、更本质的层面思考与探讨这些问题,它关乎中学青年教师专业发展的根本方向。因此,在马克思实践哲学的视野下,以实践性、发展性、系统性为原则,建构符合时代要求的青年教师发展观,构建中学青年教师能力素质模型,助力中学青年教师实现自我提升与全面发展,不仅有益于填补相关研究领域的空白,还可为基础教育管理、青年教师教育提供哲学思考和科学实证,因而具有重要的理论价值与实践价值。

　　通过对马克思实践哲学及国内外教师能力素质发展相关概念的辨析,可以从马克思实践哲学的视角和高度更加明晰中学青年教师发展的理论内涵与中学青年教师的培育路径。中学青年教师的发展包含两个重要的向度：一是教师发展的结果向度，它是指教师作为一种职业的专业层面的发展，强调教师专业知识和专业技能的不断充实与实现；二是教师发展的过程向度，它是指教师作为人在教育实践活动中自我能力不断提升与超越的自我生成过程。教师发展的结果向度与过程向度共同构成了教师发展的基本内涵。这种视野下的青年教师发展观具有丰富的文化内涵，其出发点是"人"，人是发展的目的与绝对价值，发展是人的发展，是人不断地自我实现与自我完善、不断趋近于善与美的过程，它遵循生态本位原理、烛照时代精神，是多元共生、可持续的。

中学青年教师能力素质是指中学青年教师在担任教师这一职业角色时需要具备的知识、技能、人格、态度等要素的综合。不管是西方发达国家，还是中国都非常重视教师的专业发展。各国探索的共性在于都注意以"校本"为核心，通过教、学、研，融合知、行、思，进而提升教学效果，助力教师，培养学生，发展学校。从教师发展的历史沿革来看，中国教师发展观历经了古代、近代、现代三个阶段，其主体间的交往异化造成了教师发展观的异化与教师的主体性丧失，这直接导致了教师能力素质发展的危机。消解这一危机的途径是在马克思实践哲学的观照下，澄清教师发展的本质，回归教师发展的原初目的。由此可以看出，教师能力素质发展的目的包含两个层次：第一个层次是教师素质能力发展的直接目的，即促进教师专业知识、教学能力、职业道德等方面的提升与发展；第二个层次是教师素质能力发展的终极目的，即引导教师关注自身和学生生命的价值与意义，澄清与实现自身和学生生活的意义，关怀这个世界，对真理、仁爱、智慧、公正有所担当。

依照马克思实践哲学的方法论原则，本研究运用关键事件访谈法等质性研究方法对中学青年教师专业发展的实践状态进行了现实层面的审视。研究发现，中学青年教师担任的角色主要有四个：教学角色、管理角色、研究角色、自我提升角色，每种角色都应当有相对应的能力素质支撑。在中学青年教师视角下，教学名师的能力素质包括教师在教学过程中的素质、一般能力素质、自我提升中的素质、科研过程中的素质。中学青年教师能力素质的形成受到其个人特质、观念与感受、职业规划、自我提升等主观因素的影响，同时也受到学校环境、老教师的指引、培训学习等客观因素的影响。在质性研究的基础之上，本研究将中学青年教师能力素质分为教师教学能力素质、教师科研能力素质、教师自我提升能力素质三个方面，编制《中学青年教师教学能力素质问卷》

《中学青年教师科研能力素质问卷》《中学青年教师自我提升能力素质问卷》，运用量化研究的方法建立中学青年教师能力素质理论模型。研究发现，中学青年教师素质模型为二阶因素模型，二阶因素为教学能力素质、科研能力素质、自我提升能力素质。依据中学青年教师能力素质理论模型，通过对中学青年教师能力素质的现状调查，我们发现，中学青年教师能力素质普遍较高，其中科研能力素质相比于教学能力素质和自我提升能力素质较弱。在教学能力素质中，相对较差的是板书和多媒体能力；在科研能力素质中，相对较差的是科研技能；在自我提升能力素质中，相对较差的是自我提升途径。除科研能力外，在其他能力素质上基本呈现出先升高再下降的趋势，除了科研能力素质、自我提升能力素质外，教师的能力素质随着教龄增加而增强。同时，运用《中学青年教师能力素质影响因素问卷》对中学青年教师能力素质发展的影响因素进行调查，结果发现，青年教师任职学校及社会支持均会影响其能力素质的发展与提升，具体而言，学校环境正向可促进中学青年教师能力素质的发展，而且中学青年教师的社会支持越多，其能力素质发展越好。

  本书基于青年教师专业发展的哲学审视与中学青年教师能力素质发展的实证研究，结合青年教师发展学校的管理经验，探索出提升中学青年教师能力素质的三种主要策略。第一，建构青年教师能力发展的内生和外塑机制。内生策略具体表现为明晰自我发展阶段，践行自我提升理念；拓展已有知识边界，改造传统知识结构；完善自我个性特质，经营融洽人际关系。外塑策略具体表现为构建学校顶层设计，完整职后培育路径；严肃学校教学规范，全面辅导教学技能；创新激发科研意识，创设长效激励机制；完善监督考核机制，动态评估教师能力；积极投身社会，获取丰厚社会支持。第二，确定主体间性交往，构建双主体交往结构，消解交往异化困境。具体表现为，在教师的成长与教育生活中注重自我主体性建构的同时，在"我与你"的哲学理念下建构主体间性师生双主体交往模式，肯定教师与学生的主体地位；充分尊重学生的个性与差异，寻求适切的交往方式；保持对新事物的敏感，及时更新教育活动的方式与手段。第三，塑造完整的人，回归教育的终极目的。中学青年教师能力素质模型与策略研究要求我们在马克思实践哲学的观照下，进行深刻的审视与反思，重新唤起对原初使命的关照。借助这些手段与途径，来达到生而为人的本质，使生命完满，最终实现与教育目的的统合。

目录

☞ 导论 ……………………………………………………… 1
第一节 问题的提出 ………………………………………… 1
一、教师的社会存在本质与当代青年教师的时代使命 ………… 1
二、教师教育在发展过程中的异化 …………………………… 5
三、相关领域研究的现状与不足 ……………………………… 6
第二节 关于中学青年教师能力素质模型的文献综述 ………… 8
一、对青年教师的研究综述 …………………………………… 8
二、对中学青年教师的研究综述 ……………………………… 13
三、能力素质模型的研究综述 ………………………………… 15
四、教师能力素质模型研究综述 ……………………………… 19
第三节 研究目的与研究价值 ………………………………… 24
一、研究目的 …………………………………………………… 24
二、研究价值 …………………………………………………… 24
第四节 研究思路与研究方法 ………………………………… 25
一、研究思路 …………………………………………………… 25
二、研究方法 …………………………………………………… 26
三、研究问题 …………………………………………………… 27

☞ 第一章 马克思实践哲学的基本内涵及其方法论原则 … 29
第一节 马克思实践哲学的基本内涵 ………………………… 29
一、马克思实践哲学中的"实践"概念 ……………………… 30
二、马克思实践哲学的理论范式 ……………………………… 36

第二节 马克思实践哲学的方法论原则 ……………………… 39
一、把对象当作实践来理解 ………………………………… 40
二、以实践为研究出发点 …………………………………… 41
三、以实证科学为具体方法 ………………………………… 44
四、遵循逻辑与历史相统一的辩证思维 …………………… 47
五、以"现实的个人"的发展为目标旨趣 ………………… 49

第二章 中国教师发展观的传统 …………………………… 53
第一节 中国古代的教师发展的价值取向：德行为先 ……… 53
一、修身养德的教师道德素养 ……………………………… 54
二、德行为先的教师知识素养 ……………………………… 55
三、言传身教的教师教学能力素养 ………………………… 55
第二节 中国近代的教师发展的价值取向：强国树人 ……… 56
一、科学理性的教师教学理念 ……………………………… 57
二、为国奉献的学生发展观念 ……………………………… 58
第三节 中国现代的教师发展的价值取向：以生为本 ……… 58
一、无私奉献的教师职业素养 ……………………………… 58
二、"以生为本"的教师评价依据 ………………………… 60
三、与国际接轨的教师专业发展要求 ……………………… 61

第三章 当代中学青年教师发展观的异化及审视 ………… 62
第一节 马克思实践哲学视阈下当代中学青年教师发展观的异化 …… 62
一、马克思实践哲学中的"异化"概念与异化理论 ……… 63
二、现代社会的异化现象及其对中学青年教师发展的影响 …… 66
第二节 当代中学青年教师发展观异化的总体维度 ………… 70
一、结果向度取代过程向度：当代中学青年教师发展观的颠倒特征 ………………………………………………… 70
二、工具理性遮蔽价值理性：当代中学青年教师发展观颠倒性的深度探析 ……………………………………………… 72
第三节 当代中学青年教师发展观异化的具体表现 ………… 74
一、教师发展简化为教师专业发展 ………………………… 74
二、教师发展简化为标准和指标 …………………………… 75
三、教师发展简化为静态结果 ……………………………… 76

第四章　马克思实践哲学视野下的中学青年教师发展观 ……… 78

第一节　中学青年教师能力素质发展的实践哲学追问 ……… 78
一、中学青年教师能力素质及其发展的本质 ……… 78
二、中学青年教师能力素质发展的目的 ……… 80

第二节　中学青年教师新型发展观的实践哲学探索 ……… 82
一、中学青年教师的价值观类型及其审思 ……… 82
二、近年来中国教师发展的价值取向 ……… 86
三、马克思实践哲学视野下的中学青年教师新发展观 ……… 86

第三节　中学青年教师素质模型建构原则的实践哲学阐释 ……… 89
一、实践性原则 ……… 89
二、发展性原则 ……… 90
三、系统性原则 ……… 91

第五章　中学青年教师能力素质的模型建构与影响因素 ……… 93

第一节　中学青年教师能力素质及影响因素的质化研究 ……… 94
一、中学青年教师能力素质量化研究的实施过程 ……… 94
二、中学青年教师能力素质要素及影响因素编码 ……… 98
三、中学青年教师担任的角色及能力素质 ……… 99
四、中学青年教师能力素质形成的主观因素 ……… 103
五、中学青年教师能力素质形成的客观因素 ……… 105

第二节　中学教学名师的能力素质及影响因素 ……… 107
一、中学教学名师的能力素质 ……… 108
二、中学教学名师能力素质形成的主观因素 ……… 110
三、中学教学名师能力素质形成的客观因素 ……… 111
四、中学青年教师与教学名师的差距 ……… 112
五、中学青年教师成长为教学名师的主要因素 ……… 114

第三节　中学青年教师能力素质及影响因素的量化研究 ……… 116
一、中学青年教师能力素质及影响因素问卷的施测过程 ……… 116
二、中学青年教师能力素质问卷的检验 ……… 118

第四节　中学青年教师能力素质模型的构建与现状调查 ……… 129
一、中学青年教师能力素质模型拟合数据分析 ……… 129
二、中学青年教师能力素质的总体情况 ……… 134

三、中学青年教师能力素质的基本特点 ……………………… 135
　　四、中学青年教师能力素质现状的讨论 …………………… 139
第五节　中学青年教师能力素质的影响因素 ……………………… 143
　　一、学校因素对中学青年教师能力素质的影响 …………… 143
　　二、社会支持因素对中学青年教师能力素质的影响 ……… 149
　　三、客观因素、主观因素对中学青年教师能力素质的影响 … 153

☞ **第六章　提升中学青年教师能力素质的个案研究** …………… 155
　第一节　教师发展学校个案背景说明 …………………………… 156
　第二节　SDFZ 教师发展学校的组织形态 ……………………… 157
　　一、教师发展学校的三个支柱 ……………………………… 157
　　二、教师发展学校的三层模式 ……………………………… 158
　第三节　SDFZ 教师发展学校的活动形态 ……………………… 162
　　一、SDFZ 教师发展学校中的自主学习 …………………… 162
　　二、SDFZ 教师发展学校中的同伴互助 …………………… 166
　　三、SDFZ 教师发展学校中的专家对话 …………………… 169
　　四、SDFZ 教师发展学校中的课题引领 …………………… 170
　　五、SDFZ 教师发展学校的当下新样态 …………………… 170
　第四节　SDFZ 教师发展学校运行的保障体系 ………………… 175
　　一、组织保障：教师发展学校的执行依托 ………………… 175
　　二、经费保障：教师发展学校的活力源泉 ………………… 175
　　三、教学设施保障：教师发展学校的得力支撑 …………… 175
　　四、师资保障：教师发展学校的智慧源头 ………………… 176
　　五、时间保障：教师发展学校的文化自觉 ………………… 176
　　六、制度保障：教师发展学校的行为依据 ………………… 176

☞ **结语** ……………………………………………………………… 178
　　一、立足马克思实践哲学，树立当代马克思主义教师发展观 … 178
　　二、建构内生外塑机制，提升青年教师的能力素质 ……… 186
　　三、研究的限制与展望 ……………………………………… 197

☞ **参考文献** ………………………………………………………… 199

☞ **附录** ……………………………………………………………… 217

☞ **后记** ……………………………………………………………… 230

导 论

中学青年教师是我国基础教育师资队伍的重要组成部分,是推动未来中学教育发展的中坚力量,其专业能力与素质的提升对教育发展影响深远。对中学青年教师能力素质模型的研究,源于教师教育发展与经济社会发展的现实需求,符合新时代教育发展的总要求。导论部分主要对本选题的研究背景、文献综述、研究目的与价值、研究思路与方法等做出说明。

第一节 问题的提出

一、教师的社会存在本质与当代青年教师的时代使命

恩斯特·卡西尔(Ernst Cassirer)指出,"认识自我乃是哲学探究的最高目标"[1],任何围绕教师问题的探究也是如此,同样都是以澄清教师的本质为最终旨归。"对作为人的教师进行本体意义上的认识是哲学应该完成的任务,同时它也是构建教师理论的逻辑起点。"[2]教师首先是人,教师的问题从本质上来说就是人的问题,只有澄清生而为人的最本质问题,才能从根本上摆脱不确定性带给我们的各种困境。因此,对当代青年教师发展问题的研究与探讨,应该始终建立在对青年教师作为人的本质的思考之上,并以此为背景构建分析教师问题、解决教师问题的理论体系,对研究的问题展开讨论。

马克思认为,关于人的本质问题的答案应当到具体的社会关系中去寻找。

---

[1] 恩斯特·卡西尔.人论[M].甘阳,译.上海:译文出版社,2003:4.
[2] 郭芳,朱旭东.论教师哲学的内涵建构[J].教师教育研究,2014(4).

"人不是抽象的蛰居于世界之外的存在物。人就是人的世界,就是国家,社会。"①这就是说,我们应当把人还原到人的现实状态,从现实中对人的本质进行解读。在马克思看来,人处于自然、社会、人本身三种现实状态中,与此相对应,人也即自然存在、社会存在、精神"存在"②。自然存在是指人的自然属性,社会存在是指人身处其中的社会关系及各种实践活动,精神"存在"是指人的意识。其中,社会存在才是人的现实性特征,因为"只有在社会中,人的自然的存在对他来说才是人的合乎人性的存在,并且自然界对他来说才成为人"③。由此,马克思形成了他关于理解人的本质的著名论断:"人的本质不是单个人所固有的抽象物,在其现实性上,它是一切社会关系的总和。"④对于人的本质的理解不再是从抽象的高度给出一成不变的答案,不再是从唯心主义所谓的"理性"和旧唯物主义所谓的"物种""类本质"等角度来阐释人的本质,而是从人的现实关系中解读与理解。这也就是说,由于人的社会存在的特征,人的本质并不表现为一种静止的状态,它是动态的,随着社会实践的变化而发生变化。

按照马克思对人的本质的理解,在现实的教育情境中,教师的本体存在也即一种社会存在。教师的本质是处于现实情境中的一种动态的、实践的社会存在,并不存在先验的、一成不变的教师本质。尤其需要强调的是,我们要在社会关系中促进教师本身的发展。我们对教师本质的追问,对教师发展的探讨,需要始终持有实践的观点,只有将探索置于现实的、变化着的世界与社会关系中,才能真正把握与丰富人的本质和教师的本质,最终推动作为人的教师的发展。

纵观中国教育发展的历史,是无数有意义的教育变革推动了整个教育的发展进程。教师本身追随着现实的社会情境与教育变革的脚步不断地变化与

---

① 中共中央马克思恩格斯列宁斯大林著作编译局. 马克思恩格斯文集:第1卷[M]. 北京:人民出版社,2009:3.

② 在这里,精神存在概念并不是在本体论意义上使用的。在本体论意义上,一切存在都是物质存在(社会存在是物质存在的一种形式),正如列宁所言:"世界上除了运动着的物质,什么也没有。"(中共中央马克思恩格斯列宁斯大林著作编译局. 列宁选集:第2卷[M]. 北京:人民出版社,2012:137.)因此,为了防止歧义,我们在这一概念的"存在"一词上加上引号。

③ 中共中央马克思恩格斯列宁斯大林著作编译局. 马克思恩格斯文集:第1卷[M]. 北京:人民出版社,2009:187.

④ 中共中央马克思恩格斯列宁斯大林著作编译局. 马克思恩格斯文集:第1卷[M]. 北京:人民出版社,2009:501.

调整。当前,中国教育的综合性改革已进入了实质性阶段,但仍然存在很多需要克服的问题。教育虽然整体发展,但发展不平衡不充分,人民对教育的个性化需求无法得到有效满足;人才供给的能力在增强,但结构性的矛盾仍然存在。与此同时,信息技术、人工智能等新科技的迅猛发展,带来了教学方式与学习方式翻天覆地的变化,教育也面临前所未有的巨大挑战。现实要求教育的内涵式发展,在体制建设、学校发展、人才培养等方面都要由"做大"向"做强"迈进。

在这样的社会情境下,我们尤其需要注意澄清人在变革中的本质与意义。教师既被这样的变革的时代影响着,又反过来推动这样的变革的时代前进。尤其对于青年教师而言,他们正处于教师生涯发展的成长阶段,精力旺盛,观念多元,相对而言更具潜力,是教育变革大潮中的中坚力量。因此,我们需要在教育变革的社会情境中理解与解读青年教师本身的意义,追问其本质,进而明晰纷繁复杂的现实困惑。根据马克思的本体论观点,对教育的革新与推动,自根本上来说就是为了促进人的进步与发展;对青年教师能力的提升与素养的塑造,自根本上来说就是为了推进青年教师自由而全面的发展。

青年教师能力素质的发展要求也契合了时代的要求。我国知识分子历来担负着国家富强、民族振兴、人民幸福的历史使命,青年教师作为知识分子的重要组成部分,也肩负着这样的责任与担当。党的十九大报告做出了"中国特色社会主义进入新时代"的重大判断,报告指出,"我国社会主要矛盾已经转化为人民日益增长的美好生活需要和不平衡不充分的发展之间的矛盾"[1],这一矛盾在教育领域尤为突出,主要表现为人民群众对教育的美好期待与当前教育发展不平衡不充分之间的矛盾。习近平在报告中指出,"要全面贯彻党的教育方针,落实立德树人根本任务,发展素质教育,推进教育公平,培养德智体美劳全面发展的社会主义建设者和接班人"[2]。报告中强调的"立德树人"正是对关注教师社会存在、回归教师本质的最好诠释。努力推动青年教师内在能力素质的提升及自由全面发展,是时代与历史赋予的重大使命。

朱永新提出,不仅要将更好的教育与更美好的生活作为教育的一个美好

---

[1] 习近平.决胜全面建成小康社会 夺取新时代中国特色社会主义伟大胜利[N].人民日报,2017-10-28(01).

[2] 习近平.决胜全面建成小康社会 夺取新时代中国特色社会主义伟大胜利[N].人民日报,2017-10-28(01).

愿景,更要将之视为一个响亮的教育号令,是中国教育面向世界的庄严承诺。[①]更好的教育与更美好的生活不仅仅是由上而下的号召,更应该是教育者的教育自觉。更好的教育本身就应该是更美好的生活。我们的生活如果能够因为教育而得到幸福与完整,中华民族的伟大复兴也必然能够实现。习近平指出,"建设教育强国是中华民族伟大复兴的基础工程,必须把教育事业放在优先位置,深化教育改革,加快教育现代化,办好人民满意的教育"[②]。当下,人们迫切地希望拥有公平的、高质量的教育。站在新时代的起点上,我们必须重新审视教育的主要矛盾,重新认识人民群众对于教育的多元需求,办人民满意的教育,实现教育现代化,为全面建成小康社会、实现中华民族伟大复兴的中国梦奠定坚实基础。

《关于全面深化新时代教师队伍建设改革的意见》指出,到2035年,我国教师综合素质、专业化水平和创新能力大幅提升,培养造就数以百万计的骨干教师、数以十万计的卓越教师、数以万计的教育家型教师。实现教育现代化、建设教育强国、办人民满意的教育就必须要加强师资队伍的建设,提升现代教师的专业素质。百年大计,教育为本;教育大计,教师为本。教师是兴教之源,未来教育面临的最大挑战是教师能力素质的发展。因此,研究教师的能力素质是新时代响应党和国家教育方针政策、加强师资队伍建设的需要。伴随着我国《高中阶段教育普及攻坚计划(2017—2020年)》的实施,中学生数量规模的不断扩大,大批大学毕业生加入中学教师队伍行列,成为现有教师队伍中重要的群体。中学青年教师的能力素质直接关系中学教育教学目标的实现及教育工作的顺利持续开展。

青年兴则国家兴,青年强则国家强。一代有理想、有担当、有能力的青年能够撑起一个国家的前途,能够创造一个民族的希望,这是时代赋予青年的重大使命。青年一代持续奋进才能最终实现中华民族的伟大复兴。

同样,青年教师是教师队伍的新鲜血液,青年教师有本领、有担当,中国的教育就有前途,民族就有希望。我们全党全社会、各级教育行政部门和学校都要关心和爱护青年教师,为他们实现个人价值和教育理想搭建舞台。今天的青年教师,便是明天的骨干教师,青年教师的成长与发展,将直接关系未来教

---

① 朱永新.以优质教育创造美好生活[N].人民日报,2017-11-03(05).
② 习近平.决胜全面建成小康社会 夺取新时代中国特色社会主义伟大胜利[N].人民日报,2017-10-28(01).

育变革的走向及时代的变化发展。因此,青年教师能力素质的提升是建设未来优秀教师队伍的需要,是实现教育强国的需要,是满足人民对美好教育期待的需要,更是教师回归人的本质的必然选择。

二、教师教育在发展过程中的异化

在《德意志意识形态》中,马克思、恩格斯曾经这样描述人的一种存在状态:"我们本身的产物聚合为一种统治我们、不受我们控制、使我们的愿望不能实现并使我们的打算落空的物质力量。"①人的这种存在状态就是异化。所谓异化是指主体发展到了一定阶段,分裂出自己的对立面,变成外在的、异己的力量。马克思认为,异化是人与自己所创造出的事物的对立,这种对立的结果是,人"在劳动中耗费的力量越多,他亲手创造出来反对自身的、异己的对象世界的力量就越强大,他自身、他的内部世界就越贫乏,归他所有的东西就越少"②,即人被自己的创造物所支配和奴役。"异化"现象不仅仅存在于经济生活和劳动活动中,它已经深入政治、哲学、艺术、科技、文化、心理、教育等人类生活的方方面面。教育在发展过程中也同样会发生异化。有学者将教育的异化视为教育把人异化、人把教育异化两个方面。③ 有学者认为它们具体表现在:在教育领域中,教育失去了它本身的意义,反过来操纵人,使人的发展成为达到教育目的的手段,人失去了其本来面目,被教育所操纵,教育把人异化了;另外,人们接受教育也不再是愉悦身心,增强体智,而是把教育作为一种牟利的工具,人把教育异化了。④

在经济、社会、文化不断发展的当下,教师教育同样也出现了异化的现象。这具体表现在教师教育目的的异化、教师教育内容和教师教育结果的异化,最终导致了身处其中的教师,尤其是青年教师的异化。

教师教育的目的在于督促教师掌握与研习最新的教育发展趋势和方法,贯彻终身学习理念,不断更新自身知识与技能,最终实现教师自身的自由与解放,拥有幸福的人生。因此,教师教育的立足点在于教师,其最终旨趣应当是

---

① 中共中央马克思恩格斯列宁斯大林著作编译局.马克思恩格斯文集:第1卷[M].北京:人民出版社,2009:537.
② 中共中央马克思恩格斯列宁斯大林著作编译局.马克思恩格斯文集:第1卷[M].北京:人民出版社,2009:157.
③ 苏东霞.略论教育异化[J].教育探索(牡丹江教育学院学报),2006(10).
④ 钟丽佳.试论教育的异化[J].安阳师范学院学报,2008(1).

教师自身的自由全面的发展。但是随着时代的飞速发展，在大量信息与物质席卷下的现代社会，教师、学校也未能幸免地浸染在外部世界各种利益群体创设的多元价值体系中，教师教育的发展也逐渐背离其宗旨。对于教师来说，教师教育更多地变成一种晋升、获利的必经之路；对于学校来说，教师教育更是变为应对考核、填补缺漏的机械环节。相应地，教师教育的内容也开始发生偏离。依照教师教育实现教师自由全面发展的根本目的，教师教育的内容也应当是围绕人文价值、精神追求、人的发展观念等指向展开。但现实情况往往是，很多教师教育的内容极少顾及教师的精神发展，而一味追求眼前利益的实现。教师教育更多地关注教师如何在短时间内提升应试技巧、如何顺利应对科研考核等，这些都是教师教育异化的典型表现。最终的结果是，教师本身，尤其是青年教师本身也发生了异化。教师教育对于青年教师来说已经不是实现自身价值、实现自身全面发展的途径与手段，从某种意义上说，教师教育已经成为青年教师获取名誉和利益的手段之一，抑或是疲于应付却又不得不去参与的额外负担。

人们通常将教师的成长阶段分为新手型、熟手型、专家型三个阶段。青年教师往往处于新手型和熟手型阶段，或是上述两个阶段的过渡阶段。在这一特殊时期，青年教师背负着特有的压力。这些压力来自社会赋予的使命，来自教育回报的期待，来自成家立业的责任，等等。青年教师在纷繁复杂的价值观念、生存压力、社会期待等因素的交织下，更容易产生困惑甚至迷失方向，教师主体及主体间的交往都在一定程度上发生了异化。

三、相关领域研究的现状与不足

教师队伍建设一直是教师教育研究领域的热点问题，伴随着我国教育现代化战略的大力推进，师资队伍建设已经成为实现教育现代化的重点和难点问题。国内关于青年教师专业发展的研究成果很多，但是大部分集中在高校青年教师的专业发展，对中学青年教师专业发展的研究较少，而关于中学青年教师能力素质的研究则少之又少。国内很多关于青年教师的研究也仅仅是借鉴国外青年教师专业发展的经验，或对青年教师专业发展现状做简单评述，然后提出对策建议，很少运用科学规范的实证研究方法，也很少有中学青年教师能力素质模型建构的相关研究。

笔者作为一名扎根一线的中学管理者，在办学实践过程中发现青年教师的专业发展与学校发展密切相关,重要性不言而喻,同时,对青年教师专业成长和队伍建设存在的困难与困惑也有更加深刻的体会和认识。笔者对中学青年教师在专业成长过程中遇到的困境感同身受,这些困难有的来自学校管理方面的压力,有的来自教师自身的迷茫,有的来自社会家长的高期望,有的来自家庭方面的压力,等等,这一系列困难使得青年教师的专业成长往往与学校发展的需求之间存在很大差距。同时,苏州市经济发展始终处于全国领跑地位,其在教育领域的改革与创新也一直备受瞩目。因此,基于笔者的中学一线管理经验,以苏州工业园区(以下简称"园区")的教育发展为背景,对上述问题进行探索,对分析我国青年教师发展问题、促进青年教师能力素质提升将有一定的启发意义。

近年来,园区始终将教育工作摆在优先发展的位置,教育事业的发展取得了较为丰硕的成果,做到了"教育发展优先规划、教育工作优先研究、教育投入优先安排、教育人才优先引进、教育困难优先解决、教师待遇优先落实"。资料显示,2017 年度,园区财政教育拨款达到 28.13 亿元,比上年增长 19.69%;公共财政教育经费占公共财政支出的 13.46%,比上年提高 0.69 个百分点。其中,园区初中、普高的生均公共财政预算教育费分别比上年增长 8.68%、12.51%;初中、普高的生均公用经费财政拨款基准定额分别为 1 200 元/生、1 500 元/生,均高于江苏省标准。在师资队伍整体建设方面,园区推进了《关于进一步加强教师队伍建设的若干意见》的实施,通过"形成人才引进机制、构建教师教育体系、扩大教师内部交流、完善动力激发系统"等举措,实现了教师队伍的结构优化。在教师职后培育方面,园区出台了《关于进一步加强园区中小学、幼儿园教师教育体系建设的意见》,构建了完善的教师职后培育网络,将 34 所学校确立为教师课程培训基地,同时开发了 48 门教师教育培训课程,并开发了教师研训在线平台。这些切实、有效的教育举措的实施,使园区先后获得国家义务教育优质均衡发展试点实验区、国家首批教育现代化示范区建设单位等荣誉。

"十二五"期间,园区增加学位约 3.07 万个,新建、改扩建学校(含幼儿园)75 所;"十三五"期间,园区增加学位约 5.8 万个,新建、改扩建学校(含幼儿园)52 所。伴随着园区教育规模不断扩大及新建学校如雨后春笋般出现,中学生数量也将呈井喷式增长,致使园区中学每年都要大量招聘新教师,即使招聘的在职教师,也多为 35 周岁以下的青年教师。大批青年教师走上教育教学第一线。因为年龄及教学经历等原因，青年教师具有其他教师不具有的一些特点，如果不关注中学青年教师群体的专业成长和发展，不有针对性地加强中学青年教师队伍建设，势必影响园区中学教育的整体发展水平。因此，新时代中学青年教师的培养培育已经成为园区教育持续创新发展的首要任务，中学青年教师能力素质的提高仍然是当前教师队伍建设的重要议题。

因此，本研究在分析教师教育发展的时代趋势、园区教育发展的特殊背景带来的教师教育问题的基础之上，针对相关研究的不足，结合教师教育研究发展的未来趋势，立足中学青年教师的专业发展，运用科学规范的研究方法，通过文献研究梳理中学青年教师和卓越教师核心素养的理论基础及研究现状，初步提炼中学青年教师的能力素质特征，并以中学青年教师和卓越教师的实地调研为切入点，运用行为事件访谈法构建中学青年教师和卓越教师的素质模型，为青年教师的素质提升提供理论基础。在此基础上编制中学青年教师能力素质的问卷并进行现状调查，了解青年教师能力素质现状，为之后的应用提供理论和实践基础。基于卓越教师能力素质模型及青年教师能力素质现状，探索中学青年教师能力素质的提升策略和培育路径，形成青年教师选拔制度、培育机制和管理模式，供教育行政部门和中学管理者决策参考。因此，中学青年教师能力素质模型建构及提升策略的实证研究，将丰富与完善教师教育、教师培训和教师能力素质的理论体系，为进一步开展相关研究提供理论依据与方法论参考。

第二节　关于中学青年教师能力素质模型的文献综述

一、对青年教师的研究综述

（一）国内对青年教师的研究现状

一流的教育需要有一流的青年教师队伍。面对新时代中国教育改革发展的新任务，面对新课程改革的新理念和新目标，学校加强青年教师培养工作就显得尤为重要。对青年教师各方面问题的研究，受到国内研究者的普遍关注。近年来，很多研究者从青年教师的职业道德、教学能力、教师专业化等多个方面对青年教师进行了研究。

1. 国内青年教师职业道德

教师的职业道德素质是教师素质的核心,关系到我国人才培养质量的高低。多数研究表明,我国青年教师道德总体状况良好,总体表现为积极向上的局面,大部分青年教师甘于奉献、热爱教育事业、关心爱护学生。[1] 但是研究也发现,部分青年教师在师德方面存在许多问题,主要表现为:高校青年教师敬业精神不足,欠缺师表意识,学术风气浮躁,重科研轻教学等[2][3][4];高职类院校青年教师缺乏职业认同感、思想政治薄弱、功利思想浓厚、示范作用欠缺、学术风气不正等[5][6];中小学青年教师存在敬业精神下降、体罚或变相体罚、不尊重学生及其家长、压抑学生个性,以及教师职业道德价值迷惘及意识僵化等问题。[7] 有关专家提出,形成这些问题的原因一部分在于市场经济负面因素和西方社会思潮的影响,与学校教师思想政治工作不足、管理评价机制偏失及教师自身修养欠缺等多方面有关,同时也与青年教师群体教学经验相对匮乏、思想过于活跃及工作状态不稳定等发展特征及其所面临的社会生活、工作方面及个人情感等方面的因素有关。[8][9][10] 针对青年教师师德建设存在的问题,研究者提出要重视学校党组织对师德建设工作的领导,完善各类学校的管理和考核评价制度,以及加强青年教师自我道德修养完善机制,促进青年教师的职业道德与专业能力并进。[11][12][13] 研究者也提出要遵循教师成长规律,缩短适应期、强化成长期及保持稳定期的策略,并构建科学合理的监督机制[14][15],学校也可以进行适当的物质激励、情感激励、目标激励,以及引入竞争机制,同时可以开

---

[1] 李焱,叶淑玲.高校青年教师师德现状与对策研究[J].理论导刊,2011(8).
[2] 葛晨光.新形势下高校青年教师师德存在的问题与对策[J].黑龙江高教研究,2009(2).
[3] 张玉新.加强高校青年教师师德建设的思考[J].学校党建与思想教育,2011(29).
[4] 许慧.浅谈高校青年教师师德建设[J].中国校外教育(理论),2007(9).
[5] 李有斌.高职院校青年教师师德建设对策[J].职业技术教育,2018(14).
[6] 张明明,许宝娟,陈晗曦.高职院校青年教师师德塑造研究[J].新校园(上旬刊),2017(3).
[7] 庞雪.我国小学青年教师职业道德建设研究[D].沈阳:沈阳师范大学硕士学位论文,2013.
[8] 任经辉.新时期高校青年教师师德建设探析[J].学校党建与思想教育,2010(32).
[9] 邹大勇.高校高层次青年教师师德建设探讨[J].中国成人教育,2007(10).
[10] 王小宁.中小学青年教师的职业道德危机及其对策[J].科教导刊(上旬刊),2011(7).
[11] 刘强.高校青年教师师德建设的思考[J].思想政治教育研究,2012(4).
[12] 刘明亮.高校教师职业道德建设存在的问题及对策[J].教育探索,2014(9).
[13] 赵骏.高校教师职业道德建设探析[J].中国成人教育,2014(22).
[14] 乐永孝.高职院校青年教师师德建设研究[J].高教学刊,2016(9).
[15] 龙建.加强青年教师师德建设的几点思考[J].当代教育实践与教学研究(电子刊),2016(4).

展一系列发挥教学名师示范作用的传帮带活动等。①

2. 国内青年教师教学能力

青年教师的教学能力决定我国教育质量的高低,因此,青年教师的教学能力是研究者普遍关注的另一个热点问题。在高等院校,青年教师教学能力表现出来的问题包括能力结构比例失调、教学热情不高、重视提高自身专业能力忽视教学能力提升、培训欠缺等。②③ 对于高职院校的青年教师而言,他们由于无法尽快适应角色转变,也同样面临与高校青年教师类似的教学能力问题,例如,研究发现高职青年教师教学能力存在不能正确理解职业教育的内涵、对高职学生认识不足、不适应职业教育的教学、基本功不够扎实等问题。④⑤ 此外,近年来中小学教师队伍中非师范类专业背景的青年教师比例不断提升,这部分教师同样没有经过系统化、规范化及专业化的教师教育训练,因此,在教学方面存在教学组织能力差、教学设计手段单一、教学反思能力不足及教学评价不够客观等方面的问题。⑥ 上述问题出现的成因一方面在于青年教师自身教学观念陈旧、教育教学知识陈旧、缺乏职业理想等,另一方面在于学校在管理上也存在考核机制不合理、培训保障制度不健全等问题。针对教师的教学能力问题,研究者提出,可以通过加强教师个人教学反思并激发其自我发展的需要,学校方面也要重视青年教师培训、关注青年教师成长、发挥名师与老教师示范引领作用、建立有效的考评机制和管理制度,以及适时提高教师待遇等策略来促进教师教学能力的提升。⑦

3. 国内青年教师专业化发展

青年教师的专业化发展既是教师自身综合素质的全面拓展,也是各级学校对教师的要求。研究发现,青年教师的专业化发展具有复杂性、反复性和艰巨性的特点,目前我国青年教师专业发展的不足主要表现在:青年教师专业发展的自我意识淡薄,只停留在提高学历和晋级职称的层面,并未真正把教师专

---

① 王小宁. 中小学青年教师的职业道德危机及其对策[J]. 科教导刊(上旬刊),2011(7).
② 杨慧清. 青年教师教学能力的现状及提升策略[J]. 湘潭师范学院学报(社会科学版),2009(6).
③ 孙勋成. 青年教师教学能力培养途径研究[J]. 价值工程,2018(9).
④ 姜建清. 高职院校青年教师的可持续发展[J]. 职业技术教育,2007(11).
⑤ 唐燕雯. 高职院校青年教师教学能力发展的对策研究[J]. 才智,2018(1).
⑥ 任琳琳. 非师范专业背景小学青年教师教学能力提升研究[D]. 成都:四川师范大学硕士学位论文,2017.
⑦ 王璐瑶. 高校青年教师教学能力研究[D]. 哈尔滨:黑龙江大学硕士学位论文,2016.

业发展作为职业发展的内在要求;青年教师理论知识与专业技术能力失衡;青年教师缺乏正确的职业生涯规划;青年教师开展教学反思较少。[1][2] 通过对当前青年教师在工作满意度、职业倦怠、心理健康、职业压力等方面的调查,有研究者发现出现这些问题的原因在于:一方面学校对于教师的专业发展重视不够,已有的支持力度不足;另一方面,教师自身没有很好地应对各方面的压力,并很好地调整自己的身心状态,也没有对自身的成长做出合理的规划。要提升青年教师的专业能力,研究者提出可以从创新政策体系、构建长效机制、搭建示范项目等方面入手;同时也提出,对青年教师专业能力的培养需要顺应国家教育转型发展的战略部署,拓展资源共享平台,积极支持并服务于教师专业成长的相应培训工作等。

国内研究者对青年教师的专业发展给予了很大关注,研究成果表明,要促进青年教师的专业发展,一方面青年教师个人需要注重道德修养、专业知识和能力的提升,另一方面学校也要及时地给予政策与制度上的支持和倾斜。

(二) 国外对青年教师的研究现状

1. 国外青年教师职业道德

在师德建设方面,世界上很多国家和地区都制定了符合本国国情的教师职业伦理标准与教师师德规范理论体系。相关的研究发现:首先,国外的学校往往会制定操作性强的职业道德规范,并且约束教师按规矩办事;其次,国外的学校也注重教师在师德方面的实际需求;最后,西方国家学校看重教师在教育教学实践过程中的师德需求,并要求教师不断提升自己的师德品质。例如,美国通常是通过国家引导、法律惩处、规范引导、行业自律等手段来提高全国性教师职业道德规范;而英国则会通过法律、法规的制定明确教师在课堂教学和教育实践活动中应具有的职业道德规范及应享有的权利与应尽到的义务;在亚洲国家中,日本主要是通过制定各项法律法规来对教师的职业道德进行规范,而韩国和新加坡等国家则通过对教师师德方面的培训来提高教师的职业道德。[3][4]

---

[1] 杨柳,任丽莉.应用型本科院校青年教师专业发展现状及对策[J].教育与职业,2017(11).
[2] 王冠男.河北省高职院校青年教师专业发展研究[D].石家庄:河北师范大学硕士学位论文,2010.
[3] 刘强.高校青年教师师德建设的思考[J].思想政治教育研究,2012(4).
[4] 邵红云.新形势下加强高校师德建设的途径研究[D].西安:长安大学硕士学位论文,2008.

2. 国外青年教师教学能力

国外研究者也非常重视对青年教师教学能力的研究。英国把教师应具有的教学能力界定为：教师要能够主动地与学生进行有效的沟通，帮助他们解决学业和个人生活中的各种问题。① 美国则要求教师不仅要能够借助课堂开展有针对性的个性化教育，而且要能够帮学生尽早地确定个人发展方向。② 对于青年教师，富勒·弗兰西斯（Fuller Francis）提出，学校必须采取相应的对策作为支持与保障来帮助青年教师进行教学能力的提升和拓展。康奈尔（Cornell）认为青年教师教学能力的提升要依据教师发展的阶段的不同来进行科学的培训与管理。史蒂芬孙（Stephenson）则认为在推进提升青年教师教学能力的过程中，必须采取针对性、实践化的培训方式。③④

3. 国外青年教师专业能力发展

20世纪中后期，青年教师的专业发展成了教育研究的热门问题，各国都纷纷开始相关方面的研究。美国的研究者盖夫（Gaff）和辛普森（Simpson）将美国教师发展详细划分为三个阶段，分别为提高教师的学术水平和研究能力阶段、教师的教学水平和效能提升阶段、教师发展普及化阶段。⑤ 伯格维斯特（Bergquist）和菲利普（Phillips）等人则提出了一个"共同体发展"的教师专业发展的模型，该模型将教学发展、个人发展、组织发展与结构、过程、态度等各方面进行了整合，他们明确提出教师的发展需要外部制度环境的支持和认可。⑥ 2002年，约翰·P.默里（John·P.Murray）对美国的教师专业发展做了批判性的反思，他认为许多教师发展项目缺少明确的目标，存在评价反馈不足、教师参与程度不高等问题。凯·德·吉利斯皮（Kay·H.Gillespie）等人提出了一些促进教师专业发展的操作性策略，如管理上的支持，学院和外部资金的支持

---

① 夏晓虹.从英国导师制看我国高校辅导员队伍建设[J].思想教育研究,2008(1).
② 王占勇.中学青年教师队伍建设研究[D].石家庄:河北师范大学硕士学位论文,2013.
③ Philip A. Streifer. The validation of beginning teacher competencies in connecticut[J]. *Journal of Personnel Evaluation in Education*, 1987(1).
④ 任琳琳.非师范专业背景小学青年教师教学能力提升研究[D].成都:四川师范大学硕士学位论文,2017.
⑤ Jerry G. Gaff, Ronald D. Simpson. Faculty development in the United States[J]. *Innovative Higher Education*, 1994(3).
⑥ William H. Bergquist, Steven R. Phillips. *A Handbook for Faculty Development*[M]. Washington, D.C.: The Council of independent Colleges, 1977:11.

等。① 此外,英国在教师专业发展上实行职前培训结合入职进修来对教师聘用进行限制。德国则是通过建立起完善的教师专业培训制度,从而培养出趋于完善和发达的专业能力教师队伍。

综上所述,国外研究者非常重视青年教师的专业成长,从国外的经验来看,促进青年教师的专业能力的提升,一方面要通过建立相关法律制度等约束青年教师的行为规范,另一方面要建立起完善的教师培训制度,从而促进教师的专业能力素质的提升。

二、对中学青年教师的研究综述

中学教师面对的教育对象是未成年人,中学教师的自身素质对于中学生的影响极为深远,甚至伴随他们的一生。因此,对于中学青年教师培养的研究也格外受到研究者的关注。

(一) 国内对中学青年教师的研究现状

近年来,中学青年教师的价值取向与职业道德观念正逐步发生变化,目前,中学教师所暴露的职业道德问题已经是一个十分突出的社会现实问题。研究者一般是从教师与教育事业发展关系、师生关系、教师与同事关系、教师与学生家长关系这四个层面对中学教师的职业道德给出了明确表述。窦玉贵指出:"中学教师应热爱中学教育事业,应热爱学生,尊重学生,尤其对后进生更要多付出一点爱心,应注重行为规范。"② 而对于中学青年教师职业道德现状的研究表明,中学青年教师存在的问题也主要体现在这几个层面,例如,总结于永顺、龙绍赞、朱宁波、陈运华等人的各自研究可以发现,中学青年教师的职业道德问题包括现代教育要求与教师自身职业认同的矛盾、教师形象与学生期望之间的冲突、教育过程中团结协作的冲突,以及家长渴望交流与教师无暇交流的冲突等。③④⑤⑥ 造成中学青年教师师德问题的根源在于:一方面是市场经济的负面效应、学校建设不完善及社会消极影响等客观原因;另一方面则是

---

① Gillespie H. Kay, Hilsen R. Linda & Wadsworth C. Emily *A guide to faculty development*:*Practice advice*,*examples*,*and resource*[M]. Bolton, MA:Anker Publishing Company, Inc., 2001:2-9.
② 窦玉贵. 浅谈中学教师的职业道德[J]. 赤峰教育学院学报,2003(1).
③ 于永顺. 我国中小学教师职业道德面临的主要问题及解决对策[J]. 教育科学,2001(1).
④ 龙绍赞,徐海棠. 中小学教师职业道德现状与思考[J]. 内江科技,2005(6).
⑤ 朱宁波,刘丽娜. 中小学教师职业道德现状的调查研究[J]. 教育科学,2009(6).
⑥ 陈运华. 中学教师职业道德存在的问题及对策[J]. 科教导刊(上旬刊),2012(2).

教师在主观上放松了自我约束和道德修养完善。①② 而对青年教师师德修养的提升,既需要从营造尊师重教的社会舆论环境、优化配置学校各类教育资源及建立合理管理制度与法规等宏观层面入手,也需要从学校加强机制建设、教师自身注意加强自我修养等微观层面进行。③

提升中学青年教师专业素质能力是促进中学教育事业发展的关键,因此,中学青年教师的专业素质能力发展受到我国研究者的充分关注。陈菲儿的研究表明,青年教师专业素质存在的问题包括部分青年教师不注意专业知识与教育教学知识的更新,部分青年教师缺乏内部发展的动力,部分青年教师缺乏长远的职业规划,对于青年教师的能力评价制度不完善。④ 此外,李高峰的调查发现,中学教师在多媒体技术及教学管理技术的运用方面还比较薄弱。⑤ 而近期,李银玲的调查也发现,中学青年教师的知识结构不合理,尚未建立起较为完善的专业知识理论体系,班级管理能力亟待提高,反思习惯有待养成,学校在组织管理、资源支持方面存在的问题和漏洞,阻碍了中学教师专业素质的提高。⑥ 而在对策研究上,李勤提出,一方面要求青年教师在主观上积极地构建自我身份认同,另一方面学校方面也要积极地进行培养机制、教师资格认定机制、教师选取机制、教师评价机制及教师退出机制的建设。⑦

(二)国外对中学青年教师的研究现状

教师是提高教学质量的关键因素,世界各国政府都在教师教育改革方面做出了巨大的努力,以提高教师的专业水平。但是由于不同国家历史文化、国情及社会条件存在差异,教师教育模式也不尽相同。以英国为例,英国政府明确规定要成为一名教师必须达到《教师资格标准》(QTS: Qualified Teacher Status),并且需要接受过一段时间的教师专门培训。而现行的英国教师资格标准可以分成专业素质、专业知识与理解及专业技能等三个领域,并明确要求教师必须掌握师生关系、交流与合作、个人发展及集体协作等多方面的内容。

---

① 梁丽萍,赵东升.师德现状与师德建设[J].山西大学学报(哲学社会科学版),2000(2).
② 陈达.对加强新时期师德建设的思考[J].高等函授学报(哲学社会科学版),2003(1).
③ 蔡冬云.新形势下中学教师师德建设探讨[D].苏州:苏州大学硕士学位论文,2009.
④ 陈菲儿.思想政治教师专业素质及提升策略探究[D].西安:陕西师范大学硕士学位论文,2013.
⑤ 李高峰.中学教师专业素质现状及其启示[J].教育科学研究,2015(6).
⑥ 李银玲.中学青年教师专业素质及提升研究[D].西安:陕西师范大学硕士学位论文,2016.
⑦ 李勤.中小学青年教师专业化成长机制研究[D].贵阳:贵州师范大学硕士学位论文,2014.

而要成为一名中学教师,申请者除了具有大学学士学位外,一般还需取得"研究生教育证书",职前教师教育机构也要接受英国政府的督导。此外,英国政府还将以中小学校为基地的师资培训计划列为一项基本国策并与学校的其他工作互相结合。① 美国的《不让一个孩子掉队》法案明确要求,全美所有中学教师必须是高质量教师(highly qualified teach),其中高质量教师必须满足如下条件:教师具有学士学位;教师具有所在州的教师资格证书;教师在所要教授的学科领域能够展示自己的学术和教学能力。为此,美国中学教师培养课程改革具有强调学术能力与教学能力并重,注重理论与实践之间的联系性和一致性、实施多学科联合模式及充分体现为地方服务意识等特点。② 这些经验无疑为我国中学青年教师的培养带来很多启示。

三、能力素质模型的研究综述

(一) 国内能力素质模型的研究现状

我国学术界虽然对于能力素质模型的研究起步较晚,但也有大量学者开始探索能力素质模型的概念、构建思路,探索如何进行实践应用等。早在1998年就有研究者在对胜任特征的需求评价进行研究的过程中,详细介绍了麦克利兰(McClelland)对胜任特征的研究,首次分析了胜任特征的内涵。③ 之后,对于胜任力的研究逐渐增多,并开始构建不同职位人员的能力素质模型。例如,有研究者采用行为事件访谈法、问卷调查法来构建我国通信业高层管理者、不同企业类型的高层管理者的胜任特征素质模型。④⑤ 也有研究者采用岗位职责分析法、行为事件访谈法、问卷调查及因子分析法等方法构建了项目管理者⑥、银行行长⑦等相关职位的能力素质模型,而且将胜任力与员工的职业

---

① 格根.中英中学教师培养体系对比研究[J].内蒙古师范大学学报(教育科学版),2011(11).
② 于杨,陈欣,刘益春.美国中学教师培养改革:动向与启示[J].东北师大学报(哲学社会科学版),2008(6).
③ 王鹏,时勘.培训需求评价的研究概况[J].心理学动态,1998(4).
④ 时勘,王继承,李超平.企业高层管理者胜任特征模型评价的研究[J].心理学报,2002(3).
⑤ 王重鸣,陈民科.管理胜任力特征分析:结构方程模型检验[J].心理科学,2002(5).
⑥ 姚翔,王垒,陈建红.项目管理者胜任力模型[J].心理科学,2004(6).
⑦ 黄勋敬,李光远,张敏强.商业银行行长胜任力模型研究[J].金融论坛,2007(7).

生涯发展结合起来,构建了"发展性胜任力"①,以及胜任力的人力资源管理体系②③。以上学者对能力素质模型的研究,主要为企业管理人员的选拔、培训和评价等提供了理论与方法的依据。此外,国内许多知名企业,如华为、平安保险、IBM、国家电力公司等,也开始聘请咨询公司帮助设计员工能力素质模型,并将其应用于企业的管理。例如,有研究者深入分析了某供电企业人力资源的现状,将能力素质模型引入供电企业,对模型的建立方法进行了探讨,研究基于能力素质模型的人力资源开发途径,提出了人员招聘、人员配置、员工培训、职业发展、业绩考核和奖惩晋升等情况下的开发模式。④

不仅企业,政府机关也逐步引入这种方法,进行人事管理工作。如大量学者采用文献回顾、行为事件访谈、主题分析、专家咨询、实地调查、自由联想、文献分析、专家小组座谈等方法,建立了中层领导职务的公务员能力素质模型⑤、中央国家机关人事干部胜任力模型⑥、县级党政领导干部胜任力模型⑦、市级领导干部胜任力模型等⑧,并提出了针对具体的岗位职责与岗位要求及具体的培训内容⑨。除了企业、政府机关在人力资源管理方面引入能力素质模型之外,也有一些学者关注医疗行业、教育领域等其他行业从业人员的能力素质模型构建的研究。

综上所述,国内对能力素质模型的研究,其范围和对象主要是中高层管理人员,以访谈与问卷调查为主,利用主成分分析抽取出能力素质特征的维度来完成能力素质模型的分析与构建,并已经取得了一定的进展。目前,国内对于能力素质模型的研究进入相对平稳阶段。

---

① 陈万思. 纵向式职业生涯发展与发展性胜任力:基于企业人力资源管理人员的实证研究[J]. 南开管理评论,2005(6).
② 赵曙明,杜娟. 企业经营者胜任力及测评理论研究[J]. 外国经济与管理,2007(1).
③ 赵曙明,杜娟. 基于胜任力模型的人力资源管理研究[J]. 经济管理,2007(6).
④ 万宫泉. 基于能力素质模型的供电企业人力资源开发管理[J]. 中国电力教育,2010(22).
⑤ 李明斐,卢小君. 胜任力与胜任力模型构建方法研究[J]. 大连理工大学学报(社会科学版),2004(1).
⑥ 赵耀. 对中央国家机关人事干部胜任力的实证分析[J]. 人口与经济,2005(6).
⑦ 郑学宝,孙健敏. 县域经济发展与县级党政领导正职的胜任力模型研究:以广东省为例[J]. 学术研究,2006(1).
⑧ 马达飞,陈哲娟,方素珍. 攀枝花市卫生行政部门中层管理干部胜任力研究[J]. 中国卫生事业管理,2011(A_1).
⑨ 胡信布,袁治平,陈红,等. 领导者情绪胜任力模型构建的实证研究:以陕西省厅处级干部为例[J]. 软科学,2014(6).

(二) 国外能力素质模型的研究现状

国外能力素质模型的研究从萌芽阶段到今天经历了一个日趋完善的演进过程。目前,国外对能力素质模型的理论和实践研究均较为成熟,且实践研究具有一定的深度和广度。下面主要介绍国外能力素质模型运用于实践的情况。

首先,能力素质模型被广泛运用于培训、企业人才的选拔和政府公务员的聘任等领域,运用比较广泛的国家有英国、美国、澳大利亚等。这些国家在能力素质模型的研究过程中,投入了大量的资源和精力,并形成了比较权威的公司和团队。例如,20 世纪 70 年代初期,麦克利兰(McClelland)博士在美国波士顿创立了 McBer 公司,该公司起初致力于为美国新闻总署甄选海外文化事务官。在麦克利兰的带领下,该公司改变了传统的智力测试方式,采用行为事件访谈法作为评估优秀海外文化事务官必备素质的新的研究方法。之后,1982 年,麦克利兰的资深同事查得·鲍伊兹(Richard Boyatzis)对大量资料进行了深入研究,建立了"优秀经理人"的通用能力素质模型。随后,该模型被广泛应用于企业、政府机构和其他组织的人力资源管理。英国也在稍晚时期开始了对胜任力素质模型的研究,并成立了 MCI 公司。该公司主要通过测量绩效来建立各行业的能力素质标准,并整合不同行业的能力素质模型,来进行职业能力素质测评。

随着研究的不断深入,学者们通过实证研究指出,不同的管理职位有不同的能力要求,且个体是动态发展的,因而通用的能力素质模型缺乏合理性。能力素质模型只有与具体的组织和岗位联系起来,才能充分体现其实用价值。[①] 为了增加能力素质模型的科学性,通常需要采用 2 种或 2 种以上的研究方法,例如杰森帕(Janssenpa)等将能力素质模型的研究与人力资源管理的各个模块进行结合,利用相关管理工具对基于能力素质模型培训的有效性进行了检验。[②] 这种做法既可以对现有绩效进行有效评价,又能促进任职者对未来的职责做好准备。[③]

[①] Nordhaug O. Competency specifieities in organizations[J]. *International Studies of Management & Organization*, 1998(1).

[②] Janssenpa K. L, Soolsm A. J & Seymour L. C. Perinatal nursing education for singleroom maternity care: An evaluation of competency-based model[J]. *Journal of Clinical Nursing*, 2005(14).

[③] 饶惠霞,吴海燕. 国外胜任力研究新进展述评[J]. 科技管理研究, 2010(16).

其次,能力素质模型也被广泛地应用于教育、制造、军队、医疗保健、航空等领域。例如斯班瑟(Spencer)对教育、制造、服务、军队等行业与组织中的200多种工作进行了为期20年的研究,列出了能预测大部分行业工作成功的最常用的20个能力素质,这20个能力素质可归为六类,如表导-1所示。[1]

表导-1 能预测大部分工作成功的最常用的20个能力素质

能力素质族	能力素质
成就与行动族	成就欲:关注秩序、质量和精准性;主动性;信息收集
帮助与服务族	人际洞察力;客户服务导向
冲击与影响族	影响力;组织意识;关系建立
管理族	发展他人;指挥;团队协作;团队领导
认知族	分析性思维;概念性思维;专业知识与技能
个人效能族	自制力;自信;灵活性;组织承诺

在医护、警察、航天航空等领域也有研究者关注这些特殊职业人群的能力素质模型,例如詹森(Janssen)和基恩(Keen)等运用自我鉴定工具与SRMC胜任特征工具评价护士护理培训课程的质量,证明了基于能力模型的培训课程的有效性。[2]

范博科斯勒(Bockstaele)等在2006年对230名审讯警察进行了实证研究,发现警察审讯的能力特征包括坚韧细心、冷静耐压、强势权威、能言善谈、仁慈包容这五个维度。[3] 施密特(Schmidt)研究了宇航员的八个具体绩效表现的领域,从而开发了宇航员在太空任务操作中所需的社会心理的能力素质模型:自我管理和照顾、沟通交流、团队合作和群体生活、跨文化、领导力、冲突管理、情景反应意识、问题解决和决策。[4] 这些非常规职位的研究,说明能力素质模型不再仅仅是管理层的工具,而是具有越来越普及应用的发展趋势。

---

[1] Lyle Spencer. *Competence at Work*: *Models for Superior Performance*[M]. New York:John Wiley and Sons,1993:9-15.

[2] Janssen K. L, Soolsm A. J & Seymour L. C, et al. Perinatal nursing education for single-room maternity care: An evaluation of competency-based model[J]. *Journal of Clinical Nursing*,2005(14).

[3] Fruyt F. D, Bockstaele. M & Taris R, et al. Police interview competencies: assessment and associated traits[J]. *European Journal of Personality*,2006(20).

[4] Schmidt L. L. Competency modeling for the final frontier: Supporting psychosocial health and performance in low earth orbit[J]. *Performance Improvement*,2008(3).

四、教师能力素质模型研究综述

自麦克利兰建立能力素质模型以来,在教育领域也涌现出很多针对教师能力素质模型的实践探索和理论研究。

(一) 国内教师能力素质模型的研究现状

国内自20世纪90年代开始了对能力素质的相关研究,而对教师的胜任力及能力素质的研究则是近几年才兴起的。但是借鉴其他领域及国外的研究成果,我国关于教师能力素质模型的研究也取得了一些成果。目前,国内对教师能力素质模型的探讨,涉及幼儿园教师能力素质模型、中小学教师能力素质模型、高校教师能力素质特征等方面。

董圣鸿、胡小燕等对幼儿园教师能力素质模型进行了深入的研究,他们认为幼儿教师能力素质模型包括基准性胜任特征和鉴别性胜任特征。其中,基准性胜任特征指的是个人特质,包括9项子特征;鉴别性胜任特征包括沟通与交往、专业知识与技能、自我意象、追求卓越、成就能力这五个维度,共34项子特征。[①] 该研究的结论比较全面地概括了幼儿教师能力素质模型,与其他相关研究的结论也较为一致。[②]

中小学教师能力素质模型的研究涉及的范围较为广泛,主要有中小学班主任能力素质模型、不同学科中小学教师能力素质模型及优秀中小学教师能力素质模型。研究表明,中小学班主任的能力素质模型一般由四个维度构成,分别为知识、能力、成就动机和个人特质,每一个维度下又可以具体分为不同的胜任力特征类型。[③] 目前对不同学科中小学教师能力素质模型的研究基本涵盖了中小学所有的学科领域。研究表明,学科不同教师能力素质的体现略有不同。小学教师能力素质模型至少由知识、能力、态度品德、个人特质和自我教育这五个维度构成[④],而中学教师能力素质则至少由知识技能、个性特征、职业态度、构建师生关系和教学管理这五个维度构成[⑤]。对于优秀中小学教

---

① 董圣鸿,胡小燕,余琳燕,等.幼儿教师胜任力研究:基于BEI技术的模型构建[J].心理学探新,2016(5).
② 王强,宋淑青.幼儿教师胜任力模型之构建[J].上海教育科研,2008(4).
③ 陈利利.小学班主任胜任力研究:以上海MQ小学为例[D].上海:上海师范大学硕士学位论文,2017.
④ 何晶.吉林省农村小学教师胜任力模型研究[D].大连:辽宁师范大学硕士学位论文,2014.
⑤ 成鹏.小学教师胜任特征模型的构建与应用研究[D].苏州:苏州大学硕士学位论文,2009.

师,相关的研究表明他们的胜任力特征之间紧密关联,在相似的典型教育情境下,优秀教师表现出来的胜任行为模式具有较高的一致性。①

高校教师能力素质模型的研究对象根据院校、学科和工作类型的差别而不同。高校分为职业院校和普通高校,相应的研究对象分别为高校教师胜任力、职业院校教师胜任力。研究表明,普通高校和高职院校教师胜任力模型一般由五个维度构成,基本涵盖职业态度与发展、教学能力和管理能力。② 普通高校又可以分为研究型大学或应用型大学,对研究型大学教师胜任力或应用型大学教师胜任力的相关研究表明,研究型大学教师除了具备一般高校教师的能力素质之外,还具有突出的科研能力。③ 高校教师分为辅导员、行政管理人员和专任教师,所以研究对象有辅导员胜任力、行政管理人员胜任力和专任教师胜任力。教师岗位职责不同,其相应的能力素质要求的侧重不同,但作为高校教师应具备的一般素质包括职业态度、服务意识、基本的岗位知识和能力等方面。④

另外,也有学者专门针对某些特殊专业、特殊工作类型或特殊群体的教师胜任力进行研究。例如医学院教师胜任力模型构建 ⑤、远程教学教师胜任力构建 ⑥、社区教师胜任力素质特征 ⑦、青年教师教学胜任力特征等 ⑧。还有的学者研究了网络信息技术背景下高校教师能力素质的特征,并提出改进教师能力的策略。例如,高校教师翻转课堂教学胜任力、慕课背景下高校教师胜任力模型构建等。⑨

总之,国内对能力素质模型的研究,主要集中于对能力素质模型的构建,从能力素质模型的内容上看有详有略,具体的维度和指标有多有少,既有共同

---

① 徐建平,谭小月,武琳,等.优秀中小学教师胜任特征分析[J].教育学报,2011(10).
② 刘烨.ZS 职业技术学院教师岗位能力素质模型的构建与应用研究[D].成都:电子科技大学硕士学位论文,2012.
③ 许安国.行业特色研究型大学教师胜任素质模型构建及实证研究[D].上海:上海交通大学博士学位论文,2013.
④ 何齐宗.我国高校教师胜任力研究:进展与思考[J].高等教育研究,2014(10).
⑤ 徐鹏,雷娟,陈俊丽.基于学生角度构建医学院校教师胜任力模型研究[J].中国社会医学杂志,2018(2).
⑥ 周榕.高校教师远程教学胜任力模型构建的实证研究[J].电化教育研究,2012(11).
⑦ 张书娟.社区教育专职教师胜任素质模型研究:以上海市为例[D].上海:华东师范大学硕士学位论文,2010.
⑧ 郑洁,陈莹.我国高校青年教师胜任力发展的困境与提升路径[J].现代教育管理,2013(6).
⑨ 郝兆杰,潘林.高校教师翻转课堂教学胜任力模型构建研究:兼及"人工智能+"背景下的教学新思考[J].远程教育杂志,2017(6).

之处,又各具特色,表现出教师能力素质模型的丰富性与多样性。

(二) 国外教师能力素质模型的研究现状

国外针对教师能力素质模型的研究较多,主要采用调查、测量等实证手段分析优秀教师素质,通过历史研究法或经验总结对教师素质进行归纳,总结优秀教师应具备的能力素质结构和心理品质结构模型。从研究对象来看,教师能力素质模型的研究主要分为教师整体能力素质模型与不同级别教师能力素质模型两个方面。

首先,在教师整体能力素质模型的研究上,主要从能力素质模型的构建及如何提高教师能力两个方面进行了分析。如丹尼尔森(Danielson)等人提出教师胜任特征模型有四个维度,即计划与准备、教师环境监控、教学和专业责任感,每个维度下又有不同的行为指标,这些指标构成了一个行为图,该框架也被一些学校用来评价教学行为。[①] 也有研究者提出不同的看法,认为教师应具备5种、8种或15种能力。如莫阿勒姆(Moallem)等人提出教师应当具备五种能力:富有成效的教学和学习指导能力、对学生强有力的生活指导能力、理解和把握学生心理的能力、教育管理的能力、独立的自修能力。[②] 毕斯考夫(Bisschoff)和格罗伯勒(Grobler)等人运用结构化问卷,对教师的学习环境创设、教师专业承诺、纪律、教师的教学基础、教师反思、教师的合作能力、有效性和领导等八个理论层面的能力素质进行因素探索,最后总结出了教师能力素质的二因素模型,即教育胜任力和协作胜任力。[③] 澳大利亚维多利亚州独立学校协会(2003)的一项调查指出,教师能力素质是一个多因素模型结构,由15种因素组成,即沟通能力、计划和组织、工作标准、适应性、人际关系建立、发展友谊、持续性学习、技术或专业知识、辅导、决策、以学习者为中心、质量关注、信息监控、创新、行动发起等。

基于以上教师能力素质的体现,很多学者致力于提高教师的能力。如,闵可夫斯基(Milanowski)等研究者针对丹尼尔森(Danielson)提出的教师能力素质模型,做了一些该框架的经验支持研究,找出了学生成就与教师绩效胜任力

---

① Danielson, Charlotte. *Enhancing Professional Practice: A Framework for Teaching* [Z]. Alexandria, VA: Association for Supervision and Curriculum Development, 1996:6-7.

② Moallem, Mahnaz. The Content and Nature of Reflective Teaching: A Case of an Expert Middle School Science Teacher Clearing House [J]. Jan/Feb97 Voi.70. Issue3. from Database: Academic Search Elite.

③ Bisschoff, Bennie Grobler. The Management of Teacher Competence [J]. *Journal of In-service Education*, 1998(24).

评估之间固定的经验关系。① 赫尼曼(Heneman)和闵可夫斯基(Milanowski)认为提高教师胜任力可以从教师自身的教学和教师的人力资源管理两个方面进行改进,前者改进教师的知识结构和教学技能,后者包括教育系统中教师管理组织的建立、教师的入职、教师发展和动机等方面。②

其次,在对不同级别教师能力素质模型的研究方面,主要涉及中小学教师、高校教师两大群体。如,拖格(Troug)对255所中小学校长进行调查,研究发现,在聘用新教师的时候,学校对中小学教师的胜任素质要求除了具备学科教学、整合课程等能力外,更重要的是要求新教师能在学校情境中合作工作,以及能积极地对待学生、同事和管理者。③

2000年,合益管理咨询公司发现了有助于中小学教师有效教学的16种特质,并将这些特质归为5个特质群,如表导-2所示。这些特质群中的特质不是静态的或"适用于所有情景"的,而是可以相互组合产生不同的效果,有效教学的教师能显示独特的特质组合并引导学生的成功。④

表导-2　中小学教师有效教学的16种特质

能力素质群	能力素质
专业特质群	挑战与支持;自信;创造信任;尊重他人
思维群	分析性思维;概念性思维
计划与设定期望群	改进的驱动力;信息搜集;主动性
领导群	灵活性;使人们承担责任;管理学生;学习的热情
与人相处群	影响力;团队工作;理解他人

此外,该公司也向美国教育与就业部(Department for Education and Employment, DFEE)提交了一份"高绩效教师模型"报告,该报告指出高校教师具有五种胜任特征群,分别是专业化(挑战与支持、信心、创造信任感、尊敬他人)、领导(灵活性、拥有负责人的朋友、管理学生、学习热情)、思维(分析性、概念性)、计划/设定期望(向上动力、信息搜索、主动性)、与他人关系(影

---

① Danielson, C. *Enhancing Professional Practice: Framework for Teaching*[M]. Alexandria, VA: Association for Supervision and Curriculum Development, 1996:157.
② Herneman, H. G., Milanowki, A. T. Alignment of Human Resource Practices and Teacher Performance Competency[J]. *Peabody Journal of Education*, 2004(4).
③ 吕建华. 中学教师胜任素质模型构建与测评[D]. 长春:东北师范大学硕士学位论文,2011.
④ Tony Swainston. *Effective Teachers in Secondary Schools: A Reflective Resource for Performance Management*[M]. London: Continuum International Publishing Group, 2008:2.

响力、团队精神、理解他人)。① 对于高校教师能力素质模型,也有研究者发表了不同的看法,戴尼克(Dineke)等人运用专家小组法,采集专家对高校教师教学能力素质模型的看法,最终构建了一个涵盖五个维度的高校教师教学能力素质模型②,如表导-3 所示。

表导-3 戴尼克高校教师能力素质模型

维度		达成一致意见的重要项目
作为教师的人		擅长沟通;对学生态度积极;尊重所有学生
主题知识专家		能运用来自专业文献的信息;对自己的学科有彻底的/完全的知识;有学科新进展的知识
学习过程的促进者	开发者	在设计教学材料时以学生为中心;设计活动性教学材料;能以"使学生逐渐学会"的自我指导模式设计教学活动
	顾问	给予反馈;置学生于教学中心;使学生活动起来
	评价者	能评价学生的学习结果;基于结果重新调整教学实践;设计适于测量期望的学习结果的测验
组织者		能与同事合作;善于沟通;能对课程有所贡献
学者/终身学习者		能反思自己的教学成效;能从教学成效的反思中得出结论;对创新持开放的态度

教师这一职业在不同的文化背景和不同的教育情境下,其能力素质模型具有动态变化的特点,因此,国外学者对于不同级别教师能力素质模型的结构没有统一的界定。但从学生发展的基本需要考虑,教师能力素质模型应该至少包括专业知识(广博精深的科学文化素养)、专业能力(包括教学、评价、反思、沟通、合作等能力)、专业精神(包括教育观、学生观、师德等)。由于教师工作的多样化,国内外关于教师能力素质模型的研究对象也呈现多样化的特点。在构建教师能力素质模型的过程中,主要倾向于采用理论与实证相结合的方法,研究结果主要为对幼儿园、中小学、高校等教师的选聘、培养、考核与评价,为教师专业化发展,以及个体职业生涯规划等方面提供依据,具有重要的研究价值。然而从研究对象的分布来看,缺少对中学青年教师能力素质模型与提升等方面的研究。

---

① Http:www.dfee.gov.uk/teaching reforms/leadership/meber.
② Dineke. The development and validation of a framework for teaching competencies in higher education [J]. *Higher Education*,2004(48).

第三节 研究目的与研究价值

一、研究目的

根据上述研究背景与研究价值的说明,本研究拟从能力素质模型的角度切入,运用编制的中学青年教师能力素质与影响因素调查问卷对中学青年教师进行问卷调查,了解中学青年教师能力素质现状及影响因素,构建中学青年教师素质模型,并提出提升中学青年教师能力素质的对策等建议,为教育行政部门提升中学青年教师能力素质提供决策依据,为中学加强青年教师师资队伍建设和建立青年教师发展学校提供理论参考。具体而言,本选题研究目的如下:

第一,基于交往异化与实践哲学的视角,探究青年教师能力素质发展的本质;

第二,论证中学青年教师能力素质模型的内涵与特征;

第三,编制中学青年教师能力素质及影响因素问卷;

第四,剖析青年教师能力素质的现状及影响因素;

第五,构建中学青年教师能力素质模型;

第六,根据研究发现与结果,提出提升中学青年教师能力素质的内生、外塑对策建议。

二、研究价值

(一)理论价值

鉴于教师对于教育的重要作用,现有针对教师专业发展的研究很多,研究依托的理论基础与使用的研究方法都非常丰富。但是,大部分研究的对象集中在高校教师或全年龄段的教师,针对中学青年教师专业发展的研究尚属少见。本研究试图以哲学理论为支撑,运用科学的方法提炼中学青年教师的素质特征,构建青年教师的素质模型,探索青年教师的培育实践,有利于进一步完善中学教师专业化的理论基础,丰富教师教育研究的理论成果;聚焦于中学青年教师开展实证研究,有利于促进素质模型理论的丰富与完善,将为中学师资队伍建设提供理论支撑和实践依据。因此,中学青年教师能力素质模型建构及提升策略的实证研究,将丰富与完善教师教育、教师培训和能力素质的理论体系,为进一步开展相关研究提供理论依据与方法论参考。

(二)应用价值

研究来源于实践,更是为了指导实践,笔者长期在中学从事教育管理与教学工作,有浓厚的中学情结,本研究力图基于素质模型探索中学青年教师的培育路径,为青年教师的选拔、培育和管理提供科学可行的理论指导与操作流程;本研究成果有助于促进中学青年教师质量的提升,推动中学师资队伍素质的整体提高;能为教育行政主管部门和中学制定青年教师的相关政策提供参考与依据;为在中学建立青年教师发展学校提供理论参考和实践依据。因此,开展中学青年教师能力素质模型建构及提升策略的实证研究,将会推动更多的人关注中学教育,关注中学青年教师的成长与发展,让每个青年教师的人生都有出彩的机会,从而促进中学教育的健康可持续发展。

第四节 研究思路与研究方法

一、研究思路

本研究按照"理论研究、实证研究、应用研究"三个层面的逻辑思路展开。

理论研究层面,一是系统梳理马克思主义经典作家相关论著,准确把握马克思实践哲学的基本理论、内在逻辑及其方法论原则;二是通过文献研究梳理有关中学青年教师和卓越教师核心素养的理论及研究现状,初步提炼中学青年教师的能力素质特征。

实证研究层面以中学青年教师的实地调研为切入点,运用"关键事件访谈法"初步构建中学青年教师能力素质模型,并探索相关影响因素,为中学青年教师的素质提升提供理论基础;在此基础上编制中学青年教师能力素质与影响因素问卷,进行现状调查,了解中学青年教师能力素质现状与影响因素,为之后的应用提供理论与实践基础。

应用研究层面基于中学青年教师能力素质模型及中学青年教师能力素质

现状,探索中学青年教师能力素质的提升策略和培育路径,形成青年教师选拔制度、培育机制和管理模式,供教育行政部门和中学进行决策参考。具体研究思路和过程如图导-1 所示。

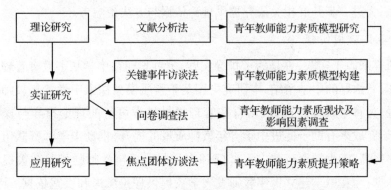

图导-1　中学青年教师能力素质模型构建及提升策略研究思路

二、研究方法

本研究注重理论研究与定性分析,更注重实证研究与定量分析,主要研究方法包括:

(一) 文献研究法

对与本研究选题有关的期刊论文、论著、数据等进行整理分析,并在此基础上形成理论观点。本研究在探索中学青年教师能力素质的相关理论、界定中学青年教师能力素质相关概念等的过程中运用此方法。

(二) 关键事件访谈法

采用这种访谈方法,不需要被访者对所有的经历进行详细描述,而是选择他们认为重要、关键的事件进行叙述,包括背景、时间、地点、人物、当事人的体验与思考等。研究者通过预约安排等,以正式访谈提纲为依据,对苏州工业园区 18 名中学青年教师进行一对一的深度访谈,了解中学青年教师对自身能力素质、名教师能力素质的看法。最后引入扎根理论的范式对访谈资料进行分析,初步构建中学青年教师能力素质模型。

(三) 问卷调查法

本研究拟基于初步构建的素质模型,使用探索性因素分析、验证性因素分析等方法,编制《中学青年教师能力素质调查问卷》及《中学青年教师能力素质影响因素调查问卷》。在苏州工业园区范围中选取340名中学青年教师开展调查,验证初步构建的中学青年教师能力素质模型,分析中学青年教师能力素质现状特点及影响因素。

(四)个案研究法

本研究以苏州市××学校教师发展学校为典型案例,全面参与、观察、了解案例学校的建设。主要包括调阅案例学校创建教师发展学校以来的所有文件资料,走访该校教师发展学校的策划者、管理者和学员,调查分析全体教师在学校中的精神生活状态,从中观察、了解和认识这所学校的校情与文化,探究案例学校教师能力素质发展方面的深层问题。案例学校丰富、客观的数据与文本资料,为本研究全面、真实反映青年教师能力素质的发展问题提供了强有力的支撑。

三、研究问题

师资队伍建设及教师专业发展是教师教育领域的老话题,但在我国进入新时代和建设教育强国的新背景下,必定具有新的含义和新的思路。中学青年教师的能力素质将影响到我国未来教育的创新发展与教育现代化的实现。根据以上研究背景、研究价值与研究目的,本研究旨在探讨下列问题:

第一,中学青年教师能力素质的内涵是什么?

本研究运用文献法和访谈法,从历史与现实的不同视角试图阐明中学教师专业化发展的目标和要求、中学青年教师能力素质的概念和内涵;进而梳理中学青年教师能力素质的特征。通过比较研究法梳理各级各类学校青年教师素质特征的异同、素质模型在教育领域不同岗位的运用,探索构建素质模型的不同方法。

第二,如何构建中学青年教师能力素质模型?

在苏州工业园区中学范围内选择不同学科的18名青年教师,采用"关键事件访谈法"的质性研究方法开展实地访谈,收集资料,了解中学青年教师对能力素质模型的看法。利用Nvivo.8.0软件对访谈结果进行分析,根据每个素质特征平均等级分、最高等级分、频次差异检验结果,甄别素质要素指标。在扎根理论范式指导下,根据抽象程度,对文本进行三级编码,初步探讨中学青年教师能力素质模型结构。在质性研究结果的基础之上,编制《中学青年教师能力素质调查问卷》,对苏州工业园区的中学青年教师进行调查,回收数据,利用 SPSS 19.0 中文版与 AMOS24.0 软件进行探索性因素分析与验证性因素分析,最终确定中学青年教师能力素质模型。

第三,如何编制中学青年教师能力素质及影响因素问卷?

基于质性研究构建的中学青年教师能力素质模型,编制中学青年教师能力素质初始问卷。然后,在苏州工业园区中学范围内选取 340 名中学青年教师进行问卷调查,采用李克特五点量表对素质要素条目重要性程度进行评定,运用因素分析建立青年教师基本素质模型,并验证该模型是否有效。最后,使用编制的《中学青年教师能力素质调查问卷》考察中学青年教师基本能力素质的现状,并考察人口学变量对中学青年教师的影响。使用同样的方法,自编《学校因素问卷》,并结合肖水源、杨德森编制的《社会支持量表》,形成《中学青年教师能力素质影响因素问卷》,对中学青年教师能力素质的影响因素进行考察。

第四,中学青年教师能力素质现状如何?影响因素有哪些?

运用编制的《中学青年教师能力素质调查问卷》《中学青年教师能力素质影响因素问卷》对中学青年教师进行问卷调查,调查中学青年教师能力素质现状及影响其能力素质的客观因素、主观因素,为提升青年教师的能力素质提供理论依据和参考。主要的数据分析方法包括推断统计、描述统计、验证性因素分析、探索性因素分析、内容效度分析、回归分析等。

第五,如何提升中学青年教师能力素质?

在调研材料的基础上,根据中学卓越教师能力素质模型探索中学青年教师能力素质的提升策略,构建青年教师的选拔制度、培育机制和管理模式,并提出程序和方法上的操作性建议。运用中学青年教师能力素质调查问卷调查结果,找出其中的不足和可以改进的方面,进一步完善中学师资队伍建设体系,为建立青年教师发展学校提供理论依据与实践参考,同时,针对青年教师的招聘、培训、职业规划等提出有效策略和路径。

第一章
马克思实践哲学的基本内涵及其方法论原则

本研究对中学青年教师能力素质展开研究的理论视阈是实践哲学,准确地说,是马克思实践哲学或马克思主义实践哲学。① 在国内外理论研究中,不论是对于实践哲学,还是对于马克思实践哲学,相关研究虽然成果丰硕,但是在什么是实践哲学、什么是马克思实践哲学、马克思实践哲学具有什么样的方法论原则等基础性问题上依然存在一些争议。从某种意义上说,如果这些基础性问题不能得到深度澄清,遑论在马克思实践哲学指导下有效地展开相关工作。因此,对于我们来说,对马克思实践哲学的基础理论内涵进行系统澄清,并在此基础上准确呈现其方法论原则,就成为首先必须完成的起点性任务。

第一节 马克思实践哲学的基本内涵

"实践哲学"是一个广义的概念,它既可以是一种对人类实践活动进行反思与概括的哲学理论,也可以指涉一种与"理论哲学""经院哲学"根本异质的哲学范式。在思想史上,研究人类实践活动的哲学家不胜枚举,但其中大部分

---

① 需要指出的是,从严格意义上说,马克思实践哲学并不完全等同于马克思主义实践哲学,因为在1845年之前,马克思有关实践哲学的论述及相关思想虽然在一些方面具有了历史唯物主义的因素,但总体来看依然具有很多不成熟的地方。1845年之后,马克思实现了哲学革命并创立了新唯物主义即历史唯物主义,也就是我们通常所说的"马克思主义哲学"。在一定意义上,我们可以将马克思强调的"从物质实践出发来解释各种观念形态"的历史唯物主义称作实践哲学。这种实践哲学既不同于哲学史上的从前的实践哲学,也与1845年之前马克思的实践哲学存在一定区别。因此,作为本研究理论视阈的马克思实践哲学,一是指1845年之后马克思创立的马克思主义实践哲学,二是包括1845之前青年马克思思想中具有历史唯物主义意蕴的那部分实践哲学。在本书后续论述中,为了表述方便,将统一使用"马克思实践哲学"这一概念。

研究并没有真正站在与"理论哲学""经院哲学"相对立的立场上。比如,康德对人类实践活动的研究就是建立在纯粹的"理论哲学"立场上的。黑格尔虽然批评了康德实践哲学的主观主义性质,指出要从"社会—历史"的维度来理解实践活动,将实践理解为现实的历史过程,但是在他的哲学体系中,现实历史过程最终还是要归结为绝对精神的运动发展,因而从本质上讲,黑格尔的实践哲学也是一种"理论哲学"。在哲学发展史上,与以往实践哲学相比,马克思的实践哲学在上述两个方面都实现了根本性变革。因此,我们在阐述马克思实践哲学的基本内涵时,需要从马克思实践哲学的"实践"概念、马克思实践哲学的理论范式两个维度展开。

一、马克思实践哲学中的"实践"概念

对于任何一种哲学来说,核心概念都是其理论体系的轴心与根基,是其区别于其他哲学的标尺。毋庸赘言,实践哲学的核心概念是"实践",对"实践"概念的不同理解,形成了不同类型的实践哲学。

在中国思想史上,"实践"概念主要有实行、践行、履行等含义。比如,宋理宗淳祐元年(1241)诏举文武才的诏书中说道:"朕惟孔子之道,自孟轲后不得其传,至我朝周敦颐、张载、程颢、程颐真见实践,深探圣域,千载绝学始有指归。"[1]南宋吴泳在《鹤林集·上邹都大书》中说:"执事以天授正学,崛起南方,实践真知,见于有政。"[2]虽然在中国传统文化中有"实践"一词的确切记载,但是严格地讲,作为哲学概念的"实践"在中国是一个舶来品,是 20 世纪初从日本而来的。1912 年,《东方杂志》发表了一篇由日文译介而来的文章——《德国社会党之胜利》,这篇文章第一次把与理想、理论相对立的哲学意义上的"实践"概念传播到了中国。

在西方理论界,哲学意义上的"实践"概念的使用可以追溯到古希腊时期,其最初的含义较为宽泛,可以指称生命体的诸多行为方式。比如,希波克拉底阐述过医疗实践,柏拉图论述过教育实践,等等。准确地说,真正对"实践"概念进行针对性界说并构建相应哲学体系的思想家是亚里士多德。亚里士多德在《尼各马可伦理学》中把人的活动划分为理论、实践、生产/制作三个方面,宣

---

[1] 邵雍.邵雍全集:5[M].郭彧,于天宝,点校.上海:上海古籍出版社,2016:268.
[2] 广东广西湖南河南《辞源》修订组,商务印书馆编辑部.辞源[Z].北京:商务印书馆,1981:859.

称对人类行为的研究需要以实践作为基点。其中,制作是对产品的加工与制造,是一种外在的生产活动;而实践恰恰相反,它是一种指向人内在的活动,其目的就是自我本身。"每一事物,如其自身或其自性是善的,则自己就是一个终极,而成为其他事物所由生成而存在的原因。"①这就是说,实践是一种向善的行为,实践本身就是行为的目的,在完成自身善的同时又能够完善他人与社会。因此,在西方实践哲学的传统中,实践有两个最根本的规定:其一,它指的是趋向"善"的目的的行为,是自身就构成目的的行为;其二,它不是指生命的本能活动,也不是指处理人与自然之间关系的生产制作活动,而是指处理人与人之间关系的人际行为。② 从这两个最根本的规定中我们可以看出,亚里士多德其实已经将制作这一劳动行为排除在了实践的范畴之外,并且实践也被定义为伦理行为与政治行为。虽然实践和理论有所不同,前者呈现在主体之间,后者则是主体独自沉思或直面真理,但是在自身即目的上,二者又是相同的。因此,亚里士多德认为,实践的最高层次是理论,换言之,理论是最高的实践。

亚里士多德对"实践"概念的上述界定对西方哲学的后续发展产生了深远影响,其中康德在《实践理性批判》中对"实践"概念的道德主义阐释、阿伦特在《人的境况》中对人的活动类型的划分——劳动、工作、行动,是这一影响的典型表现。总体来看,将实践理解为伦理行为或理论行为,属于唯心主义的基本观点。在马克思之前的唯物主义阵营中,很少有论者对"实践"概念展开系统研究。其原因在于,从前的唯物主义具有直观性,虽然其反对唯心主义将实践的主体视作精神或理念,反对将实践的过程看作精神或理念的运动发展,但是在它的理论视野中,一切对象都是感性对象,而不是感性活动,因而也就谈不上所谓的人的实践。费尔巴哈的唯物主义是从前唯物主义发展的顶峰,但是在费尔巴哈那里,人的活动依然更多地被理解为理论活动,"而对于实践则只是从它的卑污的犹太人的表现形式去理解和确定"③。

马克思在实现哲学革命之前,对"实践"的理解并没有达到历史唯物主义的高度。在大学阶段,马克思受到康德、费希特等人的影响,在思想上呈现出

---

① 伽达默尔.科学时代的理性[M].薛华,高地,李河,等,译.北京:国际文化出版公司,1988:78.
② 郑臣.从伦理学到政治学:亚里士多德实践哲学探源[J].兰州学刊,2007(6).
③ 中共中央马克思恩格斯列宁斯大林著作编译局.马克思恩格斯文集:第1卷[M].北京:人民出版社,2009:499.

明显的理想主义特征——"现有之物和应有之物的对立"①。在当时,马克思试图通过构建一个完善的法哲学体系来解决现实社会中存在的各种问题,后来这一努力很快就失败了,这让马克思意识到从"应有之物"出发的理论活动是无法真正改变"现有之物"的,真正的实践不能只是某种完善的主观构想或善良的主观愿望。后来,在"博士俱乐部"的影响下,马克思的思想转入了黑格尔主义阶段。在这一阶段,马克思对"实践"的理解虽然在很大程度上祛除了理想主义的制约,呈现出一定的现实性,但总体来看,这种理解依然处于理论逻辑的框架之下。比如,在《莱茵报》时期的相关政论文章中,马克思虽然批评了普鲁士书报检查令、林木盗窃法令,指出它们在践踏公共舆论、公共利益方面存在的问题,但在解决办法上,马克思依然诉诸绝对精神的现实化。也就是说,现实社会中一切不合理问题出现的原因是相关现实活动没有契合绝对精神,而绝对精神需要通过自身的现实化来纠正和解决这种不一致现象。② 随着理论研究和现实批判过程中遭遇到"对物质利益发表意见的难事",马克思开始意识到黑格尔主义所强调的以绝对精神为主体的"实践"依然是有问题的。比如,国家作为绝对精神发展的高级环节不应当维护私人利益,而应当维护公共利益,但是在现实中,国家不仅不会纠正私人利益对公共利益的侵害,反而会充当私人利益的保护者。这时,在费尔巴哈哲学的影响下,马克思实现了对黑格尔主义的颠倒:不是国家决定市民社会,而是市民社会决定国家。这一颠倒内在地表明,实践的真正主体不是抽象的绝对精神,而是处于市民社会中的人。粗略地看,1843—1844年间马克思的思想总体上处在"费尔巴哈派"阶段。其间,马克思对"实践"的理解具有了唯物主义特征,代表性论述是《〈黑格尔法哲学批判〉导言》中的那句话:"批判的武器当然不能代替武器的批判,物质力量只能用物质力量来摧毁。"③很显然,马克思在这里已经自觉地开始在

---

① 中共中央马克思恩格斯列宁斯大林著作编译局. 马克思恩格斯全集:第47卷[M].北京:人民出版社,1979:7.

② 马克思在这一时期的上述理论逻辑在其讨论国家、公共利益和私人利益问题时表现得尤为明显,他说:"既然这里明显地暴露出私人利益希望并且正在把国家贬为私人利益的手段,那么怎能不由此得出结论说,私人利益即各个等级的代表希望并且一定要把国家贬低到私人利益的思想水平呢? 任何现代国家,无论它怎样不符合自己的概念,一旦遇到有人想实际运用这种立法权力,都会被迫大声疾呼:你的道路不是我的道路,你的思想不是我的思想!"(中共中央马克思恩格斯列宁斯大林著作编译局. 马克思恩格斯全集:第1卷[M]. 北京:人民出版社,1995:261-262.)

③ 中共中央马克思恩格斯列宁斯大林著作编译局. 马克思恩格斯文集:第1卷[M].北京:人民出版社,2009:11.

"理论-实践"的二元结构中理解人的实践活动了。但是,囿于费尔巴哈人本主义的影响,马克思在这一阶段对"实践"的理解依然具有局限性,比如在《1844年经济学哲学手稿》中对共产主义实践的理解,就带有明显的抽象逻辑推演与论证的色彩。这表明在"费尔巴哈派"阶段,马克思对"实践"的理解呈现出双重逻辑:一种是人本主义逻辑,即自觉或不自觉地在理论活动层面理解人的实践活动;二是历史唯物主义逻辑,即将人的实践活动理解为一种客观物质活动。

1845年春天,马克思写下了《关于费尔巴哈的提纲》,这篇"包含着新世界观的天才萌芽的第一个文献"[①]不仅标志着马克思实现了哲学革命,也标志着马克思在"实践"概念上实现了根本性变革,或者可以说,马克思所实现的哲学革命是以对"实践"概念的崭新性、变革性的理解为逻辑起点的。在后续一系列文本中,马克思在历史唯物主义立场上对"实践"概念进行了具体性应用与系统性阐释。基于马克思相关论述,我们可以在以下五个递进的层面把握马克思实践哲学中的"实践"概念。

第一,实践是人的活动。这个命题包含两个方面的含义,一是实践是一种活动。从前的唯物主义只能直观地把握世界,因而其把握到的世界只是一个个具体的"物",无法看到这些"物"本身就是具体的人的活动及其相互关系。马克思明确批评了从前唯物主义的这种直观性缺陷,指出要将对象理解为人的活动。二是实践的主体是人。唯心主义将实践的主体理解为理念或精神,认为实践过程也就是理念或精神的运动过程。唯心主义对实践的理解在一定程度上体现出了实践的能动性、过程性,但从本质上说,"唯心主义是不知道现实的、感性的活动本身的"[②],因为实践的主体只能是现实的个人,不能离开现实的个人来抽象地讨论实践。

第二,实践是人的感性活动。人的活动类型是丰富的,可以按照不同的标准划分出不同的类型。但总体上看,人的活动可以宏观地界定为感性活动、理性活动两种。前者即精神活动,后者即物质活动。马克思不同意唯心主义将实践理解为理性活动或精神活动,指认实践的本质是一种客观物质活动。在

---

① 中共中央马克思恩格斯列宁斯大林著作编译局.马克思恩格斯文集:第4卷[M].北京:人民出版社,2009:266.

② 中共中央马克思恩格斯列宁斯大林著作编译局.马克思恩格斯文集:第1卷[M].北京:人民出版社,2009:499.

《关于费尔巴哈的提纲》中,马克思在批评从前唯物主义的直观性时,认为这种直观性体现在没有把现实对象"当做感性的人的活动,当做实践去理解"①。很显然,在马克思这句话中,"感性的人的活动"也就是"实践"。在《德意志意识形态》中,马克思在批评唯心主义历史观、阐释唯物主义历史观时指出:"这种历史观和唯心主义历史观不同,它不是在每个时代中寻找某种范畴,而是始终站在现实历史的基础上,不是从观念出发来解释实践,而是从物质实践出发来解释各种观念形态。"②在这里,马克思明确使用了"物质实践"的概念,强调了实践的客观物质性。在马克思主义哲学理解史中,有论者强调马克思实践哲学中的"实践"既不是单纯的物质活动,也不是单纯的精神活动,而是超越物质、精神二元对立的主客观相统一的活动。应当说,这种理解是存在严重偏颇的。我们知道,人类的认识是主观的,检验人类的认识是否具有真理性的标准是客观的,如果指认实践的本质是主客观的统一,那么包含主观性内容的实践就无法构成认识是否具有真理性的检验标准。③

第三,实践是人的意识的现实对象。在哲学史上,只有唯物主义才会讨论意识的现实对象问题,因为在唯心主义那里,意识是第一性的,不存在意识的起源和发生问题。其实,物质决定意识,意识的现实对象是物质,这是一切唯物主义在意识对象观问题上的统一结论。但是,在从前的唯物主义那里,作为意识现实对象的物质只是感性的自然存在,人们直观经验到感性的自然存在,就能获得关于感性的自然存在的认识。客观地说,这种观点是存在严重缺陷的,无法说明为何人与其他动物同处于一个自然界却有不同的意识这个基本问题。马克思认为,人的意识的现实对象是人的感性活动本身,是实践,人在对象化活动中与自然界中的感性存在发生了实践关系,这些实践关系构成了人的意识的现实对象,构成人的意识产生和发展的原因。在《〈政治经济学批判〉序言》中,马克思对意识与实践的上述关系做出了明确表述:"不是人们的意识决定人们的存在,相反,是人们的社会存在决定人们的意识。"④人们的社

---

① 中共中央马克思恩格斯列宁斯大林著作编译局.马克思恩格斯文集:第1卷[M].北京:人民出版社,2009:499.
② 中共中央马克思恩格斯列宁斯大林著作编译局.马克思恩格斯文集:第1卷[M].北京:人民出版社,2009.544.
③ 王金福.实践本质问题与对马克思主义哲学的理解[J].探索,1996(5).
④ 中共中央马克思恩格斯列宁斯大林著作编译局.马克思恩格斯文集:第2卷[M].北京:人民出版社,2009.591.

会存在就是人们的感性活动,就是实践,实践构成了意识的现实对象。①

第四,实践是检验认识是否具有真理性的标准。实践的客观物质性与意识对象性决定其可以作为检验人的认识是否具有真理性的标准。在哲学史上,关于认识是否具有真理性的检验标准主要有两种:一是将某种神秘的力量或绝对的权威(上帝、君王等)作为标准,二是将某种先验的原则或逻辑作为标准。与之不同,马克思提出检验认识是否具有真理性的标准只能是实践。他在《关于费尔巴哈的提纲》中说:"人的思维是否具有客观的真理性,这不是一个理论的问题,而是一个实践的问题。人应该在实践中证明自己思维的真理性,即自己思维的现实性和力量,自己思维的此岸性。"②在这里,马克思不仅明确指认了实践在检验认识是否具有真理性方面的功能和地位,更是清晰地阐明了马克思实践哲学与从前的理论哲学的本质区别。

第五,实践是人类社会发展的变革性力量。③ 在哲学史上,关于人类社会发展的根本动力问题,唯心主义主要强调精神的力量,从前的唯物主义由于不具备历史的视野而很少涉及该问题,或者说,它们倾向于认为人类社会处于一种自在状态。与唯心主义和从前的唯物主义不同,马克思认为实践才是人类社会发展的变革性力量。马克思批评了唯心主义将精神作为社会发展根本动力的看法,指出"意识在任何时候都只能是被意识到了的存在,而人们的存在就是他们的现实生活过程"④。也就是说,人的精神或人的意识只是人的现实生活过程即实践的反映,其本身是由人的实践所决定的,不可能成为社会发展的根本动力。马克思也批判了从前的唯物主义在该问题上的论点。唯物主义

---

① 在这里,我们依然可以通过分析"实践是检验真理的标准"这一命题来深化相关认识。从逻辑上看,任何认识都是对对象的把握,正确的认识是对对象的准确把握,错误的认识是对对象的歪曲把握,简言之,是否与对象相契合是检验某种认识是否具有真理性的标准。按照从前的唯物主义的逻辑,如果指认感性的自然存在是意识的现实对象,那么检验认识是否具有真理性的标准就只能是感性的自然存在,这显然是不符合事实的。反之,如果我们承认实践是检验认识是否具有真理性的标准,也就承认了实践是意识的现实对象。

② 中共中央马克思恩格斯列宁斯大林著作编译局.马克思恩格斯文集:第1卷[M].北京:人民出版社,2009:500.

③ 需要指出的是,我们在这里讨论人类社会发展的变革性力量问题,是在本体论或思维与存在的关系的意义上展开的,即什么是社会发展的根本动力问题。这并不是说,某种因素是动力,对历史发展产生推动作用,另一种因素不是动力,对历史发展不产生推动作用。因而,我们指认实践是社会发展的根本动力,并不代表精神或思维就不是社会发展的动力,在社会发展中不产生作用。只是在终极的意义上,精神或思维来源于实践,不能取代实践成为根本性动力。

④ 中共中央马克思恩格斯列宁斯大林著作编译局.马克思恩格斯文集:第1卷[M].北京:人民出版社,2009:525.

发展到18世纪时,一些唯物主义者开始强调环境和教育在人类社会发展中的决定性作用,马克思批评了这种观点的局限性,并指出环境本身是不断改变的,并且这一改变是由人的实践推动的,教育者本身也不是先天就具备教书育人的本领,其本身也是受教育的,"环境的改变和人的活动或自我改变的一致,只能被看作并合理地理解为革命的实践"①。简言之,在马克思实践哲学中,人的感性活动即实践构成了推动社会发展和时代变革的根本性力量。

需要指出的是,我们对马克思实践哲学的"实践"概念的上述五个方面的界说,主要立足于马克思本人的相关论述。当然,马克思实践哲学的"实践"概念还有其他维度的内容,如实践的内在矛盾、实践的类型、实践的结构和过程、实践与世界二重化的关系等。这些内容对于我们把握马克思的"实践"概念也很重要。但是鉴于两方面原因——马克思在其相关文本中并没有对这些内容展开具体论述;我们的教科书也已经对这些内容做了准确翔实的阐述,因而这里不再赘论。

二、马克思实践哲学的理论范式

马克思在实践哲学上实现的变革不仅表现为对人的实践活动做出了科学阐释,还在于实现了实践哲学在理论范式上的转换与创新,推动实践哲学在研究对象、研究方法、理论旨趣、思维方式等层面均发生了根本性变化。

在哲学史上,自古希腊先贤开启实践哲学思想传统以来,实践哲学的理论范式与研究进路大致经历了"从理论到理论、从理论到实践、从实践到理论"三个发展阶段。

近代以前,由于市民社会没有从政治国家中分离出来,哲学家们所关注的对象主要是政治领域和精神领域,因而实践哲学也主要以政治哲学、道德哲学的形式呈现出来。在实践哲学研究中,受到亚里士多德"理论是最高的实践"的论点的影响,相关探讨更多地拘泥于理论领域,采取"从理论到理论"的理论范式。这种理论范式在中世纪时期发展到了顶峰,致使哲学彻底沦为神学的婢女,行使上帝合法性辩护、宗教教义诠释、教徒心理洗涤等职能,而这对应的工作显然只能发生在纯粹的思想领域。

---

① 中共中央马克思恩格斯列宁斯大林著作编译局.马克思恩格斯文集:第1卷[M].北京:人民出版社,2009:500.

实践哲学发展至近代,其理论范式则演进到了"从理论到实践"阶段。一方面,随着中世纪末欧洲地中海沿岸地区商业资本的活跃,最初的市民社会孕育并发展出来,正如马克思指出的那样:"真正的市民社会只是随同资产阶级发展起来的。"①市民社会的出现,现实地促使哲学家将理论关注和反思的对象不断从政治领域、精神领域转移到物质生活领域,不再像以往那样单向度地贬低人的生产活动(制作),也不再单向度地将理论视作最高的实践;相反,物质生产实践的重要性不断增强。另一方面,随着文艺复兴和启蒙运动的推进,人们逐渐地认识到了自身的主体性和理性,开始"有勇气运用自己的理智"及"公开运用自己理性的自由"②。有了自觉的主体性和理性的人面对不断发展的市民社会,不仅要对市民社会的一般本质与基本规律进行深入把握,更要为解决市民社会发展中存在的问题、推动市民社会平稳有序发展提供理论支撑。在这种情况下,以康德哲学为代表的先验的实践哲学出场了。这种先验的实践哲学遵循"从理论到实践"的分析与阐释路径,旨在通过设置某种系统性的理论原则来为实践发展奠定思想基础、提供观念规约。比如,面对那个时代紧张的国际局势,康德在《永久和平论》中制定了一系列旨在"保障"世界持续和平发展的先决条款与正式条款,并强调"哲学家有关公共和平可能性的条件的那些准则,应该被进行准备战争的国家引为忠告"③。黑格尔虽然较为深入地揭示与批评了康德这一研究进路的主观主义色彩,指认全球发展的实践进展在本质上受制于各个民族国家主体的现实利益,进而呈现出"一切人反对一切人的战争"的状态与特征。但是,在如何规制这种丛林法则的混沌状态时,黑格尔依然诉诸绝对理性的发展和伦理精神的实现来推动民族国家个体告别任性的状态。也就是说,黑格尔哲学虽然在形式上反对"从理论到实践"的理论范式,但是囿于其哲学体系的保守方面,并没有真正走出这种理论范式的窠臼。

马克思在哲学史上实现的变革第一次将实践哲学引入"从实践到理论"的范式框架。当然,这一变革不是一蹴而就的,而是经历了一个曲折的探索过程。正如前文所述,青年马克思在其思想发展过程中先后受到康德、黑格尔、

---

① 中共中央马克思恩格斯列宁斯大林著作编译局.马克思恩格斯选集:第1卷[M].北京:人民出版社,2012:211.
② 康德.历史理性批判文集[M].何兆武,译.北京:商务印书馆,1990:23、25.
③ 康德.历史理性批判文集[M].何兆武,译.北京:商务印书馆,1990:132.

费尔巴哈等人的影响。不论是大学初期的法哲学体系建构,还是写作博士论文期间对原子偏斜运动与自由的关系的哲学阐释;不论是《莱茵报》时期对现实社会中不合理现象的民主主义批判,还是《德法年鉴》时期对异化劳动和共产主义的人本主义分析,总体遵循了"从理论到现实"的分析路径与阐释框架。也就是说,在实现哲学革命之前,马克思实践哲学总体上依然处在近代哲学特别是德国古典哲学的范式框架之内。

1845年之后,马克思实践哲学实现了基本范式转换,开启了"从实践到理论"的致思路径。在《关于费尔巴哈的提纲》中,马克思批评了那种脱离实践来抽象讨论理论问题的研究方式,"关于思维——离开实践的思维——的现实性或非现实性的争论,是一个纯粹经院哲学的问题"①。在理论研究中,不应当依照理论来裁剪现实,而是要基于实践来阐释理论,"凡是把理论引向神秘主义的神秘东西,都能在人的实践中以及对这种实践的理解中得到合理的解决"②。在《德意志意识形态》中,马克思、恩格斯第一次系统地阐释了建立在唯物史观基础之上的实践哲学的基本观点,并严厉批评了青年黑格尔派从抽象的理论原则出发来分析和解决现实问题的研究方法。他们指出,不应当从理论和意识出发来说明实践,而应当从物质实践出发来说明理论和意识,"从市民社会出发阐明意识的所有各种不同的理论产物和形式,如宗教、哲学、道德等等,而且追溯它们产生的过程"③。在《哲学的贫困》中,马克思第一次将他创立的实践哲学公布于众,并以此为基础对蒲鲁东政治经济学研究方法进行了深刻批判。马克思指出,在社会经济发展中起基础作用的是物质生产,而不是抽象的经济学原理或经济学概念,从本质上讲,前者是后者产生的根源,后者是前者的观念反映;从它们的起源来看,"人们按照自己的物质生产率建立相应的社会关系,正是这些人又按照自己的社会关系创造了相应的原理、观念和范畴"④。在《共产党宣言》中,马克思、恩格斯立基于宏大的世界历史视野,在气势磅礴地论述唯物史观的基本原理与无产阶级的历史使命的同时,也

---

① 中共中央马克思恩格斯列宁斯大林著作编译局.马克思恩格斯文集:第1卷[M].北京:人民出版社,2009:500.

② 中共中央马克思恩格斯列宁斯大林著作编译局.马克思恩格斯文集:第1卷[M].北京:人民出版社,2009:501.

③ 中共中央马克思恩格斯列宁斯大林著作编译局.马克思恩格斯文集:第1卷[M].北京:人民出版社,2009:544.

④ 中共中央马克思恩格斯列宁斯大林著作编译局.马克思恩格斯文集:第1卷[M].北京:人民出版社,2009:603.

阐发了"从实践到理论"的实践哲学理论范式。他们指出,随着资本主义生产方式在全球范围的确立和拓展,人类的物质实践从区域性历史迈入了世界历史,在生产实践全球化的推动下,"各民族的精神产品成了公共的财产。民族的片面性和局限性日益成为不可能,于是由许多种民族的和地方的文学形成了一种世界的文学"①。关于"从实践到理论"的实践哲学理论范式,马克思相关论述还有很多,这里不再赘述。

相对于从前的一切哲学,马克思实践哲学在理论范式上总体呈现为"从实践到理论"的研究进路。该理论范式可以具体地展开为多个维度,如以实践为研究出发点,以市民社会/社会关系为研究对象,以实证科学为具体研究方法,以历史辩证法为思维方法,以现实的个人的发展为价值旨归等。从某种意义上说,马克思实践哲学在上述方面实现的变革标志着一种完全不同于西方形而上学传统的崭新致思路径的出场,这种致思路径不是从抽象的理论或原则出发来分析和解决问题,而是从实践出发来分析和解决问题,因此,在更本质、更宏观的意义上可以指认,马克思实践哲学是对整个西方形而上学的拒斥与颠覆。

第二节 马克思实践哲学的方法论原则

1895年3月11日,恩格斯在写给韦尔纳·桑巴特的信中指出:"马克思的整个世界观不是教义,而是方法。它提供的不是现成的教条,而是进一步研究的出发点和提供这种研究使用的方法。"②在这里,恩格斯之所以将马克思的整个世界观视作方法,一方面是为了批评与反对那个时代一些论者将马克思理论遗产标签化、教条化的做法,另一方面也明确指出了马克思理论遗产面向未来的根本意义与价值。马克思实践哲学同样如此。今天,当我们执马克思之名进行各种理论和现实问题研究时,深刻把握与准确运用马克思实践哲学的方法论原则构成了其中最为重要的基础性维度。依照马克思的相关论述,我

---

① 中共中央马克思恩格斯列宁斯大林著作编译局. 马克思恩格斯文集:第2卷[M]. 北京:人民出版社,2009:35.

② 中共中央马克思恩格斯列宁斯大林著作编译局. 马克思恩格斯文集:第10卷[M]. 北京:人民出版社,2009:691.

们可以将马克思实践哲学的方法论原则概括为如下几个方面。

一、把对象当作实践来理解

任何研究都是一种对象性活动,一个明确具体的对象是研究得以展开的前提。这对于任何理论来说都是毋庸置疑的。但是如下问题——我们研究的对象是一种什么样的存在、我们何以能够认识和把握对象、我们应当如何认识和把握对象——则在哲学史上一直争论不休。较之于哲学史上其他哲学家的相关理解,马克思实践哲学在认识对象问题上实现了根本性变革,这一根本性转变开启了一个以往任何哲学都未曾有过的方法论原则。

马克思在《关于费尔巴哈的提纲》"第一条"批评从前的唯物主义时,强调它们的主要缺点在于没有将人们所面对的对象理解为感性的人的活动即实践。唯心主义虽然能够将人们面对的对象理解为人的活动,但是在唯心主义那里,这一活动仅仅是人的精神活动。很显然,马克思创立的新哲学不同于从前唯物主义与一切唯心主义的上述理解,它强调要把对象当作感性的人的活动、当作实践来理解。我们知道,《关于费尔巴哈的提纲》是马克思实现哲学革命的第一个纲领性文献,在这篇文献中,马克思将如何理解对象这一问题置于第一条,足以看出该问题的重要性。

举例来说,如果当前在我们面前摆放着一个水杯,从前的唯物主义者、唯心主义者及马克思主义者对这个水杯的理解是不一样的。其中,从前的唯物主义者会将这个水杯理解为一个具有特定颜色、质量、容量、材质的盛水器皿,即这是一个感性的自然存在。唯心主义者则会将这个杯子理解为精神的产物,或是客观精神的创造物,或是主观精神的想象物。马克思主义者的理解则与他们不同。首先,这个杯子肯定不是精神的产物,它是客观存在的,不以人的精神想象为转移;其次,这个杯子不仅是自然存在,而且是社会存在,或者说它本身就是实践。将这个杯子理解为实践,不仅表明它是人的实践活动的产物,更为重要、更为深刻的问题是,我们之所以能够认识和把握到这个杯子,换言之,我们之所以能够将这个对象视作一个杯子,原因在于我们的认识对象不仅是自然存在(颜色、质量、容量、材质等),而且是社会存在或实践,包括制作杯子的实践、使用杯子的实践等。

在马克思实践哲学的方法论体系中,把对象当作实践来理解是极其重要的方法。正是因为在研究中深刻地贯彻了这一方法,马克思才能在政治经济学和科学社会主义研究中同样实现革命性变革。在政治经济学研究中,由于运用了这一方法,因此,马克思科学揭示了商品拜物教的秘密及资本主义社会的物化现象,批判了古典政治经济学家因无法将对象(私有物品等)理解为实践活动而只能为资本主义的永久性进行辩护。同时,近代政治哲学家立基于所有权的相关论点也都犯了直观性错误,因为他们看不到所有权本身也是实践发展的产物。在科学社会主义研究中,由于不再像以往的哲学家和政治经济学家那样将商品视作自然存在,因此,马克思才得以在实践地理解商品的过程中发现了剩余价值学说,进而为科学社会主义的提出奠定理论基础。

习近平总书记多次指出,当今时代依然处在马克思主义所指明的历史时代。而马克思主义所指明的历史时代无疑是全球资本主义时代。马克思、恩格斯在《共产党宣言》中明确指认了自己所面临的时代:"我们的时代,资产阶级时代,却有一个特点:它使阶级对立简单化了。"①深处全球资本主义时代,商品生产和交换所构筑的"物体系"成为我们无法逃遁的时代情境,尤其是伴随着资本主义发展的后工业转向与消费主义的兴起,我们面对的物化现象变得更加多元复杂。在这种时代背景下,我们更加需要形成马克思实践哲学的方法论自觉,不能仅仅把对象直观地理解为物,而要将对象历史地理解为实践,只有这样,我们才能始终在物化世界中保持个体的主体性,对现代社会发展及其相关问题持有清醒的认识。

在中学青年教师职业发展与能力素质提升研究中贯彻马克思实践哲学的这种把对象理解为实践的方法,要求我们不能直观地、非历史地分析和研究中学青年教师发展相关问题,不能抽象地、狭隘地从某个中学青年教师生命个体的维度来分析其能力素质问题,而是要从青年教师的成长和发展的一系列具体实践中来分析与解决问题。当然,这些实践是丰富多元的,包括个体受教育的实践、个体从事教育工作的实践及个体所处社会关系的方方面面实践,等等。

二、以实践为研究出发点

在马克思实践哲学出场之前,哲学理论的出发点总体上可以分为两类:唯

---

① 中共中央马克思恩格斯列宁斯大林著作编译局.马克思恩格斯文集:第2卷[M].北京:人民出版社,2009:32.

心主义强调从某种精神或理念出发,唯物主义强调从物质出发。马克思批判了唯心主义在理论出发点上的抽象性、从前唯物主义在理论出发点上的直观性,指认其创立的新唯物主义的出发点是实践。从实践出发而非从理论出发,是马克思实践哲学区别于从前一切哲学的根本标志,正如《德意志意识形态》在批判德国哲学时指出的那样:"德国哲学从天国降到人间,和它完全相反,这里我们是从人间升到天国。"①

在方法论的意义上,强调将实践作为研究的出发点,标志着马克思实践哲学对从前全部哲学的研究方式 ——从原则出发或以原则为出发点——的拒斥与反拨。在马克思实现哲学革命之前,所有哲学,不论是唯物主义哲学还是唯心主义哲学,都是遵循从原则出发来研究理论和现实问题的进路。前文提到的康德哲学就是典型代表。马克思在其思想发展进程中也一度采取了以原则为出发点的研究方式,比如大学初期的法哲学体系建构、《莱茵报》时期对绝对理念现实化的诉诸、《巴黎手稿》时期对异化劳动和共产主义的抽象分析(依托类本质—异化—类本质复归的逻辑推演)等。1845年之后,马克思发现了这一研究方式的错误,并对这一研究方式进行了严厉批判。应当说,自此以后,在马克思的理论研究和革命实践中,与形形色色的从原则出发来分析和解决问题的论者(蒲鲁东、拉萨尔等)展开论战与斗争,成为一项持久性的工作。

在《关于费尔巴哈的提纲》中,马克思指出:"哲学家们只是用不同的方式解释世界,而问题在于改变世界。"②需要注意的是,在传统的理解中,人们总是不自觉地认为是从前的哲学家(并非所有哲学家)在单一地解释世界,进而忽视了改变世界这一更重要的问题,但是从马克思的表述来看,他批评的并不是"从前的哲学家",而是"哲学家们"。换言之,马克思在这里已经将自己置于"哲学家们"的对立面,因为在马克思看来,"哲学家们"的研究方式就是从各种各样的抽象原则出发来解释世界。在《德意志意识形态》中,马克思、恩格斯在讥讽青年黑格尔派的哲学争论时说:"一些原则为另一些原则所代替,一些思想勇士为另一些思想勇士所歼灭,其速度之快是前所未闻的。"③与青年黑格

---

① 中共中央马克思恩格斯列宁斯大林著作编译局.马克思恩格斯文集:第1卷[M].北京:人民出版社,2009:525.
② 中共中央马克思恩格斯列宁斯大林著作编译局.马克思恩格斯文集:第1卷[M].北京:人民出版社,2009:502.
③ 中共中央马克思恩格斯列宁斯大林著作编译局.马克思恩格斯文集:第1卷[M].北京:人民出版社,2009:513.

尔派的上述争论不同,马克思所创立的哲学不是从某种原则出发,而是从具体实践出发,"它们绝不提供可以适用于各个历史时代的药方或公式"①。在《共产主义者和卡尔·海因岑》中,马克思明确表示:"共产主义不是教义,而是运动。它不是从原则出发,而是从事实出发。共产主义者不是把某种哲学作为前提,而是把迄今为止的全部历史,特别是这一历史目前在文明各国造成的实际结果作为前提。"②在《共产党宣言》中,马克思、恩格斯说:"共产党人的理论原理,绝不是以这个或那个世界改革家所发明或发现的思想、原则为根据的。"③马克思在《给〈祖国纪事〉杂志编辑部的信》中明确反对人们将其关于西欧资本主义起源历史的研究成果当作分析一切历史发展的原则(历史哲学),指出这样虽然"会给我过多的荣誉,同样也会给我过多的侮辱"④,"使用一般历史哲学理论这一把万能钥匙,那是永远达不到这种目的的,这种历史哲学理论的最大长处就在于它是超历史的"⑤。恩格斯在《反杜林论》中对何谓研究出发点的问题做出了系统性概括:"原则不是研究的出发点,而是它的最终结果,这些原则不是被应用于自然界和人类历史,而是从它们中抽象出来的,不是自然界和人类去适应原则,而是原则只有在符合自然界和历史的情况下才是正确的。"⑥原则不是研究出发点,而只是研究的最终结果,任何原则只有符合实践才是正确的,恩格斯的这段表述可以视作对马克思实践哲学这一方法论的经典概括。

在今天的理论和现实问题研究中,我们依然要强调以实践为出发点,反对以原则为出发点。客观地说,当前有不少理论研究在出发点上都或多或少地回到了马克思当年所批判的立场,这些研究者在分析和解决现实问题时,一方面试图从经典作家相关著作中寻求援助,另一方面则致力于构建可以解决问

---

① 中共中央马克思恩格斯列宁斯大林著作编译局.马克思恩格斯文集:第1卷[M].北京:人民出版社,2009:526.
② 中共中央马克思恩格斯列宁斯大林著作编译局.马克思恩格斯文集:第1卷[M].北京:人民出版社,2009:672.
③ 中共中央马克思恩格斯列宁斯大林著作编译局.马克思恩格斯文集:第2卷[M].北京:人民出版社,2009:44.
④ 中共中央马克思恩格斯列宁斯大林著作编译局.马克思恩格斯文集:第3卷[M].北京:人民出版社,2009:466.
⑤ 中共中央马克思恩格斯列宁斯大林著作编译局.马克思恩格斯文集:第3卷[M].北京:人民出版社,2009:467.
⑥ 中共中央马克思恩格斯列宁斯大林著作编译局.马克思恩格斯文集:第9卷[M].北京:人民出版社,2009:38.

题的哲学理论,比如,通过构建经济哲学、政治哲学、文化哲学、生态哲学等来解决当代日益严重的经济问题、政治问题、文化问题、生态问题等。从本质上讲,这种研究方法与蒲鲁东试图通过构建政治经济学的形而上学来解决经济发展问题,拉萨尔试图通过构建抽象的分配正义原则来解决分配问题,在理论逻辑上并无二致。很显然,通过构建某种哲学原则来分析和解决现实问题的研究,不仅在理论上是错误的,而且在实践上也是有害的,我们需要站在马克思实践哲学立场上,始终与这种研究方法划清界限。

我们研究中学青年教师素质发展和能力提升问题,也要坚持马克思实践哲学的这种以实践为出发点而非以原则为出发点的研究方法。应当说,在该论题的相关研究中,从原则出发展开讨论的现象是普遍存在的,即在分析青年教师素质能力相关问题时,一方面去卢梭、康德、黑格尔及马克思主义经典作家那里寻找相关论述,另一方面针对现实中存在的具体问题提出一系列抽象原则,有论者甚至将这些抽象原则"上升"为哲学,认为只要将这些哲学原则贯彻在教育实践中,这些问题就迎刃而解了。这种充斥着主观主义和应然逻辑的理论研究,不需要具体举例,相信只要翻阅部分关于教育公平问题的研究成果就能有所体会。正是基于对这种研究方法的清醒认识与自觉区分,我们明确强调本研究的理论视域是马克思实践哲学,遵循从实践而非原则出发的分析思路与研究方法。

三、以实证科学为具体方法

一般来说,人文社会科学的研究方法有广义和狭义之分,广义的研究方法是一个总体性概念,不仅包括研究进行中的操作性方法,还包括贯彻于研究从酝酿到完成的各个阶段的思维方法;狭义的研究方法主要指操作性层面的方法,一般不包括思维方式层面的方法。因此,二者的关系是前者包括后者,后者属于前者的一部分。比如,本书对马克思实践哲学方法论原则的讨论,就是在广义上展开的,它不仅包括即将详细讨论的实证科学这一具体的、狭义的方法,也包括前文已经分析过的思维方式层面的方法。

在马克思实践哲学诞生之前的漫长哲学史中,"实证科学"与哲学研究方法一直是格格不入的。从古希腊先贤开始,哲学家们总是倾向于将哲学研究方法纳入纯理论、纯思辨的层面,即哲学是直面理论的沉思,是人的最高等级的精神活动,是关于思维的科学。如果说哲学研究是形而上层面的事情的话,那么实证科学则属于形而下层面的事情,两者一般来说是不存在交集的。当然,马克思在其思想发展进程中对实证科学的认识和运用也有一个从不成熟到成熟的变化过程,从某种意义上说,正是因为逐渐发现和运用了实证科学的研究方法,马克思才最终冲破了传统哲学的束缚,实现了哲学史上最为重大的一次变革。

从马克思相关文本的具体内容来看,在1843年3月退出《莱茵报》之前,除了《摩泽尔记者的辩护》一文外,在马克思的理论作品中很少能发现实证科学的痕迹。在这之后,为了解决对"物质利益发表意见的难事",在恩格斯等人的启发下,马克思开始研究经济学。相对于哲学来说,经济学研究更提倡实证科学的研究方法。1843—1844年,马克思阅读了大量的经济学著作,做了很多笔记和摘录,对实证科学的功能和作用有了深刻的认识。虽然在这段时间内马克思的思想总体上依然受到费尔巴哈人本主义的掣肘,但是经济学研究也在不断地推动他逐渐摆脱这种掣肘,直至1845年春天最终实现哲学革命。

实现哲学革命之后的马克思明确反对传统哲学的纯思辨、纯理论的研究方法,旗帜鲜明地倡导实证科学的研究方法。在《德意志意识形态》中,马克思与恩格斯一起系统地批判了纯思辨、纯理论的研究方法,指出这种方法尽管满嘴都是震撼世界的激进口号,由于脱离了具体实践,只能实现词句批判而非现实批判的效果,因此,最终只能沦为保守的研究方法。他们指出:"在思辨终止的地方,在现实生活面前,正是描述人们实践活动和实际发展过程的真正的实证科学开始的地方。关于意识的空话将终止,它们一定会被真正的知识所代替。"①在《社会主义从空想到科学的发展》中,恩格斯基于现代科学的立场对实证科学取代传统哲学思辨研究方法的原因做出了具体说明:"一旦对每一门科学都提出要求,要它们弄清它们自己在事物以及关于事物的知识的总联系中的地位,关于总联系的任何特殊科学就是多余的了。于是,在以往的全部哲学中仍然独立存在的,就只有关于思维及其规律的学说——形式逻辑和辩证法。其他一切都归到关于自然和历史的实证科学中去了。"②在《反杜林论》中,恩格斯不仅明确批判了杜林"世界模式论"在理论观点上的谬误,而且深刻

---

① 中共中央马克思恩格斯列宁斯大林著作编译局.马克思恩格斯文集:第1卷[M].北京:人民出版社,2009:526.
② 中共中央马克思恩格斯列宁斯大林著作编译局.马克思恩格斯文集:第3卷[M].北京:人民出版社,2009:544.

揭示了杜林"世界模式论"在研究方法上的颠倒性质,即对传统哲学研究方法与实证科学研究方法的颠倒。他说:"如果世界模式论不是从头脑中,而仅仅是通过头脑从现实世界中得来的,如果存在的原则是从实际存在的事物中得来的,那么为此我们所需要的就不是哲学,而是关于世界和世界中所发生的事情的实证知识,由此产生的也不是哲学,而是实证科学。"①在《路德维希·费尔巴哈和德国古典哲学的终结》中,恩格斯再次强调,按照传统哲学的纯思辨、纯理论的研究方法是无法获得关于现实问题的正确知识的,真正能够带来关于现实问题的正确知识的研究方法是实证科学。"我们把沿着这个途径达不到而且任何单个人都无法达到的'绝对真理'撇在一边,而沿着实证科学和利用辩证思维对这些科学成果进行概括的途径去追求可以达到的相对真理。"②事实上,无须过多列举马克思主义哲学创始人相关论述,大家只要认真翻阅《资本论》等著作,就可以清晰地了解实证科学在马克思实践哲学中的基础性地位。

需要指出的是,马克思实践哲学所倡导的实证科学与西方近代哲学中的实证主义(以孔德、密尔、斯宾塞的学说为代表)存在本质不同。实证主义在强调经验现象对于科学研究的前提性、观察和实验对于科学研究的基础性的同时,否认了理性在抽象分析经验材料过程中的可能性与必要性。按照实证主义的逻辑,一切知识都只是经验知识,是无法达及对象本质的,其结果只能推动科学研究走向相对主义和虚无主义。与之不同,马克思实践哲学倡导的实证科学研究方法不仅强调要对经验现象进行观察与实验,还强调在研究中要逐步推动感性上升到理性,洞穿纷繁复杂的经验表象,对对象实现本质性的认识和把握。在马克思主义哲学发展史上,很多马克思主义经典作家都对实证主义进行了深刻批判,在今天,准确把握实证科学与实证主义的区别,对于相关理论研究依然具有极其重要的意义。

在中学青年教师能力素质提升问题研究中坚持实证科学的方法,要求我们一方面摒弃抽象思辨的研究方法,通过走访调研与资料收集等方式,尽可能全面准确地掌握相关经验材料,并对这些材料进行准确分析,形成扎实可靠的数据信息;另一方面也要摒弃实证主义的研究方法,不能将研究仅仅停留在数

---

① 中共中央马克思恩格斯列宁斯大林著作编译局.马克思恩格斯文集:第9卷[M].北京:人民出版社,2009:39.

② 中共中央马克思恩格斯列宁斯大林著作编译局.马克思恩格斯文集:第4卷[M].北京:人民出版社,2009:273.

据分析层面,还要将感性上升到理性,基于这些数据信息材料,在更高和更深的层面洞察这些数据所表征的问题在社会关系层面的成因及其发展,这样才能提出真正切入现实的解决办法。

四、遵循逻辑与历史相统一的辩证思维

马克思实践哲学反对抽象思辨而倡导实证科学,旨在批判从前哲学脱离现实的主观主义研究方式,并不代表其在绝对意义上否定了思辨在科学研究中的功能和作用。哲学语境中的思辨有两种类型:主观主义思辨、客观主义思辨。在理论逻辑与现实历史的关系上,主观主义思辨强调现实历史要契合于理论逻辑,倡导从理论逻辑出发来分析和研究现实历史;客观主义思辨则强调理论逻辑要与现实历史相统一,逻辑的推演过程必须契合于历史的演进过程。客观主义思辨也就是通常所说的逻辑与历史相统一的辩证思维。

在思想史上,逻辑与历史相统一的辩证思维是由黑格尔提出的。在黑格尔庞大的哲学体系中,逻辑学与精神哲学的统一体现为逻辑与历史的统一,换言之,以概念为表征的人的思维活动过程与绝对精神的运动过程是统一的。客观地说,虽然在黑格尔那里,历史呈现为绝对精神的运动过程,具有唯心主义和神秘主义色彩,但相对于以往哲学来说,黑格尔语境中的历史已经呈现出一定的客观性(相对意义),因而,黑格尔的历史与逻辑相统一的论点的提出,在哲学史上是具有划时代意义的。自此,逻辑不再仅仅是抽象的思维活动,还是事物发展的客观规律;逻辑学不再仅仅是关于形式逻辑的科学,还是对事物运动发展规律进行分析研究的科学。进而,辩证法也不再是形式层面的辩证法,而是具有社会历史内涵的历史辩证法。但遗憾的是,在黑格尔之后的哲学研究中,逻辑与历史相统一的辩证思维不仅没有被很好地发展,反而被当作"死狗"摔在一边。一方面,以青年黑格尔派为代表的相关研究割裂了理论逻辑与现实历史的关系,用理论逻辑来裁剪现实历史,将辩证法退缩到纯粹思辨领域,降格为主观主义思辨;另一方面,以孔德、斯宾塞等为代表的实证主义完全摒弃了思辨在研究中的作用,将辩证法逐出了科学方法论体系的大门。这样,逻辑与历史相统一的辩证思维长期消失在黑格尔之后的哲学长河中。

马克思实践哲学既反对青年黑格尔派的逻辑优先于历史的观点,也批判了实证主义对思辨逻辑的漠视。在《〈政治经济学批判〉导言》及《资本论》第一卷第二版跋中,马克思明确提出其政治经济学研究遵循了逻辑与历史相统

一的方法,并对这种方法做出了详细介绍。恩格斯在《卡尔·马克思〈政治经济学批判第一分册〉》中则更为清晰具体地阐述了这一方法,并对逻辑方法与历史方法之间的关系做了细致说明:"对经济学的批判,即使按照已经得到的方法,也可以采用两种方式:按照历史或者按照逻辑……逻辑的方式是唯一适用的方式。但是,实际上这种方式无非是历史的方式,不过摆脱了历史的形式以及起扰乱作用的偶然性而已。历史从哪里开始,思想进程也应当从哪里开始,而思想进程的进一步发展不过是历史过程在抽象的、理论上前后一贯的形式上的反映;这种反映是经过修正的,然而是按照现实的历史过程本身的规律修正的,这时,每一个要素可以在它完全成熟而具有典型性的发展点上加以考察。"①基于马克思、恩格斯相关论述可以发现,逻辑与历史相统一的辩证思维在内容上包括如下方面:一是理论的逻辑演进过程与现实的历史发展过程相一致,二是理论的逻辑演进过程与人类认识活动发展过程相一致,三是理论逻辑的表现形态与理论的思想史相一致。总之,逻辑分析的基础是历史发展,历史描述的依据是逻辑联系,单向度地采取逻辑方法或历史方法,都是有缺陷的,不可取的。

在当前,几乎没有人会否认辩证法对于理论研究的基础性意义,很多论者在研究中都会标榜自己运用了唯物辩证法,能够一分为二地分析问题,做到两点论和重点论的统一。但是,在马克思实践哲学中,辩证法不仅是一种逻辑方法,同时也是一种历史方法,是逻辑与历史相统一的方法。不难发现,当前相关研究虽然高举辩证法的旗帜,但是没有真正做到逻辑与现实相统一。举例来说,在总结改革开放40年中国道路的巨大历史成就及其经验时,很多自称基于唯物辩证法立场的研究往往会采取如下阐释进路:首先系统介绍唯物辩证法的基本原理,然后依照这些原理来套用改革开放40年中国道路,最后得出一些虽然原则正确但充斥着空话、套话的结论。诸如,根据唯物辩证法普遍联系与发展的观点,新事物取代旧事物是必然的,在其过程中,道路是曲折的,前途是光明的,因而我们要正确认识到,改革开放40年中国道路取得的成就来之不易,同时要沉着应对未来可能出现的各种挑战,并对其未来前景持有坚定信念,等等。客观地说,在当前理论界这种打着辩证法的旗号却丝毫没有切入改革开放40年中国道路具体实践本身的研究是屡见不鲜的。不难想象,以

---

① 中共中央马克思恩格斯列宁斯大林著作编译局.马克思恩格斯文集:第2卷[M].北京:人民出版社,2009:603.

这种研究方式阐释改革开放 40 年中国道路,不仅无法呈现中国道路的宝贵经验,反而连中国道路的历史成就都会被遮蔽在形式辩证法的重重晦暗之中。这也深刻表明,告别只通晓理论逻辑而不切入社会现实的"外部反思",进而真正做到逻辑与历史相统一,对于当前理论研究和学术发展来说不仅是必要的,而且是迫切的。

同样,在对中学青年教师能力素质发展研究中,我们也要极力避免"外部反思",真正做到逻辑与历史相统一。这要求我们不仅要对中学青年教师发展的相关理论做出准确把握,还要系统梳理中国教育发展的历史与现状、教师发展观的历史与现状,在对理论逻辑与历史现状予以深刻把握的基础上构建分析当代中学青年教师能力素质的模型并做出质性研究,进而有针对性地提出可行的意见和建议。

五、以"现实的个人"的发展为目标旨趣

理论研究是主体自觉的、有目标的活动。一般来说,任何理论研究的目标或旨趣都可以分为微观与宏观两种:在微观意义上,理论研究的目标是阐明某一现象、发现某一规律、论证某一假说等;在宏观意义上,理论研究的目的以为何研究、为谁研究等问题的形式呈现出来。由于我们对马克思实践哲学方法论的阐述是在一般层面展开的,不涉及某一具体研究,因而在这里,我们将在宏观意义上阐述马克思实践哲学所倡导的研究目的。

在漫长的哲学长河中,关于为何研究、为谁研究即哲学研究的目的是什么这一问题,哲学家在不同历史阶段有不同的回答。在古希腊罗马时期,哲学家总体认为哲学研究的目的是把握世界的一般本质,在中世纪时期,哲学家总体认为哲学研究的目的是论证上帝的存在及其意义。直到近代哲学,关于人的发展问题才真正进入哲学研究的视野,哲学家喊出了"人是目的不是手段"的口号。正如康德指出的那样,"在行动中,要把不管是你自身还是任何其他人的人性都永远当作目的,永远不能只当作手段"[①]。自此以后,倡导哲学研究服务于人的发展的人道主义成为一个重要流派,对后续研究产生了极其深远的影响。

但是需要看到,西方思想史上的人道主义传统虽然将人的发展置于理论研究的最高位置,但在它们那里,人是抽象的而非现实的,是一般意义上的而

---

① 康德.康德三大批判精粹[M].杨祖陶,邓晓芒,编译,北京:人民出版社,2001:92.

非具体意义上的,是孤立存在的而非处于社会关系中的。比如,在马克思所处的时代,费尔巴哈是人道主义的代表性人物,但费尔巴哈所讨论的人,只是生物学或物种意义上的人,是具有不同于其他动物生命特征的人,因而他虽然也强调人的本质不是所谓的理性而是人的欲望(我欲故我在),强调哲学研究要关涉人的需要,但是只能对人的需要做出无差别的肤浅理解,进而在他那里,人的"本质只能被理解为'类',理解为一种内在的、无声的、把许多个人自然地联系起来的普遍性"①。如前所述,马克思在其思想发展过程中也曾受到费尔巴哈这种观点的影响,在《〈黑格尔法哲学批判〉导言》《论犹太人问题》等著作中,马克思多次提到了"人是人的最高本质""人是人的最高价值""人的本质就是人本身"等命题,在《1844年经济学哲学手稿》中,马克思也多次借助费尔巴哈的观点阐释人的类本质问题,并认为未来共产主义就是"通过人并且为了人而对人的本质的真正占有""是人向自身、也就是向社会的即合乎人性的人的复归"②。很显然,在以上论述中,马克思虽然明确提出了人的解放和人的发展问题,但他对人的理解依然是在抽象的意义上展开的,受费尔巴哈人道主义影响的痕迹是十分明显的。

1845年之后,马克思对人的理解发生了本质变化,不再从抽象意义上理解人,而是在现实意义上理解人。这种现实意义体现在两个方面。一方面,与唯心主义将人的本质理解为理性不同,马克思认为全部人类生活的第一个前提并不是理性,"这个前提是人们为了能够'创造历史'必须能够生活。但是为了生活,首先就需要吃喝住穿以及其他一些东西。因此,第一个历史活动就是生产满足这些需要的资料,即生产物质生活本身"③。因而,如果要想准确揭示人的本质,仅仅在理性领域停留是无法实现的,必须回到人的现实生活本身。另一方面,与从前的唯物主义尤其是费尔巴哈的唯物主义将人的本质理解为"类"不同,马克思认为这种从每个人的生命特征中抽象出"类"的特征的分析方法是错误的,因为在这种理论语境中,人依然是一种自然存在,无法本质地与其他物种的"类"做出区分。在本质的意义上,人与其他动物的区别不在于

---

① 中共中央马克思恩格斯列宁斯大林著作编译局.马克思恩格斯文集:第1卷[M].北京:人民出版社,2009:501.
② 中共中央马克思恩格斯列宁斯大林著作编译局.马克思恩格斯文集:第1卷[M].北京:人民出版社,2009:185.
③ 中共中央马克思恩格斯列宁斯大林著作编译局.马克思恩格斯文集:第1卷[M].北京:人民出版社,2009:531.

物种层面的自然属性,而在于物质生产层面的社会属性,"当人开始生产自己的生活资料,即迈出由他们的肉体组织所决定的这一步的时候,人本身就开始把自己和动物区别开来"①。正是因为在人的本质问题上与唯心主义、从前的唯物主义实现了自觉的区别,马克思才对人的本质做出了经典界定:"人的本质不是单个人所固有的抽象物,在其现实性上,它是一切社会关系的总和。"②这样,在人类思想史上,马克思第一次对"什么是人的本质"这个一切哲学探究的逻辑起点和最高目标的问题给予了科学解答。自此,在马克思实践哲学中,"现实的个人"取代了"抽象的人","现实的个人"的客观物质活动即实践构成了一切理论研究的出发点。

正是由于"现实的个人"置换了"抽象的人",马克思实践哲学成为哲学史上首个公开标明自己阶级立场的学说。以往的哲学要么标榜自己是价值无涉的纯理论,要么标榜是为所有人服务的。事实上,一切哲学理论都是由特定的人提出的,人的阶级性决定了其提出的理论的阶级性,倡导为所有人服务,不过是对其理论阶级性的故意遮蔽。"所有人"只能是抽象的人,而不能是现实的人,现实的人社会关系总是多元的,利益诉求也是多元的。马克思实践哲学公开宣称自己是为无产阶级服务的,因为在存在私有制和强制性分工的资本主义社会,任何一种理论都不可能既标榜为无产阶级服务,又标榜为资产阶级服务。从长远来看,只有无产阶级才能打破私有制和强制性分工对"现实的个人"——既包括资产阶级也包括无产阶级——的自由全面发展的制约,因而也可以说,马克思实践哲学是通过服务无产阶级并诉诸无产阶级的力量来实现人类解放的。在此意义上可以指认,马克思实践哲学不存在西方相关论者所污蔑与杜撰的"人学空场",它不是抽象的人道主义,而是科学的人道主义,推动现实的人向自由全面的方向发展,推动人群共同体向自由人联合体的方向发展,是马克思实践哲学的根本旨趣与终极关怀。

在中学青年教师能力素质提升问题研究中坚持以"现实的个人"的发展为目标旨趣,一方面要祛除对"青年教师"这一特定群体的抽象化理解,不能脱离他们所处的具体的教学环境、教学实践、社会关系来展开研究;另一方面则要

---

① 中共中央马克思恩格斯列宁斯大林著作编译局. 马克思恩格斯文集:第1卷[M]. 北京:人民出版社,2009:519.
② 中共中央马克思恩格斯列宁斯大林著作编译局. 马克思恩格斯文集:第1卷[M]. 北京:人民出版社,2009:501.

明确,不能仅仅在宏观的促进"人的自由全面发展"的意义上讨论中学青年教师能力素质提升问题,中学青年教师是具体的、现实的群体,促进他们自由全面发展的措施必须是具体的、有针对性的。离开这两方面空谈中学青年教师能力素质提升与自由全面发展,不仅在理论上背离了马克思实践哲学的本意,在实践上也是不会产生任何实际效果的。

第二章

中国教师发展观的传统

从马克思实践哲学来看,教师不是抽象的、孤立的个体,而是文化与历史的存在,在特定历史阶段,教师的身份、形象、语言、能力发展、社会期待等方面均有不同的含义与取向。每个历史阶段,关于"我们应该培养什么样的教师""教师应当履行怎样的职能""教师应当具备怎样的素质能力"等教师发展问题的答案都各不相同。在不同历史时期对这些问题的不同回答,表征着教师发展观的不断演进。中国教师发展观的历史源远流长,它是整个中国教育发展史的核心部分,伴随着政治、经济、文化等社会历史背景的演进而不断演化和完善。在这里,我们将从古代、近代、现代三个历史阶段对中国教师发展观的嬗变进行梳理。

第一节 中国古代的教师发展的价值取向:德行为先

学校作为专门的教育机构,从原始公社制末期已经开始初步形成,到了商朝已经有比较完备的学校。学校从诞生伊始,就是为当时社会的政治、经济、军事等活动服务的,教育内容带有强烈的社会与阶级印记,一般文化知识呈现初步分化的样态。[1] 一般认为,教育一词最早出现在《孟子·尽心上》:"得天下英才而教育之。"[2]《说文解字》中将教育解释为:教,上所施下所效;育,养子使作善也。由此可见,教育一词从源起看就是教导培育的意思。教师作为教育活动的主体之一,隐含在教育原初意义中,承担着教导培育学生的主要职

---

[1] 王炳照,郭齐家,刘德华,等.简明中国教育史[M].北京:北京师范大学出版社,1994:7.
[2] 孟子.孟子选注[M].周满江,注译.桂林:漓江出版社,2014:166.

能,也就必然需要具备相应的素质能力。

有研究者将我国古代教师所应具备的素质能力概括为弘道弘毅、修身为本、敬业乐教、仁智相彰、仁爱中和。① 也有研究者将我国古代教师发展形容为圣贤形象和官僚形象文化的结合。② 在这里,我们将按照现代教师专业发展的基本架构从教师道德素养、教师知识素养、教师教学能力素养三个方面对中国古代教师发展观进行解读。

一、修身养德的教师道德素养

受儒家文化的影响,中国古代社会将教师道德素养推崇到极致,尤其强调教师安贫乐道、自我奉献、修身示范的道德修养。《论语·子路》有云:"其身正,不令而行;其身不正,虽令不从。"③意思是,教师自身品行端正,即使不强制命令学生,学生也会依照教师的样子去做;教师若自身品行不端正,即使强制学生去做,学生也不会服从。《论语·阳货》中也同样提道:"子曰:'予欲无言。'子贡曰:'子如不言,则小子何述焉?'子曰:'天何言哉?四时行焉,百物生焉,天何言哉?'"④孔子认为,言语的教育作用往往是有限的,所以无声的身教比言语说服更加有效用。世间万物运行的规律、做人修身的道理,都需要教师行为示范,进而引导学生体悟。教师高尚操守与德行的养成,都需要依靠自身的修为。《礼记·大学》中有这样一段话:"古之欲明明德于天下者,先治其国。欲治其国者,先齐其家。欲齐其家者,先修其身。欲修其身者,先正其心。欲正其心者,先诚其意。欲诚其意者,先致其知。致知在格物。物格而后知至,知至而后意诚,意诚而后心正,心正而后身修,身修而后家齐,家齐而后国治,国治而后天下平。"⑤也就是说,修身是所有作为的基础,也是中国古代教师道德素养发展的核心环节。在这一时期,教师道德素养主要表现为教师修身养德、言传身教、行为师范,使自己的行为符合社会规范与期望,能够为学生做出表率。

---

① 王家军. 我国古代教师的核心价值观[J]. 江苏第二师范学院学报, 2013,(6).
② 袁丽. 中国教师形象及其内涵的历史文化建构[J]. 教师教育研究, 2016(1).
③ 孔子,孟子. 论语. 孟子[M]. 北京:北京燕山出版社,2001:82.
④ 孔子,孟子. 论语. 孟子[M]. 北京:北京燕山出版社,2001:126.
⑤ 张民生,尹后庆,于漪. 教师人文读本[M]. 上海:上海辞书出版社,2018:339.

二、德行为先的教师知识素养

在中国古代社会,人们对教师所应具备的知识素养有很高的要求,但这种要求的重要性是居于道德素养之下的。唐代韩愈《师说》中的著名语句"师者,所以传道、授业、解惑也"①,道出了古代教师的职能。社会对教师除了有饱读诗书的知性要求之外,更重要的是强调其对"道"的修为与成就。"道统实际上是指儒家的超功利的价值观念系统或称之为德性本体论系统,学统主要指历代学者的学术思想和知识的积累。可以说,对道统的维护与传授始终居于授业解惑等学术性事务之上。"②因此,中国古代教师更多地担负起了道德教化、人文精神守护的职责,其知识素养最终还是为德行修养服务的。当然,这并不是说教师的知识素养是不被看重的,有研究认为,从封建社会的教育内容来看,科举考试逐渐成了教育内容的指挥棒,与仕途理想、政治抱负密切联系的儒家四书五经就成了学子们寒窗数十载苦读的教科书,教师当然就应该首先成为饱读诗书的人。③ 在这种价值文化的观照下,古代教师的道德素养与知识素养均具有极高的标准。

三、言传身教的教师教学能力素养

中国古代社会虽然无法比肩现代社会的经济繁荣与信息通达,但是古代教师对于道德修为、教育教学的理解与实践是较为深入的。有研究者将中国古代教师的教学能力素养总结为教研合一、德育与智育合一、育人与修身合一等三个特征。④ 从现有资料可以发现,在中国古代,衡量教师教学能力素养好坏的标准仍然是以教师的德行为中心。

在教学内容方面,古代教师对传授知识的强调远不如品德教育。教师的教学内容侧重于德行知识,在培养学生良好道德品质的基础之上开展知识性的教学工作。在教学手段方面,与教学内容相适应,教师也采用言传身教的方式,塑造学生的品行,并且通过对教学的反思与对学生的观察,总结出很多非常具有启发意义的教学方法。在《学记》中有这样一段话:"学者有四失,教者

---

① 姚鼐.古文辞类纂:上[M].武汉:崇文书局,2007:14.
② 车丽娜.教师文化的嬗变与重建[D].济南:山东师范大学硕士学位论文,2007.
③ 袁丽.中国教师形象及其内涵的历史文化建构[J].教师教育研究,2016(1).
④ 王家美.古代教师的教学特点及其对现代教育的启示[J].无锡职业技术学院学报,2008(4).

必知之。人之学也,或失则多,或失则寡,或失则易,或失则止。此四者,心之莫同也。知其心,然后能救其失也。教也者,长善而救其失者也。"①意思是说,学习的人在学习的时候会出现四种缺失,这是传授知识的老师必须了解的。在学习的时候,有的人会一味地追求学多但是不求甚解,有的人学到了一点点知识就容易满足,有的人觉得学习起来特别容易就会掉以轻心、不认真对待,有的人没有学习的信心进而不求上进。学习者不好的心理状态导致了这些缺失。教师需要了解他们的心理状态,这样才能补救他们的缺失、教会他们学习。教师教学的目的就在于发扬学习者的长处,并弥补他们的缺失。《学记》中还指出:"记问之学,不足以为人师。必也其听语乎!力不能问,然后语之。语之而不知,虽舍之可见。"②意思是说,教师若是自己没有领悟经文义理,只会死记硬背一些别人的观点,上课时只会将这些观点传授给学生,也不会向学生表达自己的见解,那么这个人就没有资格做教师。教师一定要等到学生提出问题之后,再针对学生的问题加以解答。学生没有能力提出问题时,则一定要等到学生非常想明白,但怎么想也想不通时,才加以指点;教师指点后学生仍不明白,只好暂时放弃指导,以待将来。这些教学手段,在今天仍然具有重要的指导意义。同样,在对学生的学业评价方面,教师也侧重于考查学生行为品德的养成与成长,在这一前提下关注学生在文化知识上的成就。

通过梳理中国古代的教师发展的价值取向,我们可以发现古代教师发展紧密围绕教师的"德行"展开,无论是教师的知识储备还是教师的教学能力,最终都是为教师自身德行的养成及学生德行的培养服务的。

第二节 中国近代的教师发展的价值取向:强国树人

自鸦片战争开始,中国逐渐沦为半殖民地半封建社会,这标志着中国近代史的开端。在这一阶段,教育也相应转型,教师的职能及教师发展的价值取向也发生了质的变化。近代以来,国际社会交流日益频繁,以经济全球化为基础,形成了全球文化取向与民族主义取向之间的张力。教师在这两种价值取

---

① 王新洁.四书五经[M].北京:民主与建设出版社,2018:336.
② 朱正义,林开甲.礼译选译[M].成都:巴蜀书社,1990:94.

向之间,既要站稳民族立场又要顺应时代洪流——如何理解民族主义及如何处理国际之间文化冲突与融合。① 因此,有研究者认为,在中国近代"教育也开始了从传统教育向现代教育的转型,进入了一个现代教育的'启蒙'阶段,其独特性是以强国的'救亡'诉求和现代国民性的'树人'诉求交织在一起的"②。特别是在洋务运动期间,中国引进了西方先进的科学技术,使中国出现了第一批近代企业,在客观上促进了中国民族资本主义的产生和发展。为了运用与掌握这些技术和能力,实现救亡强国树人的目标,一大批新式学堂也应运而生。其中有外国语性质的学堂,如1862年创办的京师同文馆(1866年后增设算学馆,成为综合性学堂)、上海广方言馆等,还包括一些军事学堂,如福州船政学堂、北洋水师学堂等。另外,还有一些技术学堂,如上海机械学堂、天津电报学堂等。与传统官学相比,这些新式学堂培养了一批新式人才,如翻译人才、军事人才、技术人才等。教学内容有西学,如西文、西艺等,采用了新的教学组织形式、实施分年课程和班级授课制等。③ 这些新式的学堂需要引进新式的教师向学生传授新式的知识与技术,进而在教师发展的价值取向与能力标准要求方面也发生了变化。

古代教师强调自我修为,基本不用经过专业的技术技能培训,可以自主对教学内容、教学时间、教学手段进行选择。但是近代新式学堂中的新式教师不同,与西方工业文明同步,新式教师经受了西方文明与传统的训练,在教师发展上体现了规范化、程序化、专业化的特征。在这一历史时期,教师发展的价值取向具体表现为两点:一是以启蒙精神为向导的教师教学理念;二是以理性主义为基础的学生发展观念。

一、科学理性的教师教学理念

启蒙运动是西方资产阶级主导的一场反封建、反教会的思想文化运动,其核心思想是对理性的推崇。在启蒙运动中,封建专制主义、宗教愚昧及特权主义受到了猛烈的冲击与批判,人们高举理性和主体性的大旗宣传自由、民主、平等的思想。受西方启蒙运动的影响,中国近代教师发展也以科学精神与理

---

① 郭芳.近代中国民族主义教师观价值取向的流变与融合[J].河北师范大学学报(教育科学版),2011(10).
② 袁丽.中国教师形象及其内涵的历史文化建构[J].教师教育研究,2016(1).
③ 杨益茂.洋务运动时期的新式教育[J].北京社会科学,1996(1).

性主义为先导,将它们融汇于自身的教学活动中。需要特别指出的是,这个过程并不意味着全盘否定中国的传统文化,而是坚守中体西用的原则,对中西文化进行扬弃。例如,《检定小学教员章程》尤其强调中国儒家文化传统及德行修养①;虽然新式学堂几乎全盘引入了西方的各种科学知识与技术,但仍然将中国的儒家文化传统置于很高的地位。在此基础上,教师希望通过传授给学生专业、科学的实用性知识与技术,实现救国强国的梦想。

二、为国奉献的学生发展观念

在科学、民主、自由精神的感召之下,学生发展的观念也从古代社会的"以德为先"转型为近代社会的"培养新式公民",即将学生培养成合格的国家公民,承担起自身的社会责任、国家责任。梁启超认为教育者要教人学会做现代人,做现代的整个人,就是要教人学会参与政治生活。其中有三件事最为重要:一是如何才能养成青年的政治意识;二是如何才能养成青年的政治习惯;三是如何才能养成青年的政治判断能力。三件事里,尤以第二件"养成政治习惯"最为重要且最难。这三件事无论是对于将来以政治为职业之人或是对于完全立身于政治以外的人都是必要的。② 由此可以看出,近代教育需要培养的人是具有强烈政治参与意识、积极投身于政治事务与社会生活的国家公民。教师发展的主流价值观念,便是树立学生的国家与民族意识,养成学生参与政治、参与社会的知识与能力。教师的首要职责,就是培养出这样一批救国、强国的国家栋梁。

第三节 中国现代的教师发展的价值取向:以生为本

一、无私奉献的教师职业素养

中华人民共和国成立以后,以改革开放为节点,中国现代教师发展的价值

---

① 叶菊艳.中国教育中教师身份的构建[D].香港:香港中文大学硕士学位论文,2011.
② 郭芳.近代中国民族主义教师观价值取向的流变与融合[J].河北师范大学学报(教育科学版),2011(10).

取向发生了两次转向。在中华人民共和国成立初期,我国政治、经济、文化等方方面面均发生了巨大改变,国家与社会事务百废待兴,思想文化意识也全面转型,教育的价值观念相应改变。而到改革开放时期,国家经济与人民思想观念得到了进一步发展,教育与教师发展观念又出现了一次质的飞跃。

第一,忠于国家的教师职业素养。中华人民共和国成立以后直至改革开放,国家、社会的发展都带有非常鲜明的时代特征,对教师能力的要求表现出了高度的集体主义倾向。教师发展的价值取向表现为强调教师自我奉献、对国忠诚。教师进行教育活动的首要原则是为国奉献,同时培养出国家与社会需要的人才。"又红又专"被用来形容这一时期对教师发展的基本要求。[①]"又红又专"是中国共产党提出的一项政策性要求。毛泽东从当时干部队伍缺乏领导建设事业的专业知识和能力出发,提出:"我们各行各业的干部,都要努力精通技术和业务,使自己成为内行,又红又专。""又红又专"主要针对两部分人:一是干部,二是知识分子。[②] 也就是说,在这一历史时期,教师发展的价值取向是由上而下的政策性要求。教师在政治上必须有坚定的立场,坚决拥护共产党的领导,坚持以马克思主义指导工作,在教学与科研活动中坚持辩证唯物主义与历史唯物主义。教师在业务能力上需要潜心学问,发挥专长,在教学与科研上有所建树。但从整体来看,教师发展的价值取向仍然以教师的政治立场为首要条件,业务能力也需要在坚定的政治立场的基础之上养成。

第二,无私奉献的教师职业观。在国家本位的价值取向影响下,人们对为国育才的教师职业赋予了极大的崇高性,也理所当然地对其提出了与之对应的社会要求,"火柴""蜡烛""春蚕"……是对教师职业的颂扬,更是对教师职业道德的期许,"无私奉献"自20世纪中叶后成为教师职业观的核心内容。这是传统的政治伦理在教师职业观上的映射,中国古代的统治者都强调伦理教化的功能,作为承担"化民成俗"任务的教育工作者更须严格要求自己,做到身正为范、克己私欲、忧道不忧贫等;中华人民共和国成立以后,为保证教育的效能,国家一方面逐渐加大教育投入、提高教师待遇,另一方面通过倡导无私奉献等职业精神来激发教师的工作热情。基于传统观念和国家本位的价值取向,无私奉献的教师职业观深入人心,人们普遍认为教师的使命就是代表国家和社会履行职责,成就别人,应该扮演好工具和蜡烛的角色,奉献社会,而不应

---

① 袁丽.中国教师形象及其内涵的历史文化建构[J].教师教育研究,2016(1).
② 杨凤城.关于"又红又专"问题的历史评价[J].中共党史研究,1997(4).

该为自己着想；教师自己也认为作为一名教师就应该不计个人得失,以无私、负责的态度全身心投入教书育人工作中；要怀有强烈的家国情怀,服从国家需要、任劳任怨地做好工作,因此,就业地点无限制和日常工作无边界成为中华人民共和国成立初期中小学教师工作的一个重要特点,不管是城市还是边远地区教师都要自愿前往,教学之外的帮扶及其他工作都视为分内之事。

教师自己对"人民教师"的角色定位和"无私奉献"的职业观是认同的,在教育实践的整个过程中,秉承与践行"一切为了学生""一切为了人民"的教育情怀和无私奉献精神。从教师对专业素养的提升来看,教育者对自身职业的理解角度是从社会、国家、民族着眼,教育者在教育实践过程中的表现是富有热情、积极向上的,符合教育对教育者的要求。

二、"以生为本"的教师评价依据

"以生为本"是"以人为本"理念在教育实践活动中的具体运用。最初,"以生为本"是强调教师在教育教学过程中始终要将学生发展放在首要位置,将学生作为教育活动的核心与旨归,避免将学生视为达成目的的手段,警惕教育活动的异化。相应地,对教育成果的检验、对教师教育教学成效的评价也依据学生的发展表现。但由于知识和经济发展成为人们最重要的价值追求,因此,在实用主义教育价值取向的影响下,"以生为本"理念逐渐被误读和窄化了。学生的发展被窄化为学业成绩的提升,在对教师、学校进行评价时,把学生的考试成绩作为最重要的指标,教育的工具性凸显,育人和教师本身发展被边缘化了。

在很长一段时间里,教学活动以学科为中心展开,教师一直是教学活动的主体,在整个教育过程中处于主导的地位,学生的主体地位是边缘化的。随着政治、经济、社会结构的不断变化,人们从对外在资源的追逐也开始转向对自我发展的关注。学生的主体地位被不断提及,由此产生了"学生主体"与"教师主体"两种截然相反的教学理念。在某种程度上,现代教学过程中"以生为本"的教师评价依据可以视为对"学生主体"理念的矫枉过正与误用。实际上,"以生为本"是对学生发展、教育终极目的的强调,而非衡量教师教学成效的量化指标。在理念的交锋中,双主体、主体间性等理念逐渐走入人们的视野,对两种张力进行调和。

三、与国际接轨的教师专业发展要求

改革开放后,在全球化浪潮的席卷之下,国际社会对教师专业发展的推崇也对我国教师发展的价值取向产生了深远的影响。教师专业内涵包括教会学生学习、育人和服务三个维度。教师专业发展的基础包括教师精神、教师知识、教师能力。① 具体来说,首先,教师需要具备高水平的职业认同、高标准的教师职业道德、高要求的教师教育使命;其次,教师要具有广博精深的专业知识及掌握出色的教育教学知识与技能;最后,教师需要掌握扎实的学科能力与教学能力,能够创造性地解决本学科或者教育过程中出现的问题。从教师专业发展的内涵与特征可以看出,新时代对教师发展的要求紧密围绕"专业"展开。将教师视为专业人员,从专业人员所应具备的思想观念、知识结构、能力技能等方面对教师提出新的要求。教师发展的价值取向由过去较为单一的道德、理性、政治取向转型为内涵更加丰富多元的、指向个体成长的专业取向。

综上所述,中国教师发展的价值取向历经了古代、近代、现代三个历史阶段,其发展与转变均与当时社会的政治、经济、文化发展紧密相关。至今,中国教师发展的价值取向在古代社会儒家思想的浸润下,仍保留身正为范的师德传统,也深深携带着特定历史时期强烈的集体主义、爱国主义的烙印,始终坚持自我奉献、推动国家社会进步的理念和准则。同时,在全球化的时代背景下,教师发展的价值取向朝着更加专业、多元的标准转变,也更加关注教师的个人成长与发展。客观地说,每一个历史阶段都为我国教师发展留下了不可磨灭的印记,以逻辑与历史相统一的方法对其进行考察,有助于我们辩证审视当代教师发展中的一系列相关问题。

---

① 朱旭东.论教师专业发展的理论模型建构[J].教育研究,2014(6).

第三章
当代中学青年教师发展观的异化及审视

在马克思实践哲学视域下审视中学青年教师能力素质发展问题，不仅要在历史维度上系统梳理中国教师发展观的传统，阐明相关问题的历史渊源与文化基因，还要在现实维度上深刻分析当代教师发展观的现状，澄清相关问题的具体境遇与当代成因。因此，在完成对中国教师发展观传统的历史分析之后，我们将集中研究教师发展观的当代现状，进而形成历时性与共时性相补充、历史逻辑与现实逻辑相统一的考查谱系。应当说，当代教师发展的现状是复杂的，存在的问题是多元的，反映这种现状并在一定程度上助推问题进一步演化的教师发展观也是多维度的。准确概括与凝练当代教师发展的现状、问题及其观念表征，我们认为，教师发展的异化和教师发展观的异化是一个可以涵盖具体问题、细枝问题的总体性问题。因而这一章将从中学青年教师发展观的异化来展开分析。

第一节 马克思实践哲学视阈下当代中学青年教师发展观的异化

审视当代中学青年教师发展观的异化问题，首先需要澄清"异化"概念。在马克思实践哲学中，"异化"是一个核心概念。但是，人们在使用这一概念的过程中总会不自觉地忽视一个基本问题：在马克思不同时期的文本中，"异化"概念是不同的，准确地说，马克思在1845年之前使用的"异化"概念与1845年之后使用的"异化"概念是有本质区别的。如果我们无视这种区别，那么是无法准确把握马克思主义异化理论的，进而以马克思主义异化理论来审视当代现实问题的相关研究的合法性便是值得质疑的。同时，在马克思那里，异化与外化、物化、物象化、对象化等概念也是有区别的,一些论者不能准确把握这些概念之间的区别,相关研究出现了这样那样的理论错误。因此,在这里有必要对马克思实践哲学中的"异化"概念进行准确澄清,并在此基础上阐明马克思实践哲学中的异化理论。

一、马克思实践哲学中的"异化"概念与异化理论

在当前理论研究中,提到"异化"概念,人们总会想到马克思的名字,但事实上,这一概念是由黑格尔率先提出并做出系统阐释的。在《精神现象学》等著作中,黑格尔对"异化"这种绝对精神的运动形式进行了细致分析。黑格尔之后,费尔巴哈在揭示基督教的本质问题时,也对异化概念和异化理论做了详细阐述。在费尔巴哈看来,基督教的教义是人写出来的,上帝的形象是人创造出来的,但是,人写出的基督教教义和创造出来的上帝成了统治人的力量。简言之,人的活动及其结果成为统治人本身的力量,这就是费尔巴哈哲学中的"异化"。

正如前文所述,马克思在其思想发展过程中(1843—1844)曾深受费尔巴哈的影响,其中,后者的异化理论对马克思的影响是极其巨大的,在某种意义上说,马克思正是借鉴和遵循了费尔巴哈异化理论才写出了《1844年经济学哲学手稿》,并提出了著名的"异化劳动"理论。不可否认,《1844年经济学哲学手稿》中的一些理论观点是非常深刻的,但也必须承认,马克思在这一文本中提出的"异化劳动"理论还存在缺陷。1845年之后,马克思实现了哲学革命,在新哲学中,"异化"概念和异化理论都发生了根本性变化。由此可见,在马克思思想发展过程中,前后有两种不同的异化观,前面是人本主义异化观,后面则是历史唯物主义异化观。在这两种不同的异化观中,异化的概念、异化的根源和扬弃异化的条件各不相同,因而两者的科学性也截然不同。准确辨析人本主义异化观与历史唯物主义异化观的差异,有助于我们整体把握马克思实践哲学中的"异化"概念和异化理论。

其一,"异化"的概念。在1845年之前,异化在马克思理论语境中是指人的存在与人的类本质的分离,人失去自己的类本质。在1845年之后,异化是指活动者和自己的活动及其结果的对立、分离。马克思清算了从前的哲学信仰之后,已经放弃了1845年之前的异化概念。在写作《德意志意识形态》的过程中,为了更好地达到批判效果,马克思继续使用了"异化"这一"哲学家易懂

的词语",并赋予这一用语以新的含义。在《德意志意识形态》中,异化用来指代一种历史现象,即在生产力相对不发达,私有制和分工持续存在的历史条件下,人作为活动者与自己的活动及其结果相对立和分离,人不能主宰自己的活动及其结果,反过来受到自己的活动及其结果的制约。

马克思、恩格斯在《德意志意识形态》中生动地描述了这一现象:"只要分工还不是出于自愿,而是自然形成的,那么人本身的活动对人说来就成为一种异己的、同他对立的力量,这种力量压迫着人,而不是人驾驭着这种力量。"①"社会活动的这种固定化,我们本身的产物聚合为一种统治我们、不受我们控制的、使我们的愿望不能实现并使我们的打算落空的物质力量,这是迄今为止历史发展中的主要因素之一。"②"因为共同活动本身不是自愿地而是自然形成的,所以这种社会力量在这些个人看来就不是他们自身的联合力量,而是某种异己的、在他们之外的强制力量。关于这种力量的起源和发展趋势,他们一点也不了解;因而他们不再能驾驭这种力量,相反,这种力量现在却经历着一系列独特的、不仅不依赖于人们的意志和行为的发展阶段。"③由此可见,在马克思主义理论语境中,异化是指人们从事被迫、不自主的活动,而不是从事真正自主的活动。

其二,异化的根源。马克思认为,生产力决定生产关系,生产力发展水平相对较低,生产资料私有制、社会分工、商品交换的存在是异化产生的根源。在《1844年经济学哲学手稿》中,马克思认为异化的根源在人自身,"人的本质"是对人自身存在的反思和反映,"本质"扬弃了"存在"直接性,是对"存在"的深刻认识和思考,人自身的"存在"与"本质"的矛盾是异化的根源。马克思在《德意志意识形态》中尽管也认为异化的根源在于人自身,认为是在于人自身的物质生产实践活动中产生的生产方式,即生产力和生产关系的相互作用构成的矛盾,这是一种历史唯物主义异化观。

异化最深刻的根源就是生产力相对低下、私有制和社会分工,导致无法实现真正的民主和自由。原始社会没有私有制观念和明确的社会分工,"这种所有制与生产的不发达阶段相适应,当时人们靠狩猎、捕鱼、畜牧,或者最多靠耕

---

① 中共中央马克思恩格斯列宁斯大林著作编译局.马克思恩格斯文集:第1卷[M].北京:人民出版社,2009:537.

② 中共中央马克思恩格斯列宁斯大林著作编译局.马克思恩格斯文集:第1卷[M].北京:人民出版社,2009:537.

③ 中共中央马克思恩格斯列宁斯大林著作编译局.马克思恩格斯文集:第1卷[M].北京:人民出版社,2009:538.

作为生"①。人们进行一系实践活动的目的是生存,不具备主宰自己活动的条件,不能从事真正自主的活动,因此,原始社会中的人也是处于异化状态。当然,马克思所批判的人的异化,主要着眼于生产力虽有提高但处于相对低下,存在私有制、分工的社会。异化是分工、私有制共同作用的结果,因为分工和私有制在本质上是同一的,即有什么样的分工就有什么样的私有制,有什么样的私有制,就会有什么样的分工。马克思、恩格斯明确指出,"分工和私有制是相等的表达方式,对同一件事情,一个是就活动而言,另一个是就活动的产品而言"②。

其三,异化的扬弃。马克思认为,异化扬弃的条件是人类社会的不断向前发展。这与《1844年经济学哲学手稿》中将异化扬弃的条件视为类本质的正反合逻辑演化截然不同。作为一种历史现象,异化是在一定的社会发展阶段和历史条件下产生与存在的,它也必将随着人类社会的不断发展和历史条件的改变而必然消亡。马克思、恩格斯指出,异化"只有在具备了两个实际前提之后才会消灭"③。

第一个条件是生产力的高度发展,这是扬弃异化的根本性力量。一方面,"要使异化成为一种'不堪忍受的'力量,即成为革命所要反对的力量,就必须让它把人类的大多数变成'完全没有财产的'人,同时这些人又同现存的有钱有教养的世界相对立,而这两个条件都是以生产力的巨大增长和高度发展为前提的,另一方面,生产力的这种发展(随着这种发展,人们的世界历史性的而不是地域性的存在同时已经是经验的存在了)之所以是绝对必需的实际前提,还因为如果没有这种发展,那就只会有贫穷、极端贫困的普遍化;而在极端贫困的情况下,就必须重新开始争取必需品的斗争,全部陈腐污浊的东西又要死灰复燃"④。

第二个条件是生产力发展基础上交往的普遍发展。马克思、恩格斯认为,"普遍交往,一方面,可以产生一切民族中同时都存在着'没有财产的'群众这

---

① 中共中央马克思恩格斯列宁斯大林著作编译局.马克思恩格斯文集:第1卷[M].北京:人民出版社,2009:521.
② 中共中央马克思恩格斯列宁斯大林著作编译局.马克思恩格斯文集:第1卷[M].北京:人民出版社,2009:536.
③ 中共中央马克思恩格斯列宁斯大林著作编译局.马克思恩格斯文集:第1卷[M].北京:人民出版社,2009:538.
④ 中共中央马克思恩格斯列宁斯大林著作编译局.马克思恩格斯文集:第1卷[M].北京:人民出版社,2009.538.

一现象(普遍竞争),使每个民族都依赖于其他民族的变革;最后地域性的个人为世界历史性的、经验上普遍的个人所代替。不这样,(1)共产主义就只能作为某种地域性的东西而存在;(2)交往的力量本身就不可能发展成为一种普遍的因而是不堪忍受的力量:它们会依然处于地方的、笼罩着迷信气氛的'状态';(3)交往的任何扩大都会消灭地域性的共产主义"①。

当上述两个基本条件成熟时,会形成扬弃异化的第三个条件即直接条件:私有制和分工的灭亡。马克思、恩格斯指出:"但随着基础即随着私有制的消灭,随着对生产实行共产主义的调节以及这种调节所带来的人们对于自己产品的异己关系的消灭,供求关系的威力也将消失,人们将使交换、生产及他们发生相互关系的方式重新受自己的支配。"②

异化的扬弃也就意味着人的自由全面发展。人能够得到自由全面发展的社会就是共产主义社会。在《德意志意识形态》中,马克思放弃了《1844年经济学哲学手稿》中关于实现共产主义的论证方式,转而认为共产主义"不是应当确立的状况,不是现实应当与之相适应的理想",而"是那种消灭现存状况的现实运动"③。

二、现代社会的异化现象及其对中学青年教师发展的影响

基于上述分析可以发现,异化现象在现代社会是普遍存在的,在私有制和强制性分工消亡之前,人类不可能在绝对意义上消除异化。但是历史地看,在现代社会中,我们虽然无法根本消除异化,并不代表我们不需要对抗异化,相对缓解异化的程度。历史唯物主义指出,异化和扬弃异化是同一条道路,也就是说,在共产主义社会之前,虽然异化始终存在,但这种存在不是恒定的,而是递减的,是逐步走向消亡的,而在异化消亡的过程中,主体的抵抗是不可或缺的。因此,面对当前中学青年教师发展的异化问题,我们不能将其作为无法改变的社会现实而放弃改变它的努力,而是需要积极地采取对抗、缓解、矫正的态度,竭力减少这些异化现象对中学青年教师发展的冲击。当前,准确把握现

---

① 中共中央马克思恩格斯列宁斯大林著作编译局.马克思恩格斯文集:第1卷[M].北京:人民出版社,2009:538.

② 中共中央马克思恩格斯列宁斯大林著作编译局.马克思恩格斯文集:第1卷[M].北京:人民出版社,2009:539.

③ 中共中央马克思恩格斯列宁斯大林著作编译局.马克思恩格斯文集:第1卷[M].北京:人民出版社,2009:539.

代社会的异化现象及其对中学青年教师的影响,是对抗、缓解、矫正中学青年教师异化问题的前提。马克思实践哲学认为,现实的个人不是孤立的,而是处在具体的、历史的社会关系中的,换言之,是处于交往活动中的。在此意义上可以说,现实的人的异化主要表现在其所处的社会关系层面,即交往关系的异化。现代社会的交往关系异化主要表现在如下五个方面。

其一,交往关系的功利化。交往关系的功利化是交往异化的典型表现,交往双方相互漠视对方作为人的情感、尊严、人格、品性等,而仅仅把对方看作实现自己某种需要的一个抽象实体、客体、器具,正如雅斯贝斯描述的那样,"个人仅仅被当作一种被实现了的功能,它在无限空洞的形式中丧失了自己的本真性。人们开始害怕用自己的语言说话,害怕自己的愿望和情感。除了技术上的问题以外,其他一切均不再留存。而且,当技术问题被处理之后,随之而来的便是沉默无言,但这并不是一种意义深刻的沉默,而只是空虚的表现。人似乎但愿能放弃他自己,但愿投入自己的工作就好像投入欲望之海中去一样,但愿不再是自由的,而只是'自然'的,仿佛'自然'即等于某种被技术把握住了的东西"[1]。交往双方的关系是一种可以转换的功能交往,消亡了心灵间的碰撞与沟通,泯灭了人与人之间的亲情、友情,剩下的只有为了满足自己某种欲求的"用人如器"般的相互利用。

其二,交往关系的表面化。交往关系的表面化表现为主体间的交往仅停留在礼节性的应酬上,交往的动力来自对利益的追求,这种交往方式体现为个体对大众观念统治的服从与认可。[2] 马克思把人的本质理解为社会关系的总和,人只要生存在世就要与其他存在者进行交往。个人是社会一粟,在许多方面需要依靠社会,没有社会就不能生存。人从其诞生之日起,就建立了属于自己的社会关系。随着工业化的发展,一方面社会组织越来越严密、社会联系越来越紧密、社会系统日趋规范完整,个体间关系却与之背离,越来越疏远、冷漠,主体间的交往变得千篇一律、机械、虚伪,交往的目的是通过互换达成自己的利益。海德格尔认为,人的这种"共在状态"(即交往关系)最终将使个人消散在用具当中,消散在他人之列,也就是说"此在"将失去其本真状态而跌入"沉沦"之境地。在这种境地中,"常人展开了他的真正独裁。常人怎样享乐,

---

[1] 雅斯贝斯.时代的精神状况[M].王德峰,译.上海:译文出版社.1997:108.
[2] 马廷新.论现代主体总体性的失落及其救赎策略:走向以生态存在论为基础的实践交往理性[J].山东社会科学,2015(6).

我们就怎样享乐;常人对文学艺术怎样阅读判断我们就怎样阅读判断;竟至常人怎样从'大众'抽身,我们也就怎样抽身;常人对什么东西愤怒,我们就对什么东西愤怒。这个常人不是任何确定的人,而一切人都是这个常人,就是这个常人指定着日常生活的存在方式"①。海德格尔的"常人"(das Man)观念的提出很有影响,他对"常人"统治的观察有力地揭开了现代社会交往的一个重要方面。在当代思想家对现存社会的批判里,尤其在马尔库塞关于"单向度的人"的论述中,常能感受到海德格尔该论点的影响。这种"常人"统治观念的要点在于"此在不立足于自己本身而以常人的身份存在",即在这种表面化的交往关系中,人的个性、自我等都消失了。

其三,交往关系的货币化。交往关系的货币化是指随着资本主义生产方式的发展及其导致的物化现象的加强,主体间的交往关系演变为赤裸裸的金钱关系。正如《共产党宣言》指出的那样:"资产阶级在它已经取得了统治的地方把一切封建的、宗法的和田园诗般的关系都破坏了。它无情地斩断了把人们束缚于天然尊长的形形色色的封建羁绊,它使人和人之间除了赤裸裸的利害关系,除了冷酷无情的'现金交易',就再也没有任何别的联系了。"②

其四,交往关系的冷漠化。在现代社会中,主体间交往的主要特征就是日益冷漠、疏远、隔膜,这也是交往关系的功利化、表面化、货币化必然导致的结果。一方面,像小说《变形记》中格里高尔所经受的那样,在他的父亲破产后,他奔波在外拼命地工作,竭尽全力使他的父母、妹妹重新过上了有尊严的生活,那时他是家中父母夸奖、妹妹爱戴、受尊重的长子;当他在某个早上醒来变成了甲虫后,家人一反常态地冷漠、嫌弃、憎恶,最后他在饥饿中孤独地死去。这个荒诞的故事写透了人们之间的唯利是图、金钱至上,人性亲情被社会挤压变形的现实,体现了人与人之间交往关系的冷漠化、表面化,交往主体间充满戒备、相互疏离,这与社会"物化"所导致的个体原子化、利己化是密切相关的。另一方面,交往双方间关系的冷漠化还表现为主体间的难以沟通。对此,海德格尔写道:"互相关心、互不反对,互不关照、望望然去之,互不关涉,都是烦神的可能的方式。而上述最后几种残缺而淡漠的样式恰恰表明日常的相互共在

---

① 海德格尔.存在与时间[M].陈嘉映,王庆节,译.北京:生活·读书·新知三联书店.1987:126-127.

② 中共中央马克思恩格斯列宁斯大林著作编译局.马克思恩格斯文集:第2卷[M].北京:人民出版社,2009:33-34.

的特点。"①

其五,交往的两难状态。正如弗洛姆在《逃避自由》中从社会心理学的角度分析并描述的现代人处于自由与孤独两难状态的困境,主体的个人主义倾向和在社会中的工具性地位,导致人永远都在为一个异己的目标而奋斗,人们渴望自由并不断地争取自由,但自由获得的过程也是交往主体间消除联系的过程,只要联系存在就不可能获得绝对的自由,因此,自由与孤独是同一过程的两个方面,人们获得了自由,但又无法消除自由带来的不安全感、无力感、怀疑和孤独,无所依赖的恐惧又促使人们回到有所依靠的安全的集体存在状态,人对自由的不断争取与消解使生存处于一种无意义的异化状态。"实质上,完全依靠大众来确认自我,这是一种恶性循环,虽然与大众合流可以摆脱孤独,但是,大众意识又使个体更深地消解自身。这种大众意识对于真正人的生活世界是一种毁灭性的威胁。个人日渐迷失在大众之中,丧失了自我存在的本真意义。他已不再是孤立的自我,因为某种一致的普遍的大众意识具有的一般性占据并同化了他的身心。"②

如前所述,交往是人的基本存在方式,交往实践与社会关系是人的本质;技术理性和资本扩张加速、加深了人的异化——主体性的丧失和交往关系的冲突;交往按形式可以分为"按人与人的方式、互为目的的交往"和"按人与物的方式、互为手段的交往"两种,可以勘定为"真正交往"(主体交往)与"异化交往"(交往异化)。关于交往异化,我们可以用马克思的三句表述来概括:(1)物的社会性离开人而独立;(2)社会过程第一次表现为同个人相对立的社会联系产生出个人同自己和同别人的普遍异化;(3)交往异化导致双边关系疏离僵化、不平等、不自由,世俗化、功利性、工具性色彩浓重,交往异化的形式主要是"我与它",是物化的、工具化的、抽象符号化的虚假交往。

教师主体的异化和交往的异化,意味着人的完整性的丧失,即人迷失在物化状态里而使精神世界远遁,这会导致价值、意义、理想使命、信仰、等高尚性的丧失,也就是主体总体性的失落,总体性的失落会使教师削弱或丧失对职业的理解与认同,职业理解与认同是树立正确的教师职业观、激发职业理想、担

---

① 海德格尔. 存在与时间[M]. 陈嘉映,王庆节,译. 北京:生活·读书·新知三联书店. 1987:126-149.
② 马廷新. 论现代主体总体性的失落及其救赎策略:走向以生态存在论为基础的实践交往理性[J]. 山东社会科学,2015(6).

当职业使命、积极主动地实现专业成长、享受职业幸福等的前提和基础。

第二节 当代中学青年教师发展观异化的总体维度

当代中学青年教师发展中存在异化问题是不可否认的事实。从某种意义上说,这种异化问题的出现与中学青年教师发展观的异化密切相关。在特定历史阶段,社会对中学青年教师发展的认识出现了偏差,必然会导致中学青年教师发展的异化。按照宏观与微观、整体与部分的标准,我们对当代中学青年教师发展观异化的探讨可以在总体与具体两个维度展开。在这里,我们先在总体维度上分析这一异化问题。

一、结果向度取代过程向度:当代中学青年教师发展观的颠倒特征[①]

我们认为,当代中学青年教师发展观异化在总体上表现为教师发展的过程向度与结果向度的割裂,结果向度完全取代过程向度造就了当代中学青年教师发展观的颠倒特征。

一直以来,人们对教师发展所持有的观念是存在分歧的。人们对教师发展到底是一种过程还是一种结果,教师到底是发展的主体还是客体,教师发展到底是教师个人的发展还是教师专业的发展等基本问题尚未形成共识。[②] 目前,教师发展观处于分裂状态,教师发展实践映射出的哲学取向,往往处于经验主义与反理性的两个极端。教师发展常常被简单理解为技能精进或个体精神层面的完善。其主要原因是,教师发展的现有研究缺乏对教师本体的哲学思索,或是所持有的教师发展观立场未能观照中国现实的社会与教育情境。教师发展观在很大程度影响了教师发展的面貌,它对作为人的教师进行本体意义上的认识,同时构建了教师理论的逻辑起点。[③]

我们认为,教师发展的结果向度与过程向度共同构成了教师发展的基本

[①] 赵光义.教师发展异化与教育双主体交往的构建[J].苏州大学学报(教育科学版),2019(4).
[②] 饶从满.教师发展若干基本问题辨析[J].中国教育学刊,2009(4).
[③] 郭芳,朱旭东.论教师哲学的内涵建构[J].教师教育研究,2014(4).

内涵。结果向度是指教师作为一种职业的专业层面的发展,强调教师专业知识与专业技能的不断充实与实现。教师发展的过程向度是指教师作为人在教育实践活动中生命、情感、价值观的自我生成,具体包括教师人文素养、伦理关怀、德性品质等的实现。马克思认为,当人的物质生产与精神生产及其产品变为异己力量反过来统治人的时候,人就发生了异化。同样,当教师发展作为衡量教师的外在尺度反过来统治教师、制约教师、成为教师生存所需的手段时,教师发展也发生了异化。我们认为,教师发展观异化的原因是由于人们对教师发展的结果向度与过程向度的解读发生了分裂。

正如现代性中无法弥合的理性分裂,人们对人的发展、教师发展的内涵的解读也发生了分裂,教师发展的结果向度遮蔽了过程向度。教师发展结果向度与过程向度的分裂,是盲目强调极端的结果。人们用眼花缭乱的现代技术和方法不断精进教师专业知识与专业技能,用统一的教条指挥教师参与、遵从各种模式化的活动,而教师作为人的生命、情感、价值观的自我生成被忽视了。教师发展成了衡量教师的外在尺度,成为教师谋生与获取利益的手段。一旦教师无法从片面的知识与技能的发展中解放出来,教师发展就只能处于异化状态。在这种异化的教师发展观下,"教师的自我不断被忽略,被漠视,被遮蔽,其人生意义的领悟、价值情感的体验、生命境界的拓展和生命过程的润泽,与其所从事的职业被无情隔断"[1]。

人的发展的程度反映了一个社会进步的程度,从某种意义上来说,教师的发展程度也反映了学生与教育的发展程度。正如叶澜所论述的那样,"没有教师的生命质量的提升,就很难有高的教育质量;没有教师精神的解放,就很难有学生精神的解放;没有教师的主动发展,就很难有学生的主动发展;没有教师的教育创造,就很难有学生的创造精神。总之,教育是一个使教育者和受教育者都变得更完善的职业。而且,只有当教育者自觉地完善自己时,才能更有利于学生的完善与发展"[2]。如果教师的发展徒有对教师专业知识与专业技能的强调,而缺乏对教师生命、情感、价值观自我生成的观照,那么学生的发展与完善、教育的发展与完善将无从谈起。异化的教师发展观,导致了教师教育实践活动参与主体地位的丧失,导致了教师的自我发展与自我生成陷入困境,最终的结果是教育实践活动过程中所有主体发展的停滞及教育终极目标的

---

[1] 张文桂. 课程改革中教师自我的异化与回归[J]. 当代教育科学, 2018(3).
[2] 叶澜,白益民,王枬,等. 教师角色与教师发展新探[M]. 北京:教育科学出版社,2001:3.

迷失。

二、工具理性遮蔽价值理性：当代中学青年教师发展观颠倒性的深度探析

马克思在《〈政治经济学批判〉序言》中指出："物质生活的生产方式制约着整个社会生活、政治生活和精神生活的过程。"①当代中学青年教师发展观的异化不是先验存在的，而是由物质生活的生产方式发展导致的。从总体上看，当今世界发展依然处在马克思主义所指明的资本主义时代，居于主导地位的物质生活的生产方式依然是资本主义生产方式，而资本主义生产方式的一个基本特征就是实用原则。这种生产方式只关注资本的价值增殖，与它发生联系的一切事物，只要能对它价值增殖有用，它就会将其纳入自己的生产和交换体系中，如果对它价值增殖没用，它则对之漠不关心。借用马克思的话来说，在资本主义生产方式编织的普遍有用性体系中，"在这个社会生产和交换的范围之外，再也没有什么东西表现为自在的更高的东西，表现为自为的合理的东西"②。资本主义生产方式造就的这种只关注利润而不顾其他的实用原则，借用西方相关论者的表述就是工具理性对价值理性的遮蔽。我们认为，在现代社会中工具理性遮蔽价值理性，是导致中学青年教师发展观异化的重要原因。当然，在我国市场经济发展中，社会主义的制度逻辑对资本逻辑是驾驭、利用与限制的，因而考查我国当代青年教师发展观异化问题时，不能非批判地套用西方理论界的资本逻辑批判理论。但不容否认的是，在全球交往向纵深发展的全球化时代，西方社会中工具理性遮蔽与宰制价值理性的思想观念对当代中国经济社会发展是有较大影响的。当代中国青年教师发展也不例外。

对工具理性与价值理性两者关系做出系统阐述的是德国社会学家马克斯·韦伯。韦伯认为，工具理性是"当目的、手段及其附属物都被理性地加以考虑和权衡时，行动在工具上意义上就是理性的"③，价值理性是"由于某些伦理的、美学的、宗教的或其他行为方式有意识的信念所决定的行动，它并不取

---

① 中共中央马克思恩格斯列宁斯大林著作编译局.马克思恩格斯文集:第2卷[M].北京:人民出版社,2009:591.
② 中共中央马克思恩格斯列宁斯大林著作编译局.马克思恩格斯文集:第8卷[M].北京:人民出版社,2009:90.
③ 马克斯·韦伯.社会科学方法论[M].李秋零,田薇,译.北京:华夏出版社,1999:61.

决它的成功的前景"①。工具理性讲求效益、强调效率,重视目的而不管是否合乎理性及目的是否有正当性,它纯粹以个人利益作为行动及思维的肇始和落脚点。工具理性是被视为"新马克思主义"典型的法兰克福学派在剖析社会物化现象过程中所使用的一个重要概念,他们认为理性把人从神学的迷雾中解放出来,但理性在促进科技发展、工业发达的同时,也在从角度、深度、广长等方面改变或提升人类的思维认识能力,从而产生的知识泛在性,使知识和科技逐渐获得更高的社会权威性,慢慢地产生了以工具取向为主导的理性崇拜,工具理性也变为达成目的的手段和奴役人的工具。伴随科技提升、商品社会的发展,专业分工越来越细,生活节奏越来越快,造成整个社会对于财富、权力、地位等"物""工具性"对象的向往追求,出现了人的异化和交往的异化,导致人被作为一种"物"和"工具"而存在。在现代科技的光芒中,工具理性成了人的主导思维方式,人成为"单向度"的人,成为一种更为关注工具和手段、物质与成就而缺乏人的本性与人文关怀的人。价值理性则是建基于某些价值规范之上,它以某种特定的终极立场为依归,而不是着眼于为达成目的、解决问题的手段。价值理性是在理性认知基础上对价值及价值追求的自觉理解和把握,人类的认识和实践在价值理性指导下是以世界"应怎样"为基本价值取向的,避免了人们实践与追求的盲目性和非理性。

工具理性与价值理性是"体""用"两面、相辅相成、依存促进的。失去了价值理性的引导,工具理性驱使下的活动就失去了方向,在一味地物欲追索中造成人文理性、价值理性的毁灭,从而威胁、伤害人自身的存在。没有工具理性的支撑,价值理性就可能只是一种"良好愿望"的空想。只有工具理性与价值理性"体""用"各司其职、不缺位也不越位、实现和谐统一才能保证主体的全面与完整,避免主体的异化。

综上所述,当代中学青年教师发展观异化的重要原因在于社会发展中工具理性与价值理性的断裂,正是因为过度强调工具理性而忽视价值理性,人们在青年教师发展问题上才会形成重结果、轻过程的观念。由此可见,采取切实可行的措施重新唤起青年教师发展中的价值理性,是当前亟待展开的工作。当然,价值理性与工具理性的关系是辩证的,没有合理的工具理性的支撑,价值理性的发展也只会陷入空想。因而,当前的教育实践在大力弘扬价值理性

---

① 马克斯·韦伯.社会科学方法论[M].李秋零,田薇,译.北京:华夏出版社,1999:59.

在青年教师发展中的重要作用的同时,将工具理性的发展保持在合理的限度,或者说在工具理性和价值理性之间保持合理张力,也就构成当前矫正中学青年教师发展观异化、促进青年教师能力素质全面提升的重要理论遵循。

第三节 当代中学青年教师发展观异化的具体表现[①]

马克思实践哲学研究问题的基本方式不仅包括对对象实现宏观把握,以揭示对象的总体性特征,还要走进对象的内部,相对微观地把握对象的具体特征。因此,我们在阐明当代中学青年教师发展观异化的总体维度之后,还要具体分析当代中学青年教师发展观异化的具体维度。当代中学青年教师发展观异化具体表现为以下几个方面。

一、教师发展简化为教师专业发展

相关研究对我国传统教师发展观的局限性的反思,往往矫枉过正,将教师发展固化在专业化的层面。在儒家文化的影响下,中国社会一直将教师道德素养推崇到极致,认为教师当弘道弘毅、修身为本、敬业乐教、仁智相彰、仁爱中和。[②] 传统的教师发展紧密围绕教师的"德行"展开,偏重于教师修身养德、言传身教、行为师范的方面,教师努力使自己的行为符合社会规范与期望,能够为学生做出表率。这种传统教师发展观念较少强调教师在教育教学等方面的专业性知识与技巧。教师专业化发展在重视教师精神的基础之上指向了教师知识与能力的发展[③],可以弥补传统上教师发展观念的缺失,是一种适当的反思与修正。

随着对教师专业化要求的不断强调,教师专业发展呈现出取代教师发展或等同为教师发展本身的态势。专业发展是人的整体发展的重要且与其他方

---

① 赵光义.教师发展异化与教育双主体交往的构建[J].苏州大学学报(教育科学版),2019(12).
② 王家军.我国古代教师的核心价值观[J].江苏第二师范学院学报,2013(6).
③ 朱旭东.论教师专业发展的理论模型建构[J].教育研究,2014(6).

面的发展相关的构成,但不是全部。① 虽然教师专业发展中同样蕴含着教师道德与精神成长的方面,但现实情况是,教师专业发展中教师教育教学知识与技能的部分被无限强调了。这种认知意义上的教师专业发展易于理解、便于推广,广泛地渗透到教师教育的课程、教材及培训方案中。② 这种教师发展观导致了教师发展的专业化遮蔽了教师发展本身,遗忘了传统文化中教师道德修养与个人发展的要义。

二、教师发展简化为标准和指标

在教育理论研究和教育实践推进过程中,对传统教育研究范式的不合理革新,导致教师发展观将教师发展简化为标准化的指标。我国教育研究素来青睐理论思辨的方式,在学科研究发展的任何时期,这种宏观层面的把握与指导都具有重大的意义。随着教育研究的不断深入与成熟,教育研究的方法也逐步多元,社会学、人类学,甚至是一些自然科学的主流研究范式开始对教育学研究方法产生影响。其中,尤以实证主义的研究范式影响最盛。教育研究中的实证主义研究范式强调基于个人经验,运用观察、实验等方法,开发研究工具,探索教育问题。实证主义的研究范式,为我国的教育研究者提供了看待教师发展的崭新视角,不仅为很多理论思辨提供了严谨、客观的数据支持,还构建了很多有价值的教师发展模型与标准,与传统的教育研究范式相互补充、相得益彰。

但是,如果将这种实证主义的思想推至极致,认为教师发展的问题皆可量化,就会忽略教师发展的精神性及教师个人的价值性。这种现象被研究者喻为实证主义的自负及教育的自我矮化。③ 在实证主义研究范式的统摄下,教师发展通过规范的研究程序,被完全分解为各个维度的标准化指标。倘若机械地运用这些指标对教师进行测量,脱离对教育特殊性与理论性的探索来描绘教师发展的全貌,就会陷入狭隘的境地。然而,将教师发展简化为标准化的指标在现实情境中虽然具有非常好的可操作性与推广性,但经常反过来成为学

---

① 叶澜."新基础教育"论:关于当代中国学校变革的探究与认识[M].北京:教育科学出版社,2006:358.
② 饶从满.教师发展若干基本问题辨析[J].中国教育学刊,2009(4).
③ 姜勇,柳佳炜,戴乃恩.论教育研究的现象学范式与实证主义范式的差异[J].华东师范大学学报(教育科学版),2018(6).

校、社会评判教师的教条与约束教师发展的桎梏。

三、教师发展简化为静态结果

在教师发展观层面过度考虑即时利益,导致将教师发展归结为结果化的向度。教师发展观的结果化取向,既是教师发展专业化、标准化的必然结果,也是人们基于片面的功利主义主张,对事物的好坏肤浅判定、简单叠加的体现。无论是个人的自我生成,还是外界形塑的知能增长,人们总是下意识地对教师发展的最终成果有所期待,并对教师发展进行成功或失败的判定。功利主义的基本主张是,判断一件事是否为善的标准是看它是否促进了"最大多数人的最大幸福"[1]。这一标准常常被误用为以教师发展的"好的结果"来定义教师发展本身。

因此,教师发展观指向了一种静态的结果,这种结果是教师个人层面精神或知能的成长,抑或是学校或社会层面教师群体呈现出的整体风貌。无论是主观意愿还是客观使然,这种结果论的取向,实际上对教师发展进行了好坏判定,为教师、学校提供了争取资源与即时利益的证据。但是这种教师发展观的结果化取向,忽略了教师发展过程中挫败、曲折、危机的力量。但恰恰是这些发展过程中需要干预、援助的因素,才构成了教师发展的整体。[2] 教师发展是尝试、反思、体悟、调适、再尝试……之间相互啮合、滚动前行的一种不间断的过程。[3] 教师发展观对即时利益的追逐,将教师专业发展推向了一种静态的、单向度的结果考量,丧失了教师发展的完整性。

上述专业化、标准化与结果化的倾向,将教师发展观带入了异化的困境,背离了教育的初衷,甚至与教育的本质背道而驰。从某种意义上说,教师发展观的专业化、标准化、结果化,是科学主义占领思想高地的直接表现,它导致了将教师发展简化为职业的标准、评价的工具、静态的结果,反过来奴役教师、支配教师,发展的核心价值被完全遮蔽了。"工具理性主义取向的教师发展使教师承载了一个外在的目的——社会的客观要求,导致教师发展从原本作为'人'的发展被异化成'师'的发展——教师专业发展,即强调专业知识、技能

---

[1] 约翰·穆勒.功利主义[M].徐大建,译.上海:上海人民出版社,2008:7.
[2] 今津孝次郎.变动社会の教师教育[M].名古屋:名古屋大学出版会,1996:76.
[3] 元涛.对教师发展的新理解:解读《"新基础教育"论》之"教师发展"观[J].中小学管理,2007(3).

和专业理性等的发展。这种以工具理性主义为取向的教师专业发展所引致的客体性异化,使教师在教育生活中所承负的职责与使命也随之被简约和表面化了。"[1]

教师发展观的异化困境,引发了人们对教师发展理论与实践的深刻反思。近年来,很多学者审慎、客观地分析了实证主义研究范式兴起、功利主义结果论导向下的教师发展观研究现状,相关研究取得了显著成果。但是正如前文所述,面对教师发展观异化的事实,仅从人本主义等思潮的理论视角进行分析和研究是不够的,主观主义的道德批判不能代替客观主义的现实批判。克服理论的应然逻辑,以现实的力量对教师发展观异化问题进行科学纠偏,要求我们的相关研究回到马克思实践哲学的理论视阈。

---

[1] 伍叶琴,李森,戴宏才.教师发展的客体性异化与主体性回归[J].教育研究,2013(1).

第四章
马克思实践哲学视野下的中学青年教师发展观

客观地说,马克思在其相关著作中虽然有过关于教育的大量论述,但并没有建构一个系统化的教育理论体系。因而在今天,当我们执马克思之名来讨论教育问题或马克思主义教育观时,研究思路呈现为如下两种定向:一是对马克思相关教育论述进行解读,二是依据马克思主义整体理论逻辑来审视教育问题,其中,后者是当前阐释马克思主义教育观的主要进路。正如本书第一章指出的那样,我们是在实践哲学层面理解马克思创立的新哲学的,因而在这一章探讨马克思主义教育观及其在中学青年教师发展层面的表现(青年教师发展观)时,将主要以前文阐明的马克思实践哲学的基本理论与方法论原则来审视当代中学青年教师发展的若干问题。

第一节 中学青年教师能力素质发展的实践哲学追问

一、中学青年教师能力素质及其发展的本质

马克思实践哲学将改变世界作为第一要义,将人的全面发展与解放视为最终指向。因此,对教师能力素质本质的追问也应该在马克思实践哲学的观照下进行。与人类学实践观相一致,教师能力素质发展的最终旨趣便是教师的自身能力发展。

在很多研究者看来,教师的发展与解放就是教师专业的发展与解放,"即破除阻碍教师专业充分、自由发展的诸种束缚和限制,解除影响教师专业发展的各种依附和屈从,还教师自由选择、自主创造的权利,拓展教师专业发展空

间,使教师能自主地、有效地行使专业权利,创造性地开展教育教学活动。只有关注教师的全面解放,才能让教师走向真正自主的、自由的、自觉的专业发展"①。从教师发展的价值取向的历史嬗变过程可以看出,教师素质能力的发展从过去社会主导、国家主导,演变为现代的指向教师自我成长、自我发展。

因此,教师素质能力发展的本质就是一种教师的实践活动,其最终目的在于实现教师的自由而全面发展。② 人们在理解教师的这种实践活动时,通常从两个方面展开:一方面,教师素质能力发展是一种道德性的、人文性的实践活动;另一方面,教师素质能力发展是一种专业性的、工具性的实践活动。从教师发展价值取向的历史流变中,我们大致能够看出教师素质能力发展实践活动的形成脉络。与教师发展的价值取向一致,中国教师素质能力的发展受到儒家传统文化、集体主义观念强烈又深远的影响,又在现代哲学转型的观照下,形成了上述两个方面的本质特征。

从人文价值的角度来看,教师能力素质的本质在于教师在教育教学过程中表现出的优秀职业操守、处理教育教学困境的知识与能力。具体来说,就是教师在自我反思、自我成长过程中积累的通识性的知识与能力。这些修养、知识与能力取决于教师在实践活动中的不断学习和提升,对相关领域的深入研究与合作探讨,它们足以让教师应对纷繁复杂的教育情境,游刃有余地解决实际教育情境中的问题,同时也实现自我发展。从工具价值的角度来看,教师作为一种专业技术人员,其素质能力必定是指其专业领域内的各种专业知识、能力。具体来说,教师素质能力包括教师所教授学科或所属专业的学科知识与专业技能,也包括进行教学活动所需要的教育教学知识。高素质能力的教师

---

① 潘洪建.教师解放:从制度规约到自由发展[J].教育科学研究,2010(1).
② 需要说明的是,在马克思实践哲学语境中,"自由"有三种使用方式:一是认识论意义的"自由",与其相对或相反的概念是"必然",即客观世界的运动规律,在此意义上,"自由"是指人们对必然的认识及人们利用这种认识来改造客观世界;二是政治学意义上的"自由",与其相对或相反的概念是"压迫""统治""专制""独裁""奴役"等,相近的概念是"民主";三是生存论意义上的"自由",与之相对或相反的概念是"异化",即人受到异己的力量的制约,无法实现自由全面发展。本书在讨论教师的自由全面发展时,"自由"概念是在第三种即生存论意义上使用的。但是需要进一步说明的是,马克思在生存论意义上讨论"自由"时,也有相对和绝对两种语境。在马克思那里,完全意义上的"自由"只存在于未来共产主义社会,在共产主义社会之前的一切历史时期,异化都是存在的,完全意义上的自由是不存在的。《共产党宣言》中提到的"自由人联合体"与《政治经济学批判大纲》中提到的"人的自由全面发展阶段"都是指未来的共产主义社会,其中的"自由"都是在绝对意义上使用的。与之不同,相对意义上的"自由"在现代社会是存在的,并且随着现代社会生产力的发展,相对意义上的"自由"也不断提升。综上,更为准确地说,本书所讲的教师的自由全面发展,是在生存论层面的相对自由的语境中展开的。

意味着他掌握了扎实的专业知识与技能,以及良好的教育教学知识与能力。教师对这些知识与能力的掌握越规范、越熟练,其素质能力就越高。

中国教师能力素质发展的人文价值与工具价值的形成,带有其独特的历史特征,在整个教师发展的历程中相互作用、不可分割,形成了促进教师自由全面发展的独特张力。具体到中学青年教师素质能力的本质,就是指中学青年教师的自我成长与全面发展。一方面,中学青年教师能力素质包括规范、良好的学科专业知识与技能、扎实的教育科学研究能力、成熟的教育教学理论与能力;另一方面,中学青年教师的能力素质还包括优秀的职业道德与修为、反思与创新能力、终身学习的能力。当中学青年教师的上述能力都达致完善时,中学青年教师也就做到了真正意义上的自我成长与解放,实现了自身自由而全面的发展,贴合了教师能力素质发展的本质。

二、中学青年教师能力素质发展的目的

由于对经济主义、科学主义的极端崇拜等原因,我国青年教师能力素质的发展暴露出了急功近利、工具理性盛行等问题。在追问教师能力素质本质的基础上,从马克思实践哲学视角深度审视教师能力素质发展的目的,有利于澄清教师能力素质发展的本来面目,回归教师的生命意义,解除青年教师能力素质发展的危机。

从教师素质能力的本质来看,教师素质能力的发展应该是工具价值与人文价值的统一。但是随着科学主义的盛行及社会整体评价制度的扭曲,对教师素质能力的考量大部分被工具主义遮蔽,教师素质能力发展目的也悄然发生了变化。正如有的学者指出的那样,"工具理性主义取向的教师发展使教师承载了一个外在的目的——社会的客观要求,导致教师发展从原本作为'人'的发展被异化成'师'的发展——教师专业发展,即强调专业知识、技能和专业理性等的发展。这种以工具理性主义为取向的教师专业发展所引致的客体性异化,使教师在教育生活中所承负的职责与使命也随之被简约和表面化了"[①]。

教师主体异化的重要原因是价值、理性遭到了漠视,进而造成了价值与生命的沦落。教师素质能力的本质就带有工具价值的成分,是一种科学的、程序化的标准。正是因为其本身自带的这种特质,非常容易与当下社会急躁、功利

---

① 伍叶琴,李森,戴宏才.教师发展的客体性异化与主体性回归[J].教育研究,2013(1).

的价值取向一拍即合，极端地追寻规范、程序、标准的意义，而忽视了教师与受教育者的意义，最终导致教师能力素质发展目的的偏离。这种目的的偏离"表面上表现为师生生命意义和教育意义的丧失，其深层根源则是对生活世界的脱离以及近代客观主义和实证主义成为教师发展自明性的前提。也就是说，近代科学的自明性使教师专业发展脱离了生活世界而呈现出技术化倾向，由此使教育的本真意义丧失殆尽"①。因此，我们深切地呼唤教师素质能力的发展的目的应该向生活世界回归、向价值与意义回归，摒弃对技术、规范、程序等的无条件崇拜。

教师素质能力发展的目的，不仅仅从表面上追求教师专业知识与能力、教育教学知识与能力的不断完善和发展，而是要最终指向生活世界，指向自身价值与意义的回归。关注自身的成长，关注学生的发展，关注这个世界的完善。教师素质能力的发展"就是教师追求教育智慧的过程。作为教师，不仅要有对学生个体生命意义的关怀，更要有对人类命运的担当；不仅要追求真理和关爱，更要追求正义与公平"②。这个过程被一些研究者称为教师的蝶化的过程，是"教师在终身教育引导下，在学习的基础上形成的旨在满足生命历程的完美的持续上升的运动历程"③。这也与新发展观视野下的教师能力素质发展相呼应。

因此，我们认为教师能力素质发展的目的包含了两个层次：第一个层次是教师素质能力发展的直接目的，即促进教师专业知识、教学能力、职业道德等方面的提升与发展；第二个层次是教师素质能力发展的终极目的，即引导教师关注自身与学生生命的价值和意义，努力澄清与实现自身和学生生活的意义，关怀这个世界，对真理、公正、美好有所担当。

---

① 何菊玲.教师专业成长的现象学旨趣[J].教育研究，2010(11).
② 何菊玲.教师专业成长的现象学旨趣[J].教育研究，2010(11).
③ 伍叶琴，李森，戴宏才.教师发展的客体性异化与主体性回归[J].教育研究，2013(1).

第二节　中学青年教师新型发展观的实践哲学探索

一、中学青年教师的价值观类型及其审思

哲学是关于人对世界的态度或人生境界的学问,每个人的世界观或在观世界时的视角都不一样,都有个人独特的认识和信念,也就是有属于自己的哲学思维和哲学观念。同样,人们对教育的看法和实践认识,也会逐渐形成带有个人视角和特点的教育的观念系统,进而成为指导自己教育实践行为的教育哲学观。教师在日常教育教学实践中,作为一个独立的个体,也必然存在决定自己教育行为的内在观念——教师的个体教育哲学观。教师个体教育哲学是教师个人素养的重要内容,对教师个体教育哲学观的研究如雨后春笋般涌现,并且研究的视角、侧重点和层面日益全面和广泛。

随着教师专业化运动的发展及提升教学质量呼声的日益高涨,国外研究者日益重视对教师个体教育哲学的研究。① 从19世纪到21世纪几乎都能看到关于教师教学哲学的论著,如汤普金斯(Tompkins)的 The Philosophy of Teaching,欧特曼(Ortman)的 Philosophy of Teaching 等。国外除了能看到很多关于教育哲学的论著以外,也有学者对教师个体教育哲学的内涵进行深入的研究。对教师个体教育哲学的论述较为权威的是美国哥伦比亚大学师范学院索尔蒂斯教授,他认为教师"就像每个人都有自己的生活哲学一样,他也应当有自己的教育哲学,那就是一套个人的信念,认为在教育领域内什么是好的、正确的和值得做的"。同时,他还强调,"以这种方式形成的关于教育的哲学观点能使一个人达到对人的意义、目的和义务有令人满意的意识,从而指导他作为教育工作者所从事的活动"②。还有研究者认为教师个体持有的教育哲学对教师的教育实践有重要的影响,教师通过学习各种哲学流派和思想能激发他

---

① 高岩.教师个体教学哲学及其建构研究[D].西安:陕西师范大学博士学位论文,2012.
② J.F.索尔蒂斯.论教育哲学的前景[J].闵家胤,译.国外社会科学,1984(3).

们反思自己的价值观与思想,特别是怎样看待教学和他们在其中的角色与地位。① 此外,在国外,一些教育机构要求申请教师职位的人员在申请时提交自己的教育哲学陈述。这些都表明国外对教师个体教育哲学的研究日益重视。

国内学者对于教师个体教育哲学的思考,主要从理论和实证两个层面展开,即教师个体教育哲学的内容与构建及不同哲学观下的教师专业发展等方面的问题。在理论研究方面,研究者认为教师个人教育哲学有三个层次,分别是教育理念、教育观念(发展观、学生观、知识观、质量观等)和教师形象。教师的个人教育哲学素养的养成不仅要通过自我提升,如认真读书,积极参与教学实践,坚持自我教学反思,潜心研究等,而且要借助外界力量,如接受培训,学习他人经验等。②③ 也有研究者探讨了不同哲学观下教师的专业发展,如在过程哲学的视角下,应还原教师"人"的本质,实现教师专业发展的生成性④;在"生成哲学""存在论哲学"及"现象学"等视角下,教师的成长不是各种知识与技能的简单集合,教师的发展也不是"先验预成"的,而是在教育的"生活世界"中走向无限可能的。教师的成长是一个循序渐进、螺旋上升、追求生命质量的现实过程,也是其理性内省能力提升的过程⑤,更是其自主意识唤醒、自我抉择、自我超越的历程。在此过程中,教师成长也是伴随着文化陶冶和涵养的历程。⑥ 在哲学人类学的视角下,阻碍教师追求卓越发展的主要原因是人的直接认识的盲目性及内省认识的非客观性和不全面性,这也是教师卓越丧失的内在根源。在人的自我超越与人的自我认识危机的张力的作用下,教师需要跳出片面追求卓越及片面追求教学卓越的藩篱,成为一名卓越的学习者,只有这样才能最终成就灵魂的卓越。⑦ 在生命哲学观下,研究者更加注重教师的精神文化,认为教师精神文化是教师文化的内核和灵魂,是教师发展的精神动力,影响和决定教师的精神面貌。用生命哲学解读教师精神文化,对增强教育

---

① Joy E. Beatty, Jennifer S. A. Leigh, & Kathy L. D. Dean. Republication of: Philosophy rediscovered: Exploring the connections between teaching philosophies, educational philosophies, and philosophy[J]. *Journal of Management Education*, 2009(1).
② 王坤庆. 教师专业发展的境界:形成教师个人的教育哲学[J]. 高等教育研究, 2011(5).
③ 陈晓端, 席作宏. 教师个人教学哲学:意义与建构[J]. 教育研究, 2011(3).
④ 楼世洲, 张丽珍. 教师专业境界:精神世界和现实世界的和谐:过程哲学视野下的教师专业发展[J]. 教师教育研究, 2009(6).
⑤ 姜勇, 华爱华. 柏格森"生命哲学"视野中的教师发展观[J]. 外国教育研究, 2010(1).
⑥ 姜勇, 刘静, 戴乃恩. "文化存在论教育学"视野下的教师成长[J]. 教育发展研究, 2017(6).
⑦ 诸园. 哲学人类学视角下的大学教师的卓越发展[J]. 教师教育研究, 2015(6).

的生命意识,促进教师专业发展,提高教师文化品位具有现实意义。① 还有研究关注新课程背景下语文教师哲学素养,提出在新课程改革的背景下,语文教师普遍缺少教师哲学素养,部分语文教师缺乏辩证思维,矫枉过正、顾此失彼。此外,相关研究还阐述了在新课程背景下,语文教师哲学素养的缺失会导致学科定位不明、本体观缺失,学习方式偏执、系统观缺失,师生关系失衡、主导观缺失,文本解读随意、辩证观缺失,语文传统消解、历史观缺失等。②

在实证研究方面,研究者主要以某种哲学观为指导,探讨影响教师素质、教师专业发展的过程及其如何促进教师素质和专业发展。例如,有研究者以过程哲学为指引,尝试运用一种"过程观"的方式,探索特级教师在专业发展道路上所发生的"生成""转化""摄入""创造"的过程,为在教师专业发展道路上有可能遇到或已经遇到职业倦怠的教师提供借鉴和经验性建议。③ 也有研究者关注生命哲学,呼吁教师反思自我生命的存在状态,基于教师缺乏生命教育意识的现状,设立指导生命教育实施的机构,加强生命教育师资的培育,改变教师教学中的关注点,丰富教师内在知识结构,规范教育的言行、锤炼教师的品格④,构建新型学校,加强中小学生命教育教师的培训等方式提高教师生命教育素质⑤。还有研究者根据《教师专业标准》,从生态哲学的视域分析了农村教师专业发展的问题,并提出从加强农村中小学教师专业发展,开展师德教育、提升农村教师的师德培养,强化专业规划、提高农村教师专业发展的自我调控能力,实施研训计划、促进农村教师自主构建知识结构体系,发挥提能效应、增强农村教师专业发展的正能量,科学合理评价、发挥评价促进农村教师专业发展功能。⑥

纵观国内外对于教师个体教育哲学解读的研究,主要从教师个体教育哲学内涵、不同哲学观下教师专业发展的困境及构建路径,以及不同级别教师个体教育的哲学特点、发展等方面进行研究,针对中学青年教师这一群体,探究其个体教育哲学的文献较少。

---

① 李清臣.生命哲学关照下的教师精神文化[J].教育学术月刊,2010(7).
② 秦勤.新课程背景下语文教师哲学素养缺失之批判[J].科学咨询(教育科研),2014(11).
③ 蒙剑英.过程哲学视域下特级教师的专业发展[D].桂林:广西师范大学硕士学位论文,2015.
④ 卞立慧.生命教育视角下的教师素质探析[D].成都:四川师范大学硕士学位论文,2009.
⑤ 盛春霞.生命教育视野下的教师素质构建[D].曲阜:曲阜师范大学硕士学位论文,2007.
⑥ 孙焱,孙朝仁.生态哲学视域下农村教师专业发展的审视:基于《教师专业标准》对L市农村中小学教师专业发展的调查研究[J].江苏教育研究,2014(22).

1966年,联合国教科文组织与国际劳工组织在《关于教师地位的建议》中指出把教育工作作为一种专门的职业来对待,从此拉开了各国对教师专业素质研究的序幕。教师能力素质作为教师专业素质最集中的体现,也成为各国研究的热点问题。如美国早在1986年就开始关注教师的专业化地位,并相继颁布了不同学段的教师教学标准来衡量教师的专业素质,在中学教师教学能力标准中,它们特别强调要以学生为中心来展开教学。英国也特别重视教师专业标准,并且突出强调教师专业素质形成和提升的实践性。日本的教师专业标准强调国际发展变化莫测,教师的教育教学实施应着眼于培养孩子的独立学习和思维及丰富人性的生存力。因此,教师就要具备国际关怀意识、终身学习能力、独立的精神和人格,并将其融入教学活动中。各国颁布的教师教学标准能比较明显地体现对教师能力素质要求的哲学观念。综合考察美国、英国和日本等国对教师能力素质的界定,可以看出它们要求教师以学生为中心在实践中开展教学,并且教师应具有独立学习和思维的能力,以及国际关怀意识和终身学习能力。

自我国教育部在2012年2月颁布《中学教师专业标准(试行)》并提出中学合格教师专业素质应具备的基本要求和规范以来,对于中学教师专业能力素质的研究一直是一个热点问题。然而,直接对中学阶段青年教师这个群体的能力素质的研究并不多。研究对象为"中学青年教师能力素质"的非常少,但有一部分文献关注"中学教师专业能力"。如赵雪晶关注中学教师的教学评价素养[1],周启加研究中学英语教师教学能力及发展[2],吴旭君基于教师专业标准提出中学教师专业能力发展的对策[3],朱玉芳从生命哲学的视角出发分析中学教师专业化中个体的生命价值,关注教师的自由劳动、快乐劳动[4]。

总之,在现代教育快速发展的大背景下,学者们普遍认为教师应成为新时期学生未来幸福生活的引领者、启发者,终身学习者、反思者,生活中美的发现者、创造者,与此相应的,中学教师必须具有新的能力,如终身学习的能力、善于反思的能力、快乐自由地进行教学的能力等。不难发现,这些观念的形成在一定程度上受到生成哲学、存在论哲学、现象学、后现代主义哲学等思潮的影

---

[1] 赵雪晶. 我国中学教师教学评价素养研究[D]. 上海:华东师范大学博士学位论文,2014.
[2] 周启加. 基础教育英语教师教学能力及其发展研究[D]. 上海:上海外国语大学博士学位论文,2011.
[3] 吴旭君. 基于教师专业标准的中学教师专业能力发展对策[J]. 中国教育学刊,2013(8).
[4] 朱玉芳. 生命哲学视阈中的中学教师专业化研究[J]. 苏州:苏州大学博士学位论文,2014.

响。虽然我们并不认可上述哲学的核心观点与内在逻辑,但也不能完全忽视它们对青年教师发展的分析和探讨在一定程度上具有的启示意义。立足马克思实践哲学对其进行辩证审视、批判性分析和有选择汲取,是我们对待上述哲学的基本立场。

二、近年来中国教师发展的价值取向

在全球化浪潮的席卷之下,国际社会对教师专业发展的推崇对我国教师发展的价值取向也产生了深远的影响。教师专业内涵包括教会学生学习、育人和服务三个维度。教师专业发展的基础包括教师精神、教师知识、教师能力。① 具体来说,教师需要具备高水平的职业认同、高标准的教师职业道德、高要求的教师教育使命,也要具有广博、精深的专业知识及出色的教育教学知识与技能。同时,教师需要掌握扎实的学科能力与教学能力,能够创造性地解决本学科或者教育过程中出现的问题。由教师专业发展的内涵与特征可以看出,新时代对教师发展的要求紧密围绕"专业"展开。将教师视为专业人员,从专业人员应具备的思想观念、知识结构、能力技能等方面对教师提出新的要求。教师发展的价值取向由过去较为单一的道德、理性、政治取向转型为内涵更加丰富多元的、指向个体成长的专业取向。

中国教师发展的价值取向历经了古代、近代、现代三个历史阶段,其发展和转变均与当时的社会政治、经济、文化诉求及发展紧密相关。中国教师发展的价值取向在古代社会儒家思想的浸润下,至今仍保留身正为范的师德传统,也深深携带着特定历史时期强烈的集体主义、爱国主义的烙印,始终坚持自我奉献、推动国家社会进步的准则。同时,在全球化的背景下,教师发展的价值取向向着更加专业、多元的标准转变,也更加关照教师的个人成长与发展。每一个历史阶段,都为我国教师发展留下了不可磨灭的印记。因此,到了现代社会,教师发展的内涵与意蕴也更加复杂。

三、马克思实践哲学视野下的中学青年教师新发展观

基于对交往异化的认识与警觉,我们认为,应当在马克思实践哲学的指导下,重塑教师及教师能力素质的发展观。

---

① 朱旭东.论教师专业发展的理论模型建构[J].教育研究,2014(6).

随着人类认识与征服自然能力的增强,在近两个世纪内,发展观已由原初所具有的全面性渐渐地蜕变为单纯的经济发展。时至今日,这种单纯以追求经济增长为目的的发展观显露出诸多弊端,甚至已经威胁到了人类的生存和文明的延续,德国哲学家哈贝马斯指出,生态平衡的破坏、人类平衡的破坏、国际平衡的破坏,是当代国际社会共同存在的危机。事实已经证明,"增长本身是不够的,事实上也许对社会有害"[1]。什么才是科学发展观、如何才能健康持续地发展已作为一个具有挑战性的问题摆在人类面前。

早在20世纪70年代初,联合国在瑞典召开了人类历史上第一次"人类与环境会议",会议通过了著名的《人类环境宣言》,并且联合国专门小组发布了举世瞩目的报告——《只有一个地球》,进而揭开了全人类共同保护环境、拯救地球的序幕。此次会议的目的在于向世界发出严峻警告:如果人类不改变自己的生产方式、生活方式和价值观念的话,那么前景就是毁灭。人类已经取得了共识,即环境问题、社会问题及人自身的危机是由不合理的发展导致的,所以要解决这些问题就必须转变现有的发展方式,由不可持续发展方式转向可持续的发展方式。1981年,英国农业科学家莱斯特·R.布朗出版了《建设一个可持续发展的社会》一书,对"可持续发展观"做了系统阐述。可持续发展观,就是走一条人口、经济、社会、环境、文化和资源相互协调,既能满足当代人需要,又不对后代人的生存发展构成危害的发展道路。可持续发展观最本质的创新体现为:在价值观上,从过去的人与自然的对立冲突转变为人与自然和谐共生,在发展观上从过去的单纯经济指标转变为以经济、社会和自然综合协调发展为目标。可持续发展的核心问题是缓解人与自然的矛盾,即人类生存发展的需要与自然资源消耗的矛盾,从长远来看,可持续发展是要解决人自身生存和生活方式的危机。

在1992年联合国环境和发展大会上,一百多个国家的政府首脑共同签署了著名的"地球宣言",并提出了《联合国21世纪议程》,具体讨论了可持续发展的种种问题。可持续发展观的提出,是人类发展观念的一次重大变革,具有深远的历史意义。在教师发展问题上不断贯彻科学发展观,也就逐渐形成了关于教师的新发展观。

新发展观的出发点是"人",它与传统发展观相比从以经济增长为单一目

---

[1] 塞缪尔·亨廷顿.现代化:理论与历史经验的再探讨[M].张景明,译.上海:上海译文出版社,1993:68.

的转变为包括经济发展、社会发展与制度发展等多个层面，即以社会的全面发展及人类的共同进步为宗旨，倡导"创新、协调、绿色、开放、共享"发展理念，强调发展的"整体性""综合性""长远性"，要求将自然、社会、经济、文化和人本身当作一个复杂的有机体看待。同时指出发展的最终目标是人的全面发展，而不是科技和经济发展、物质生活的提高。科技提升和经济增长只不过是实现人的发展的手段，各种制度的演进和改变也是为了给人的发展创造一种更好的社会环境。换句话说，发展的中心已经由"物"转向了"人"、转到了"人与物之间的关系"上来，这种转向将使人感到自身更有力、更幸福、更自由。

新发展观是一种烛照时代、和谐共生、绿色生态的发展观。2018年1月，中共中央国务院正式颁布实施《关于全面深化新时代教师队伍建设改革的意见》（以下简称《意见》），标志着中国教师队伍建设进入新时代。该《意见》是中华人民共和国成立以来，党中央、国务院出台的第一部面向教师队伍建设的重要文件，对于中国教师发展具有里程碑的意义。在价值取向上立足于新时代教师队伍建设的顶层设计，期待培养高素质教师队伍，强调"遵循教育规律和教师成长发展规律""尊重教师职业专业化发展过程""形成优秀人才争相从教、教师人人尽展其才、好教师不断涌现的良好局面"。一是坚持和谐共生、相互依存的发展理念。中学青年教师群体多呈群聚状态，个体间通过相互协作建构起和谐共生的良好生态环境，在这个生态体系中，个体间开展交流合作，共同研习、相互影响，形成一种相互依存、共促共荣的成长共生体。二是坚持互生互利、动态平衡的发展理念。遵循生态位原理，在互生互利、扬长避短中实现个体成长，使教师的专业发展回归到以人的成长为目的，教师发展的价值取向呈现出"生态绿色、多元共生"的趋势和样态。

通过上述分析，我们可以看到，新发展观蕴含着一种深刻的"以人文本"的意义，它力图克服与改变传统的单纯经济发展观的经验主义和功利主义倾向。在新发展观那里，现实的人的发展是真正目的与绝对价值，发展是人的发展，是人不断地自我实现与自我完善的过程。在新发展观的观照下，教师能力素质发展的最终旨归也应当是教师作为一个总体的、完整的人的发展。因此，在探索青年教师能力素质发展的内涵、维度、结构等问题时，始终应当围绕教师作为人的自由全面的发展这一核心。在外在环境方面，注重教育过程的双主体性，始终视教师为根本目的而不是手段。在教师自身方面，也需要唤醒教师的自我发展、自我提升意识。唯有如此，才能从根本上实现青年教师能力素质的提升及教师自身的发展。

第三节 中学青年教师素质模型建构原则的实践哲学阐释

在马克思实践哲学视域中对当代中学青年教师能力素质的本质、中学青年教师能力素质发展的目的做出系统澄清,并对当代中学青年教师新发展观进行初步探索之后,依照本书的研究对象,我们将建构一种中学青年教师素质模式以对相关议题展开质性分析与实证研究。在此之前,有必要在马克思实践哲学立场上对该模型建构的基础立场与原则进行简要交代。① 我们认为,马克思实践哲学视域下中学青年教师模型建构的基础性原则包括如下三个方面。

一、实践性原则

毫无疑问,马克思实践哲学是以实践为基本原则、以改造世界为最终导向的,因此,实践性原则是构建中学青年教师素质模型的最基本原则。马克思实践哲学所指认的实践活动可以理解为现实的个人的客观物质活动,如物质生产活动、交往活动等。实践活动是根植于生活世界的,人们社会性活动的最终目的是在准确认识世界的基础上改造世界,最终实现现实的个人及现实的共同体的自由全面发展。

因此,在构建中学青年教师能力素质模型时,必须有实践活动贯彻始终,遵从实践性原则。这具体体现在三个方面:

首先,中学青年教师能力素质模型的构建是源于实践的。正是时代发展带来的教育实践变革,给中学青年教师带来了种种挑战、责任与担当,青年教师自身的完善、学校的改革发展及整个社会对于教育需求的变革,都要求中学青年教师通过自身的发展给予回应。中学青年教师能力素质模型的构建必须

---

① 需要特别说明的是,我们所阐述的中学青年教师素质模型建构的"原则",与本书第一章所批判的那种从先验的原则出发来研究和解决问题的"原则"是存在根本不同的。在这里,原则主要是指一种立场和方法,是实证研究得以展开的必要理论指导。而在第一章所批判的那种与实践哲学截然对立的"理论哲学""经院哲学"那里,原则是研究的起点,是分析和解决一切现实问题的万能钥匙。

能够响应这种需求,能够应对实践中出现的各种问题。总之,中学青年教师能力素质模型问题的提出及其价值导向无不来源于现实的教育实践活动。

其次,中学青年教师素质模型的构建是用来指导实践并随着实践发展而不断完善的。中学青年教师素质模型不是停留在理论层面的空洞说教,其目的不仅是解释,还是用来改变教师乃至整个教育的现状的。因此,中学青年教师素质模型的构建要结合国情与客观条件,能够切实地指导具体教育实践的展开,具有可操作性。同时,中学青年教师素质模型的构建不是静态的,它是一个动态的、循环往复的过程。在此模型的构建过程中,需要不断地结合教育实践的变化发展做出调整,根据实践的结果进一步调整、优化与完善,随着实践的发展提升模型的科学性与规范性。

最后,中学青年教师能力素质模型的构建需要在实践中接受检验。青年教师能力素质模型的构建绝不能仅仅停留在理论的、思辨的层面,它构建的过程需要放置现实的教育情境中,它最终的成果也需要接受现实教育活动的检验。青年教师能力素质究竟具有怎样的内涵,需要包括哪些方面的内容才能够满足教师、学校乃至整个社会的需求与期待,这些都需要研究者在理论的指引下,利用科学严谨的实证研究方法,投身于真实的教育实践活动,了解与倾听青年教师的想法感受,思考与探究教育专家对这些问题的剖析与解答,获得客观、准确的数据与信息。另一方面,中学青年教师能力素质模型一旦确定,其最终效用也需要再次接受实践的检验。

二、发展性原则

恩格斯在评价黑格尔关于发展的辩证法思想时指出:"黑格尔第一次——这是他的伟大功绩——把整个自然的、历史的和精神的世界描写为一个过程,即把它描写为处在不断的运动、变化、转变和发展中,并企图揭示这种运动和发展的内在联系。"[1]在马克思哲学革命进程中,黑格尔辩证法这一"合理内核"被批判性地继承和发展了,构成马克思实践哲学的一个重要维度。

在构建中学青年教师能力素质模型过程中坚持马克思实践哲学的发展性原则,要求我们不能持有静止、孤立的眼光,要始终以运动的、变化的、发展的、

---

[1] 中共中央马克思恩格斯列宁斯大林著作编译局.马克思恩格斯文集:第3卷[M].北京:人民出版社,2009:542.

动态的观点予以审视与分析。中学青年教师能力素质模型的构建不是一蹴而就的,更不是一劳永逸的。事物始终处于变化、发展的过程之中,纷繁复杂的教育情境更是如此。信息技术迅猛发展带来的全球文化的交融、政治经济格局的变化,都影响并加速了教育活动的变化。中学青年教师能力素质模型不是一经建构就永恒不变的圭臬,不可能是适用于任何情境、任何时代、任何活动的万能公式。这就要求根据外部经济、社会、政策的变化不断对模型进行优化调整甚至是改革。

需要指出的是,在马克思实践哲学视阈中,发展性原则并不排斥相对静止,发展是相对静止和绝对运动的统一。因而,中学青年教师应该具备的能力素质,在某一个特定时期内可以保持相对的稳定。同时,在内在精神保持基本一致的情况下,其表征与实现方式需要根据现实情境的变化做出调整。相应地,中学青年教师能力素质模型也需要在内涵、内容变化的基础之上做出必要的调整。

三、系统性原则

在马克思实践哲学看来,"现代的社会不是坚实的结晶体,而是一个能够变化并且经常处于变化过程中的有机体"[①],而有机体是一个复杂的系统。因而,在审视现代社会问题时,我们必须摒弃线性的、单向度的思维,坚持整体的、系统性原则。

在中学青年教师能力素质模型构建过程中坚持系统性原则,要求我们始终持有整体的、系统的观点,关注局部与整体之间的关联,以全局性的视野考量问题,进行探索。

就模型的内部构建而言,系统性原则要求我们科学审慎地处理好模型内部各要素之间的关系。在理论的指导之下,结合规范的实证研究方法,多角度地探索各要素的层级关系与影响关系,最大限度地囊括主要的因素,排除干扰的因素。就模型与外部的关系而言,系统性原则要求我们在构建模型时,尤其重视模型所处的宏观环境、中观环境、微观环境对其造成的影响,以及模型对环境的反作用、各个环境之间可能发生的交互作用。

---

① 中共中央马克思恩格斯列宁斯大林著作编译局.马克思恩格斯文集:第5卷[M].北京:人民出版社,2009:12-13.

从中学青年教师能力素质模型构建的过程来看,该建构首先便受到青年教师自身力量的左右。青年教师对完善自我、提升素质的需求与期待,直接影响到他们对模型构建过程的支持,进而影响到反馈质量。其次,青年教师的社会支持、学校对青年教师的支撑及家庭对青年教师的推进,都会在很大程度上影响青年教师提升自我的意愿。最后,从宏观环境来看,国家的政策支持、社会对中学教师的看法与理解、文化传统等都会形成影响教师个人成长、人际环境、晋升机遇等方面的不可小觑的力量。因此,在构建中学青年教师能力素质模型时,需要将这些现实因素纳入考量范围,同时也需要意识到中学青年教师能力素质模型最终的构建也同样会形成影响这些环境的力量。

　　简言之,明晰中学青年教师能力素质模型内部要素之间的关联,厘清中学青年教师能力素质模型与外部环境之间的交互影响,并能够结合现实因素,正确考量中学青年教师能力素质模型在整体层次中所处的地位及它有可能带来的推动性力量,是中学青年教师能力素质模型建构中坚持和贯彻系统性原则的基本要求。

第五章
中学青年教师能力素质的模型建构与影响因素

马克思主义哲学指出,哲学家只是用不同方式解释世界,而问题在于改变世界。马克思主义实践哲学关照下的教师能力素质审思关键在于提升中学青年教师的能力素质。基于中学青年教师能力素质的内涵解读与哲学审视,从实证研究思维出发建构中学青年教师能力素质模型,审视当前中学青年能力素质的现状,并探究中学青年教师能力素质模型的影响因素,进而探寻提升中学青年教师能力素质的策略路径,更能彰显青年教师能力素质研究的实践意蕴。

国内外关于教师能力素质的研究方法主要包括量化研究和质性研究。量化研究主要集中在教师胜任力模型构建方面,包括毕斯考夫等人的教育胜任力和协作胜任力二因素模型,丹尼尔森等人提出的计划与准备、教师环境监控、教学和专业责任感4个维度的胜任特征模型,澳大利亚维多利亚州独立学校协会的15因素(沟通能力、计划和组织、工作标准、适应性、人际关系建立、发展友谊、持续性学习、技术或专业知识、辅导、决策、以学习者为中心、质量关注、信息监控、创新、行动发起)模型结构等。国外学者普遍认为教师胜任力模型包括广博精深的科学文化素养,教育、教学、科研全面的业务能力与在知识、能力、品德等方面全面发展的能力3个维度;国内学者则主要将教师胜任力模型分为知识胜任力、教学胜任力、组织胜任力和科学胜任力4个维度[1]。然而,量化研究有其自身的应用局限性。以胜任力模型为例,不能简单机械地以胜任力模型中的所有要素或单一维度来简单地评价一名教师的能力。量化研究应当与质性研究相结合,这样可以深入、系统、全面地综合分析中学青年教师的能力素质特征及其作用机制,且能够较好地兼顾教师的个性特征对教育教

---

[1] 刘钦瑶,葛列众,刘少英.教师胜任力研究述评[J].高等工程教育研究,2007(1).

学的影响。

本章研究主要是在马克思主义实践哲学导引下,首先运用质性研究方法提炼出以下内容:中学青年教师的角色、能力素质及能力素质形成的主客观原因;中学青年教师所觉察到的中学名师的能力素质及能力素质形成的主客观原因;中学青年教师与中学教学名师之间的差距,中学青年教师要成长为教学名师可以做哪些方面的努力或者需要得到哪些方面的支持。在此基础之上,比较中学青年教师和中学教学名师之间的能力素质差异及影响因素差异。

第一节 中学青年教师能力素质及影响因素的质化研究

本研究采用"关键事件访谈法",通过深度访谈发掘信息,利用Nvivo 8.0分析访谈结果,运用扎根理论研究范式并结合量化方法对材料进行深度分析。

一、中学青年教师能力素质量化研究的实施过程

(一) 研究对象

本研究的深度访谈以18名中学青年教师为采访对象,访谈人员的抽取遵循质性研究"目的性抽样"原则中"校标抽样"的具体策略。[①]

如表5-1所示,本研究访谈人数为18名青年教师。其中,在性别分布上,女教师16人,男教师2人;在学科背景分布上,语文教师8人,数学教师2人,英语教师4人,历史教师1人,生物教师2人,体育教师1人;18名教师的学历均为硕士研究生,教龄在0.5年至4.5年之间,获奖次数从0次至20次不等。

[①] 陈向明.从一个到全体:质的研究结果的推论问题[J].教育研究与实验,2000(2).

表 5-1　访谈对象资料

名字代号	性别	课程	学历	教龄/年	获奖次数
A	女	语文	硕士	4.5	20
B	女	语文	硕士	0.5	2
C	女	语文	硕士	1.5	1
D	女	历史	硕士	2.5	4
E	女	语文	硕士	2.5	11
F	女	语文	硕士	2.5	14
G	男	数学	硕士	0.5	0
H	女	生物	硕士	0.5	0
I	女	英语	硕士	1.5	2
J	女	英语	硕士	0.5	0
K	女	语文	硕士	1.5	4
L	男	体育	硕士	2.5	2
M	女	语文	硕士	0.5	1
N	女	英语	硕士	0.5	0
O	女	英语	硕士	1.5	3
P	女	生物	硕士	1.5	3
Q	女	数学	硕士	2.5	3
R	女	语文	硕士	0.5	2

（二）实施过程

1. 访谈提纲编制

在相关理论与现有研究的基础之上，经过研究团队与专家的讨论与修改，最终形成本研究的半结构化访谈提纲。访谈提纲包括指导语、开放式的访谈问题等。

指导语如下："您好！非常感谢您接受我们的访谈。中学青年教师正处于职业生涯的发展过程中，了解中学青年教师的能力素质有助于帮助中学青年教师更快地发展自己的能力，提升自己的素质。本次访谈记录仅供教育研究使用，在研究的过程中，我们将充分保护您的权益，未经您允许不会透漏您的任何个人信息。"

开放式的访谈问题如："您认为中学青年教师的角色有哪些？在这些角色

中分别应具备的能力素质有哪些？请就这些能力素质逐一举例说明。"

"您认为要形成这些能力素质的主观因素和客观因素有哪些？请详细说明。""您是否想成为一名中学教学名师？您认为中学教学名师应具备的能力素质有哪些？请分别进行论述。"

"您认为成长为一名中学教学名师的主观因素和客观因素主要有哪些？请详细说明。"

"您认为您和中学教学名师的差距有多少？具体体现在哪些能力素质上？您觉得您可以通过哪些努力或得到哪些支持而成为一名中学教学名师？"

2. 预访谈

在正式访谈之前，根据访谈提纲进行预访谈。在预访谈之后根据访谈结果完善访谈提纲。通过团队讨论与专家意见，进一步修改访谈提纲。另外，充分预设在访谈过程当中可能会遇到的问题，为正式访谈做好准备。

3. 正式访谈

正式访谈采用一对一的形式进行，平均每人约 45 分钟。在访谈之前，对访谈目的、访谈资料的使用及保密要求等做出说明，并在事先征得被访谈人同意的情况下对访谈过程进行录音。

访谈采用"关键事件访谈法"[①]进行。采用这种访谈方法，不需要被访者对所有的经历进行详细的描述，而是选择他们认为重要、关键的事件进行叙述，包括背景、时间、地点、人物、当事人的体验与思考等。本研究抓住访谈对象的关键事件进行重点深入访谈，使访谈对象能着重回忆与能力素质相关的重要事件。

4. 转录文本

访谈结束后，将中学青年教师访谈录音中的有效信息转为电子文本，转录文本共 31 524 字（访谈对象资料编码信息见表 5-2）。运用 Nvivo 8.0 质性分析软件对转录文本进行分析。

（三）分析资料方法

本研究主要采用扎根理论研究范式分析中学青年教师能力素质，对于访谈中提及的人数和次数等数据指标进行量化统计。

扎根理论研究范式要求对文本进行开放式、关联式和核心式三个不同层

---

① 刘电芝.教育与心理研究方法[M].合肥:安徽教育出版社,2011:150.

次的编码。① 开放式编码主要涉及中学青年教师担任的角色、能力素质、影响能力素质形成的主客观因素,中学青年教师意识到的教学名师的能力素质、影响教学名师能力素质形成的主客观因素,自己与教学名师的差距和成长为名师的条件及自身能做出的努力等内容,研究者通过提取原始文本中的关键词进行开放式编码,然后编制编码手册(18 名中学青年教师的开放式编码的提及个数和次数如表 5-2 所示)。在此基础之上,根据类属性,进一步归纳建立关联式与核心式编码。

研究融合了质性研究与量化研究各自的优势:质性研究能够深度挖掘事件的本质,量化研究对编码的人数与人次进行统计,又具有一定的客观性与可推广性。这样既考虑了质性分析中归纳要素的权重,又在一定程度上增强了研究的客观性。

表 5-2 访谈对象资料编码信息

名字代号	有效信息字数	提及开放式编码个数	提及开放式编码次数
A	1 264	50	54
B	3 547	70	83
C	1 183	50	54
D	942	42	43
E	1 634	68	74
F	1 048	42	42
G	2 103	45	49
H	1 079	44	44
I	3 804	49	57
J	2 316	53	58
K	1 823	50	60
L	1 107	36	38
M	2 330	44	52
N	1 712	48	52
O	874	30	30

---

① 陈向明.质的研究方法与社会科学研究[M].北京:教育科学出版社,2000:108 – 109,335.

续表

名字代号	有效信息字数	提及开放式编码个数	提及开放式编码次数
P	762	37	37
Q	1 972	30	31
R	2 024	48	59

（四）研究的效度、信度

1. 研究的效度

本研究主要采取三种方法来确保研究效度。第一，原始资料检验法。研究者对研究资料进行反复核对与思考，确定资料是符合真实情况的。第二，专家评价法。研究者邀请相关领域的专家对研究资料进行检验，对初始编码进行修正，对模型进行完善。第三，资料间的相互验证。仔细验证文本所反映的情况与现实状况或日常经验是否一致，是否存在矛盾或冲突。

2. 研究的信度

本研究主要通过归类一致性系数 CA 来验证研究信度。两名研究者根据编码手册同时对 4 个文本进行编码，编码者 1 的编码个数 $T1 = 114$，编码者 2 的编码个数 $T2 = 107$，编码归类相同的个数 $T1 \cap T2 = 90$，$CA = 2 \times T1 \cap T2 / T1 \cup T2 = 0.81$，说明归类比较一致。

二、中学青年教师能力素质要素及影响因素编码

本研究共形成开放式编码 178 个，总提及次数为 298 次，主要包括教学角色、管理角色、研究角色、自我提升角色；一般能力素质、教学能力素质、管理能力素质、科研能力素质、自我提升能力素质；个人特质、观念与感受、职业规划、自我提升；学校环境、老教师的指引、培训；等等。从开放式编码中分析出 4 类范畴的关联式编码，分别为角色、能力素质、能力素质形成的主观因素和能力素质形成的客观因素。从关联式编码中最终提取 2 类核心式编码，分别为角色及相应的能力素质，能力素质形成的影响因素。各个编码的具体提及人数和次数如表 5-3 所示。

表 5-3　中学青年教师能力素质要素及影响因素编码

核心式编码	关联式编码	开放式编码	提及人数	提及次数
角色及相应的能力素质	角色	教学角色	17	24
		管理角色	16	31
		自我提升角色	8	15
		研究角色	4	4
	能力素质	教学能力素质	15	34
		管理能力素质	14	27
		一般能力素质	12	33
		自我提升能力素质	11	20
		科研能力素质	4	4
能力素质形成的影响因素	主观因素	个人特质	6	14
		观念与感受	4	6
		职业规划	5	8
		自我提升	11	18
	客观因素	学校环境	12	19
		老教师的指引	11	16
		培训	9	11

三、中学青年教师担任的角色及能力素质

（一）中学青年教师担任的角色

中学青年教师担任的角色是访谈的切入点，对中学青年教师担任的角色进行编码，提及人数从多到少依次为教学角色、管理角色、自我提升角色和研究角色。

教学角色是中学青年教师提及人数最多的角色。17人共24次提到了教学角色。其中青年教师B提道："青年教师的教学角色为知识的传授者、学习的促进者和课程的设计者、开发者。"青年教师E提道："承担教学任务、备课、授课、辅导，对学生进行考试、考核。"青年教师F提道："教学活动的组织者，学生学习过程中的帮助者、促进者。"青年教师I提道："从教师与学生的关系看，青年教师应该是学生学习的促进者。从教学与课程的关系看，青年教师应该是课程的建设者和开发者。"可见教学角色是中学青年教师最主要的角色。作

为教师，传道授业解惑也，开展教学活动，为学生传授知识与解决问题的能力，将文化知识与技能传递给下一代，是教师最根本的职责所在。

管理角色是中学青年教师提及人数第二多的角色。16 人共 31 次提到了管理角色。其中青年教师 E 提道："对学生进行思想道德教育，担任班主任或组织、辅导学生课外活动。帮助学生在社会人成长的特定阶段完成其社会化的特定任务，传递社会良好传统。"青年教师 L 提道："教师是教育教学活动的管理者，教师要管理学生，维持班级纪律、组织班级活动、提出规范。"可见，管理角色也是青年教师基本的角色之一。作为中学青年教师，其中一个必备的角色是班主任，作为班主任，管理好班级就是其必不可少的本职工作之一。如何维持班级纪律、改善班级班风学风，进而提高班级的凝聚力，考验每一位担任班主任工作的中学青年教师。同时中学青年教师组织班级活动、进行教学活动的过程中也会涉及管理的角色。

自我提升角色是中学青年教师提及人数第三多的角色。8 人共 15 次提道了自我提升角色。青年教师 A 提道："学习者：学习教育教学的各种方法，向老教师学习，向最先进的教学理念学习，以锤炼自己的教学技能为第一要务。"青年教师 R 提道："青年教师必须是一名学习者，因为刚刚入职不久，没有足够的经验，这就要求我们必须是一名学习者。"可见，自我提升角色也是中学青年教师重要的角色。作为一名中学青年教师，在成为一名成熟有经验的中学教师的过程中，尚有很大的提升空间和学习需求。同时，作为一名向学生传授知识的老师，如果要给学生一碗水，自己首先要有一桶水，这就需要青年教师不断进行自我提升。

研究角色是中学青年教师提及次数最少的角色，只有 4 名访谈对象提道了研究角色。青年教师 E 提道："从教学与研究的关系看，青年教师自身就应该是一名教育研究者，要能够以研究者的视角、研究者的姿态投身于教育教学之中并超脱于教育教学之上，能够深入、系统地觉察和反思在教育教学中遇到的问题和不足，能够在探索中总结经验、把握规律。"青年教师 E 提道："青年教师要立志成为一名研究者。学科教师要在自己的学科领域有所探究，在教学实践中多反思、总结，并且有相应的资料文件的成果。"可见，研究角色也是中学青年教师的角色之一。作为一名中学青年教师，教学和科研可以相辅相成，在教学活动或教学现象中发现研究点进行科学研究，同时教师进行研究的理论成果也可以促进教学有效开展。

（二）中学青年教师的能力素质

中学青年教师的能力素质通常与其承担的工作角色相对应。对中学青年教师的能力素质进行编码，根据提及人数从多到少排序依次为：教学能力素质、管理能力素质、一般能力素质、自我提升能力素质、科研能力素质。

教学能力素质对应的是中学青年教师在担任教学角色过程中表现出来的素质，是提及人数最多的素质类型。15人共34次提道了教学能力素质。被访谈的中学青年教师提及的教学能力体现在多个方面，贯穿课堂教学整个过程。在课堂教学前期，有教学思想、教学理念、课程开展能力和教学设计能力等；在课堂教学期间有教学组织能力、教学实践能力、板书设计能力、口头表达能力、营造教学环境的能力、激发学生学习动机的能力及课堂调控能力等；在课堂教学之后有教学评价能力和教学反思能力等。其中青年教师E提道："青年教师要能依据课程要求安排教学的进程，将课程知识与学生个体经验整合，注重课程的生成性和开放性，创造性地开展教学。"青年教师G提道："要简明准确地授课，课堂讲述语言清晰明确，重点突出，不啰唆。课堂节奏把控合理，有调整应变能力。备课依据本班级学情，不搞拿来主义，随时准备备用方案，有充足的备选内容和习题。"青年教师M提道："好的课堂设计应该能够充分契合学生的心理成长特点，能够激发学生的兴趣和求知欲。在课堂教学中，教师有责任、有义务不断提升自己的表达能力、组织能力，来吸引学生充分参与到课堂教学活动中来并沉浸其中，锻炼思维并获得智慧。"在教学活动中，教师通常起主导作用。教学能力素质是教师在从事教学过程中表现出来的业务能力，是教师能否高质量完成教学工作的关键。

管理能力素质对应的是中学青年教师的管理角色，是提及人数第二多的素质类型。14人共27次提道了管理素质。被访谈的中学青年教师提及的管理过程中的能力素质具体体现在以身作则、对学生言传身教、陪伴关爱学生、沟通技巧、善于与学生交往、发现学生的闪光点、引导学生、班级管理及规则制定和执行能力。其中青年教师A提道："管理者需要具备统筹能力、沟通技巧等。"青年教师E提道："青年教师在担任班主任角色中要关心学生全面发展的教育理念，具备完整的组织、管理班级教育的知识和能力。"青年教师L提道："教师是教育教学活动的管理者，教师要管理学生，维持班级纪律、组织班级活动，提出规范。"青年教师M提道："作为班主任，要选好、用好班干部，组建班级的核心管理团队；作为任课教师，可以组建学习小组等学生团体，通过这种形式充分调动积极分子发挥作用,激发每个学生的学习潜能。教师的领导作风对学生团体影响颇大,而通常民主型的领导效果最佳。"管理能力素质不仅体现在担任班主任的业务活动中,也体现在教学过程中组织调动学生的积极性上。因此,教师作为班级、课堂教学的综合管理者,其管理能力素质直接影响着一个班级的班风和学风。

一般能力素质是中学青年教师提及人数第三多的素质类型。12人共33次提道了一般能力素质。被访谈的中学青年教师提及的一般能力素质体现在教育知识、心理知识、专业知识、教育教学理论方法、刻苦认真、好奇心、耐心、谦虚、善于思考、求知欲及逻辑思维能力等。其中青年教师B提道:"青年教师应当具备扎实的专业知识和熟练的专业技能。就专业知识而言,青年教师应当具备学科专业知识(例如:语文教师应当掌握文学史知识、文学理论知识、写作学知识、叙事学知识、汉语语法知识等),还应当具备粉笔字技能(板书设计能力和书写规范能力)、即兴演讲技能(逻辑思维能力和普通话能力)、课堂管理技能(规则制定能力和规则执行、评价能力)等专业技能素养。"青年教师E提道:"教师的文化素质要具备专、博、深三个要素,'专'是指在学科知识方面要成为本领域的专家,专业功底扎实;'博'是指对于相关领域的知识能够广泛涉猎,通晓古今,博学多才;'深'是指具备深厚的教育理论素养,能够深入地钻研探索。"青年教师B提道:"青年教师应具有强烈的好奇心、求知欲,以及创造性地学习、实践的能力。"这里的一般能力素质主要包括教师的专业基础知识和能力及个性态度等教师从事教学活动的先期准备。教师的专业知识基础是教师的专业地位之根基,是专业能力生长的土壤,也是教师区别于其他社会人的根本特征。中学青年教师的专业基础知识越丰富、越扎实,教学效果就越好,同时能保证教学质量的提高。中学青年教师的个性态度如刻苦认真、好奇心、耐心、谦虚、善于思考、求知欲等不仅可以帮助自身提高理论知识水平和教学水平,而且在教育学生的过程中也会潜移默化地影响学生,让学生习得这些积极的个性特征。

自我能力素质是中学青年教师提及人数第四多的素质。11人共20次提道了自我提升能力素质。被访谈的中学青年教师提及的自我提升能力素质体现为较强的学习能力、教学反思、向老教师学习、参加培训及终身学习等。青年教师B提道:"要树立终身学习的观念,更新自己的知识储备。青年教师作为职业新手,应当树立较强的学习意识。这就意味着青年教师要学习专业知识、专业技能及班主任工作等。不断丰富自己的知识体系,完善自己的职业技能。学习方法很多,包括向老教师学习、外出听讲座、参加教学活动、专家培训、网络课程等。"青年教师 H 提道:"要有终身学习的意识与学习能力,学会总结反思,在吸收他人经验的基础上逐步形成自己的教学风格,改善教学方法,提高专业教学水平,研究课堂教学最优化,如从模仿优秀教师的课堂教学设计到自主设计,从学上课到会上课,不断追求上好课。"青年教师 B 提道:"要树立终身学习的观念,更新自己的知识储备。"要给学生一杯水,老师要有一桶水。所以中学青年教师在已有的知识储备下,还应当抓住一切机会来提升自己。青年教师要始终保持"进化"的意识,主动适应时代需求、技术进步、学生特点,主动学习先进的教育教学管理经验。同时,教学反思也是教师自我提高的主要途径,青年教师要善于通过教学反思总结经验教训,不断提高自己的教育水平。

科研能力素质是中学青年教师提及人数排列第五的素质。4人共4次提道了科学研究素质。被访谈的中学青年教师提及的科研能力素质集中体现在教学反思和科研探究等方面。青年教师 R 提道:"青年教师要立志成为一名研究者。学科教师,要在自己的学科领域有所探究,在教学实践中多反思、总结,并且有相应的资料文件的成果。"一名拥有科研能力的教师不仅是教育的推动者,更是社会前进的探路者。所以,教师需要通过积极参与科学研究掌握科研规律与治学方法,丰富教学内容,不断提升自己的学术水平与科研能力。教育科研能力素质已成为创新型教师的基本素质。从某种意义上来讲,科研能力是一种教育反思能力和教育规律探索发现能力,教育与科研是一而二、二而一的辩证关系。青年教师如果能有意识地提升自身的科研能力素质,将有助于其更好地将现代化教育理论、规律运用到课堂教学实践中去,同时有助于从教学实践一线出发来总结、凝练、提升教育经验,验证或丰富、补充已有的教育理论内容,最终实现教研相长、互相促进。

四、中学青年教师能力素质形成的主观因素

对中学青年教师能力素质形成的主观因素进行编码,按提及人数依次为自我提升、个人特质、职业规划和观念与感受。

自我提升是中学青年教师提及最多的能力素质形成的主观因素。11人共18次提道了自我提升。被访谈的中学青年教师提及的主观因素中的自我提升

包括不断学习和尝试、学习能力、向老教师学习、观摩学习、教学反思和追求成长的理念与自觉性等。青年教师 F 对比提道："第一,自己认真学习,不断学习新东西,扩展自己的知识基础,尝试更好的方法来获取成功。第二,多与老教师交流,获取良好的教学经验。"青年教师 J 提道："同时,多写课堂反思,总结教学闪光点和失败之处,并向前辈寻求改变的方法。"青年教师 L 提道："青年教师应该不仅要掌握所教学科、课程的知识,还需扩展自己的知识面,学习和掌握综合性学科知识,积极拓宽自己的知识视野、参与教学研究,不断地提高自身的教育理论水平和教育质量。同时还要针对教学实践中存在的问题和不足不断地进行反思、总结经验教训,只有不断地反思,才会促使自己更快地进步。"青年教师 Q 提道："主观因素当然是教师自身要对自己有所要求,不断学习,不断更新观念,努力提高自身的业务水平。比如多听课,落实备课上课环节,培养自己驾驭课堂的能力。闲余时间多读书,提升自己的道德修养。"可见,自我提升是中学青年教师能力素质形成的一个重要的主观因素。能力素质的形成在很大程度上需要发挥中学青年教师的主观能动性,在学习中提升自己的专业基础知识,在不断学习和尝试中积累教学经验和管理能力,在观摩学习和向老教师学习中去习得更适合自己的教学方法和管理经验。总之,中学青年教师要在自我提升的过程中逐渐形成能力素质。

个人特质是中学青年教师提及人数第二的主观因素。6 人共 14 次提道了个人特质。被访谈的中学青年教师提及的主观因素中的个人特质包括个人能力、个人性格、个人努力、个人态度、思维方式、热爱、进取心和心理素质等。其中青年教师 A 提道："有的老师是会进步的,有的则不会。这和个人的性格有关。大部分的老师性格都偏向稳定的工作环境,这一倾向可能导致止步不前。另外更重要的是一个老师的思考能力和思维方式,当一个老师不断在思考自己的教学生涯的时候,更容易取得进步,也会更积极地锻炼获取新的能力。"青年教师 P 提道："主观因素是自身的进取心和热爱。"可见,个人特质也是中学青年教师能力素质形成的另一个重要的主观因素。个人能力是中学青年教师职业素质提升的现实基础,而激情、兴趣、进取心等因素则是能力素质发展的重要"动力"。许多青年教师正是凭借对教育理想的执着、对教育事业的热爱和对教育对象(学生)负责的态度,通过个人持续不断地努力快速成长为骨干教师。

职业规划是中学青年教师提及人数第三多的主观因素。5 人共 8 次提道了职业规划。青年教师 B 提道:"青年教师要对自己的发展进行规划。前提是对自己进行一个全面而深入的分析,在教学、科研、管理等各个领域客观地分析自己的优势和不足,并结合客观大环境、遵循内心的声音来制订自己的职业生涯发展之路,形成自己的风格。"青年教师 K 提道:"青年教师自己应该有对职业发展的期望及规划等。"可见,职业规划也是中学青年教师能力素质形成的重要的主观因素之一。拥有正确的职业信念、积极的职业兴趣是中学青年教师发展能力素质的动力因素。能够进行合理的职业规划,认识自我及所处的环境,审视发展机会,确定发展目标,制定行动策略并按目标逐步进行,在此过程中根据实际进展情况调整自己的职业规划,则中学青年教师成功的概率更大。

观念与感受是中学青年教师提及人数第四的主观因素。4 人共 6 次提道了观念与感受。被访谈的中学青年教师提及的主观因素中的观念与感受包括观念因素、对学校的认同、对分配工作的满意程度、教师自身的意愿和能力及学校生活的幸福感。其中青年教师 B 提道:"对所处学校的认同程度学校的教育理念和教育手段是否具有时代先进性,学校是否恪守了自己的教学理念,学校对学生和老师的管理方式是否严格遵守了上级教育部门所传达的教育文件。对学校所分配工作的满意程度:学校所安排的课程表是否考虑到这门学科所需学生的专注程度,上课时间是否稳定,工作的安排是否提前告知老师。学校生活的幸福感:到校时间的规定是否严格执行,办公室禁烟条例是否遵守等。"青年教师 M 提道:"观念因素:有人认为教师的能力素质在任职前已经具备,之后并不需要努力学习,这种观念是不合时宜的,是不利于教师自身专业化发展的。"可见,观念与感受也是中学青年教师能力素质形成的一个不可忽视的主观因素。中学青年教师正确的观念和教师自身的意愿是自身能力素质提升的必要前提。对学校及领导的认同度、与同事相处的愉悦度及对分配工作的满意程度将会有效提升中学青年教师的学校生活幸福感,在高度的认同与满意度下,中学青年教师更加愿意去投入自己的本职工作,为更好地工作而进行自我提升,更加积极地去参与及开展教学活动、管理活动和科研活动。

五、中学青年教师能力素质形成的客观因素

对中学青年教师能力素质形成的客观因素进行编码,按提及人数依次为学校环境、老教师的指引、培训。

学校环境是中学青年教师提及人数最多的能力素质形成的客观因素。12人共19次提道了学校环境。被访谈的中学青年教师提及的客观因素中的学校环境包括学校平台、学校管理制度、学校教学氛围、学校人文关怀、工作平台、评价机制、硬件设备和薪金待遇及工作环境风气等。其中青年教师A提道:"工作环境中,良好的人际环境对青年教师的影响也是巨大的。越清明的工作环境,年轻人越有活力。公平公正的评价机制将保证年轻人的干劲。"青年教师B提道:"较高的平台会接触比较前沿的教育专家学者、先进的教育理念。"青年教师J提道:"一个和谐良好的工作环境,一个愿意帮助青年教师成长的工作环境,有了前辈的经验加持护航,我们必然成长得更快,更有可能具备上述素质。"青年教师R提道:"学校环境包括学校的基础设施、先进教育技术的引进。目前我校的'E加'学习就非常先进,它的实施绝对会为我们青年教师打开一扇新的教育之窗。"可见,学校环境是中学青年教师能力素质形成的重要客观因素。学校环境是中学青年教师从事教学活动、管理活动和科研活动的重要环境,加强学校环境建设,可以为中学青年教师的能力素质提升创造良好的条件,如制定更为合理的评价机制和管理制度,创造良好的学校教学氛围和工作环境,提高中学青年教师的薪金待遇等,为青年教师提供良好的自我提升的学校平台,来保证青年教师在学校环境支持的氛围中不断地提升能力素质。

老教师的指引是中学青年教师提及人数第二的能力素质形成的客观因素。11人共16次提道了老教师的指引。被访谈的中学青年教师提及的客观因素中的老教师的指引包括老教师指引、教育专家的引领和鼓励、师徒结对及优秀教师的经验传授等。其中青年教师A提道:"越优秀的老师就越能带出优秀的徒弟,老带新的影响深远。"青年教师I提道:"教育专家通常不仅具有丰富的教育教学经验,更为重要的是他们善于在教育教学工作中发现工作的乐趣,并且能够在教育教学过程中实现生命的价值,他们的职业成长经历、教育理念乃至人格修养都会对青年教师形成一种精神感召,激励青年教师不断完善和提升自己的综合修养。"可见,老教师的指引也是中学青年教师能力素质形成的一个重要客观因素。中学青年教师在刚踏上教师岗位时,教学理论知识和专业知识是较为丰富的,但他们不知如何科学地将理论知识运用到教学实践、管理实践和科研实践。而老教师凭借多年的教学和管理的实践与思考拥有丰富的经验积累,通过老教师指引、师徒结对、优秀教师的经验传授及教育专家的引领和鼓励等方式将老教师的经验传授给中学青年教师,指导他们在具体的教学和管理过程中进行实践操作,让中学青年教师少走弯路,是促进中学青年教师能力提升的重要客观因素。

培训是中学青年教师提及人数第三的能力素质形成的客观因素。9人共11次提道了培训。被访谈的中学青年教师提及的客观因素中的培训包括高质量的培训、继续教育学习及接受相关培训等。其中青年教师D提道:"应接受相关培训、继续教育学习等。"青年教师J提道:"在一个重视青年教师发展的环境下成长,新教师必然会有更多的机会学习,提升经验,提高能力,而对于各项技能的培训,是形成这些能力和素质的客观因素。"青年教师F提道:"加强职业培训,不拘于形式,而是真切地使青年教师懂得新时期教师的职业特点和要求,了解其权利、义务和准则,同时把握所在学校的教学特点、学生水平。培训中不仅可以安排讲解教学实践,还可以邀请专家进行专题讲座,提升科研水平,培养科研精神,改变他们教学与科研脱离的现象,使教学与科研协调共同发展,这样也帮助缓解了论文课题的压力。"可见,培训也是中学青年教师能力素质形成的一个重要的客观因素。教师这个职业是需要不断自我提升的职业,培训是中学青年教师专业发展的重要手段,能够很好地提升中学青年教师能力素质,通过高质量的培训进行继续教育学习可以提升中学青年教师的教学理念,掌握最新的教学前沿知识,学习老教师的教学经验。总之,通过不同主题的培训可以提升中学青年教师不同方面的能力素质。

第二节 中学教学名师的能力素质及影响因素

根据扎根理论研究范式,对中学教学名师能力素质及影响因素部分的原始资料进行编码,初步产生开放式编码97个,提及次数154次,主要为一般能力素质、教学能力素质、科研能力素质、自我提升能力素质;个人特质、职业信念及规划、自我提升;学校环境、工作团队、培训;等等。在此基础之上,分析出3类关联式编码,分别为名师的能力素质、名师能力素质形成的主观因素和名师能力素质形成的客观因素。从关联式编码中抽象出两大范畴的核心式编码,分别为名师的能力素质、名师的能力素质形成的影响因素(表5-4)。

表 5-4 中学教学名师能力素质与影响因素编码表

核心式编码	关联式编码	开放式编码	提及人数	提及次数
名师能力素质	能力素质	一般能力素质	12	33
		教学能力素质	15	34
		科研能力素质	9	18
		自我提升能力素质	5	6
名师能力素质形成的影响因素	主观因素	个人特质	6	13
		职业信念及规划	10	19
		自我提升	7	10
	客观因素	学校环境	9	10
		工作团队	4	8
		培训	2	3

一、中学教学名师的能力素质

基于中学青年教师视角下教学名师的能力素质的编码结果，提及人数从多到少依次为教学能力素质、一般能力素质、科研能力素质、自我提升能力素质。

教学能力素质是提及人数最多的素质类型。15 人共 34 次提道了教学能力素质。根据中学青年教师的反馈，教学名师的教学能力素质包括个性化的教育教学思想体系，多元的、复合型的学科知识结构，简洁、实用、灵活的教学进度计划，张弛有度、收放自如的教学方式，准确、生动、富有感染力的课堂语言表达能力，易于执行、明确的课堂规则及勇于进行教学改革等。其中青年教师 A 提道："对教学有自己的理念、自己的体系，有广博的各类知识加以支持，心中对教材有独到的剪裁与编排，形成个人的课文体系，并具有无限的延展性。"青年教师 G 提道："业务精深，对教材和教法有自己独到的见解，能融会贯通。对学生的教学不仅仅限制在课程标准规范内，能够拓宽学生视野，培养学生思维能力。在教育研究上有一定建树，能够主动研究并有自己的研究成果。"青年教师 H 提道："中学教学名师应具备思想、教学、教研等多方面的优秀素质，教育教学技艺精湛，能设计并呈现优质课；进行教改教研实践，开发及整合课程资源，教学成果显著，指导并承担教科研工作。"青年教师 O 提道："除青年教师所具备的基本能力素质之外，在教学上应有独具一格的教学风格,行之有效的教学手段,至微至广的教学视角,与时俱进的教学思想。"可见,教学名师不仅要具备普通教师所具备的教学能力素质,而且在这些素质上要拥有更高的水平。如教学名师应当拥有个性化的教育教学思想体系、多元的知识结构,同时勇于进行教学改革,探索更加有效的教学模式。

一般能力素质是提及人数第二多的素质类型。12 人共 33 次提道一般能力素质。中学青年教师视角下教学名师的一般能力素质包括较高的职业道德修养、师德高尚、奉献精神、获取和传播信息的能力、热情、人际交往能力、目标意识、努力、严谨治学、专业人格和责任心。其中青年教师 B 提道:"第一,树立健康、坚定的教育信念。相信每一个孩子都有成功、成才的潜力,让每一个孩子都能自信地成长。第二,要具备专业人格,追求教育公平、教育宽容,即用宽容平和的心态面对教育对象的特殊群体。鲁迅曾说,教育是根植于爱的。"青年教师 G 提道:"师德高尚,有自己的教育理想并能够践行。为人谦卑热情,对学生爱护而不溺爱。对待同僚要善于分享和学习,有较高的个人素质。"可见,教学名师不仅要具备普通教师所具备的一般能力素质,而且应具备较高的职业道德修养、师德高尚、对学生有奉献精神、有专业人格和责任心,这些素养也正是他们成为教学名师的重要基石。

科研能力素质是提及人数第三多的素质类型。9 人共 18 次提道了科研能力素质。中学青年教师视角下教学名师在科研过程中的素质包括较强的科研能力、对现象能够做深入思考及良好的写作能力等。其中青年教师 C 提道,研究能力强弱是学者型专家区别于一般"教书匠"的重要标准之一,青年教师不仅要学会教学,更要学会研究,要努力成为精于教学实践与理论研究的复合型人才。青年教师 M 提道,教师要善于总结、反思自己的教学过程,坚持问题导向,从解决问题出发来进行深入的理论探索和实践研究,通过开展研究打开新视野、激发新思维、提出新创见,不断探索改进教学效果的新路径、新举措。青年教师 I 提道,科研成就突出的教师通常表现为科研成果多、质量好、级别高,比如出版高水平的学术专著、发表高质量的科研论文、主持在研重量级科研项目等,而且科研成果在学科领域通常具有一定的影响力。可见,教学名师不仅要具备普通教师所具备的科研能力素质,而且要在这些素质上拥有更高的水平,这有助于教学名师对教学中遇到的现象和问题进行深入研究,进而改进教学方式、提升教学效益。

自我提升能力素质是提及人数排名第四的素质类型。5 人共 6 次提道了自我提升能力素质。中学青年教师视角下教学名师在自我提升能力素质方面包括善于分享与学习、自律的学习能力、灵活运用各种学习策略及终身学习等。其中青年教师 D 对比提道:"主动反思,及时寻求问题的解决方法。积极参与培训,主动记录自身的成长过程。努力提高自身的教学能力,寻求知识、智慧和爱在课堂上的结合体。"青年教师 J 提道:"应该有终身学习的意识。不断地教研,不断地总结成功和不足,多与名师沟通,开阔视野,并时刻提高自身的英语能力。"可见,中学教学名师不仅要具备普通教师所具备的自我提升的能力素质,并且要在这些素质上拥有更高的水平,这些自我提升的能力,能够更好地帮助教学名师提升自己的能力素质,成为更优秀的教师。

二、中学教学名师能力素质形成的主观因素

对中学青年教师视角下教学名师的能力素质形成的主观因素进行编码,提及人数依次为职业信念及规划、自我提升和个人特质。

职业信念及规划是中学青年教师提及教学名师能力素质人数第一的主观因素。10 人共 19 次提道了职业信念及规划,具体内容包括教师的职业理想、教育理念、生涯规划及长期的教改探索等。青年教师 B 提道,教师首先要有职业信念,名师之路需要克服很多杂念,需要教师心无旁骛地潜心研究自己的一亩三分地;其次,教师要对自己的职业发展规划有一个准确清晰的定位和考量,根据自身的知识结构、能力素质、职业兴趣等因素明确自己的发展方向、确立成长目标。青年教师 G 提道:"教育理念并非是资深教师的专利,在选择这份职业的时候就一定会有这样的想法,如何当老师,如何培养学生。随着教学年龄的增长,教育理念也应该与时俱进,随着时代变化以更贴近教育现实环境。"青年教师 R 提道:"要有明确的目标定位、不断发展的教育理念、个人的不断探索。总的来说,就是在教育的道路上永葆一颗探索的心,去认真做学问、认真做教师、认真做教育的推行者和发展者。"可见,职业信念及规划是教学名师能力素质形成的重要主观因素。

自我提升是中学青年教师提及教学名师能力素质人数第二多的主观因素。7 人共 10 次提道了自我提升,具体内容包括个人学习的努力、继续学习和研究、不断探索、教学反思及终身学习等。其中青年教师 F 提道:"名师的专业成长是一个不断'学习—实践—反思(研究)—再实践—再学习'的螺旋式上升过程,在这个过程中教师的知识、技能不断得以进化。"青年教师 I 提道:"一

名教师主动学习、继续学习、终身学习的意愿和努力在很大程度上决定了其自主发展的成长空间,而名师的一个共同特征就是始终在不断发展、提高和完善。"青年教师 R 提道:"总的来说,就是在教育的道路上永葆一颗探索的心,去认真做学问、认真做教师、认真做教育的推行者和发展者。"可见,自我提升也是教学名师能力素质形成的主观因素。

个人特质是中学青年教师提及教学名师能力素质人数第三多的主观因素。6 人共 13 次提道了个人特质。被访谈的中学青年教师提及的教学名师能力素质形成的主观因素中的个人特质包括确定目标、求知欲、创新精神、好奇心、开拓进取和脚踏实地的精神等。其中青年教师 B 提道:"好奇心和求知欲是教师保持创新精神的一个重要源泉。有好奇心和求知欲的教师喜欢学习新鲜事物、喜欢探索研究,能够充满兴趣并满怀信心地去研究、解决教育教学过程中遇到的各种'疑难杂症',做到与时俱进、开拓进取。"青年教师 A 提道:"教学应当有一种独特的风度,自然而然地吸引人。"青年教师 L 提道,教学名师通常会主动按照新教育理念数十年如一日地坚持开展课堂教学模式探索。可见,个人特质也是教学名师能力素质形成的重要的主观因素。

三、中学教学名师能力素质形成的客观因素

对中学青年教师视角下教学名师的能力素质形成的客观因素进行编码,提及人数依次为学校环境、工作团队、培训。

学校环境是中学青年教师提及教学名师能力素质形成人数最多的客观因素。9 人共 10 次提道了学校环境,具体内容包括平台提供机会和培养、学校要求、学校支持、科学的教学评价与激励机制及更高的平台锻炼等。其中青年教师 J 提道:"学校提供的资源,成长的空间,也是成就一名教师的重要因素。良好的工作环境,和谐的人际范围,互帮互助的成长精神,也是成就名师的摇篮。"青年教师 A 提道了"各种平台提供的机会与培养"。青年教师 J 提道了"良好的学校氛围与教学工作环境"。可见,学校环境是教学名师能力素质形成的重要的客观因素。

工作团队是中学青年教师提及教学名师能力素质形成人数第二多的客观因素。4 人共 8 次提道了工作团队。被访谈的中学青年教师提及的教学名师能力素质形成的客观因素中的工作团队包括工作团队的支持、同事交流和备课组活动及工作平台的支持等。其中青年教师 E 提道了"工作团队的支持与

影响"。青年教师P提道了"周围人的影响,如果大家都觉得这是一件值得追求的、引以为傲的事,大家都去争取,相信在这种氛围下,追求名师就不显得突兀,也让真正想追求的人敢于去追求"。青年教师J提道了"工作团队的支持与影响"。可见,工作团队也是教学名师能力素质形成的客观因素之一。

培训是中学青年教师提及教学名师能力素质形成人数第三多的客观因素。2人共3次提道了培训。被访谈的中学青年教师提及的教学名师能力素质形成的客观因素中的培训包括高质量的培训及优秀教师的经验传授等。其中青年教师E提道"接受高质量的培训课程"。青年教师J提道了"积极参与培训,主动记录自身的成长过程"。可见,培训也是教学名师能力素质形成的重要的客观因素之一。

四、中学青年教师与教学名师的差距

根据扎根理论研究范式,对中学青年教师与教学名师的差距及努力方向的相关原始资料进行编码:初步产生的12个开放式编码被提及30次,包括教学能力、科研能力、教育教学经验、个人特质、自我提升、培训、向老教师学习和学校支持等。从开放式编码中分析出2类范畴的关联式编码,分别为与教学名师的差距和成为教学名师的因素。从关联式编码中抽象出核心式编码,为与教学名师的差距及成为教学名师的因素。各个编码的具体提及人数和次数见表5-5。

表5-5 中学青年教师与教学名师的差距及努力方向

核心式编码	关联式编码	开放式编码	提及人数	提及次数
与教学名师的差距及成为教学名师的因素	与教学名师的差距	教学能力	12	20
		科研能力	5	5
		教育教学经验	2	3
		个人特质	2	2
	成为教学名师的因素	自我提升	18	34
		培训	13	17
		向老教师学习	6	6
		学校支持	4	4

对中学青年教师与教学名师的差距进行编码,按照提及人数从多到少依

次为教学能力、科研能力、教育教学经验、个人特质。

教学能力是中学青年教师提及与名师差距人数最多的因素。12人共20次提道了教学能力。被访谈的中学青年教师提及的为名师差距在教学能力上体现为专业知识、教学设计能力、教学方法和技巧、教学组织能力及教学管理能力等。其中青年教师 N 提道了"教学设计能力"。青年教师 J 提道："对课堂的组织能力,对教学重点的把控,对学生心理的理解等都有待提高"。青年教师 I 提道："从一位刚入职的年轻教师成长为一位能独当一面的名师,这是一个长期、系统的工程,需要社会、学校给予相关的条件支持,更需要个人的努力,需要教师尊重教育规律,走进教育、读懂教育,脚踏实地为教育,这样才能成为一位名师。从我目前的水平来看,与教学名师的差距主要体现在教学能力和科研能力方面。"中学青年教师和教学名师之间在教学能力上面的差距体现在教学设计及整个教学实施过程中,从中学青年教师在教学过程中的素质与教学名师在教学过程中的素质的对比中可以看出,两者的差异有教学经验的因素存在,但更多的是教学理念上的不同。

科研能力是中学青年教师提及与名师差距人数第二多的因素。5人共5次提道了科研能力。被访谈的中学青年教师提及的与名师差距在科研能力上体现为教育教学研究及科研能力等。其中青年教师 P 提道了"教学能力、科研能力,对学科知识理解和积累的深度都不够"。青年教师 M 提道了"教学科研能力、教学经验、广博的科学文化知识等方面"。中学青年教师和教学名师之间在科研能力方面的差距最为明显,从中学青年教师在科研过程中的素质与教学名师在科研过程中的素质的对比中可以看出,前者4人共提及4次,后者9人共提及18次。可见,在中学青年教师视角下,中学青年教师的科研能力与教学名师的科研能力之间的差距还是比较大的。教学名师在科研能力上的优势能够促进其更好地教学,在教学活动中或教学过程中发现值得研究的教学现象并进行研究,研究的结果也能更好地促进教学,这样教学与科研相辅相成,更好地促进教学名师在专业上的发展。

教育教学经验是中学青年教师提及与名师差距人数第三多的因素。2人共3次提道了教育教学经验。被访谈的中学青年教师提及的与名师差距在教育教学经验上体现为教育教学经验和对学生心理理解的经验等。其中青年教师 L 提道："我和中学教学名师的差距还很大。专业能力还需进一步提高,教育教学经验还需积累。"青年教师 B 提道了要"调动学生积极性"。可见教育教学经验也是教学名师和中学青年教师之间的差距所在。教学名师教学经验丰富,在教学设计、教学管理、教育实施过程中所积累的经验都可以让教学名师在教学过程中游刃有余地进行教学。这个差距是可以通过中学青年教师向老教师讨教和积累教学经验来弥补的。

个人特质是中学青年教师提及与名师差距人数第四多的因素。访谈的中学青年教师提及的与名师差距在个人特质上体现为师德和胸怀等。2人共2次提道了个人特质。其中青年教师 D 提道:"差距非常大,具体表现在师德上。我应该在立德树人中以身作则、提升师德修养。"青年教师 F 提道:"在胸怀方面差距较大,我需要在个人定位中开阔视野、提升格局。"可见,在个人特质上中学青年教师和教学名师有一定的差距,在师德和胸怀方面的差距尤为明显。从访谈中可以得知教学名师的一般个人特质包含较高的职业道德修养、师德高尚、具有奉献精神等,这些涉及师德和胸怀的素质有12人提及,在中学青年教师的个人特质中提及人数仅有4人。教学名师作为名师,是有影响力、师德高尚、有格局和眼界的教师,是能够影响青年教师的榜样和楷模。

五、中学青年教师成长为教学名师的主要因素

对中学青年教师成为名师的因素进行编码,提及人数从多到少依次为自我提升、培训、向老教师学习和学校支持。

自我提升是中学青年教师提及人数最多的成为名师的因素。18人共34次提道了自我提升。被访谈的中学青年教师提及的成为名师的自我提升的因素包括个人努力、个人反思和学习、积累教学经验、课后反思、不断探索、不断实践及自身学习等。其中青年教师 B 提道:"以通过向老教师学习取经、阅读专业书籍和日常实践来弥补自己的短板。"青年教师 H 提道:"我还需要先在'教学师父'的带领下不断提高教育教学技能,主动总结经验教训,多反思,提高教学水平。注意教育教学实践中的问题,积极思考,学习开展教育教学研究工作。切实尽到教书育人的职责,关心关爱学生,得到学生、家长、学校的认可。"青年教师 J 提道:"通过读先进教师的书籍来获取经验,多和前辈师父沟通来改善方法,多多反思,上网学习新知识,扩充自己的知识含量,提高自身的能力。"青年教师 Q 提道:"要成为一名中学名师,还需要付出很多的努力,耐心、时间和精力等,比如对教学和专业的钻研,其实最根本的还是在自身。"可见,自我提升是中学青年教师成为名师的重要因素。

培训是中学青年教师提及人数第二多的成为名师的因素。13 人共 17 次提道了培训。被访谈的中学青年教师提及的成为名师的因素中培训包括提供培训和讲座、观摩学习等。其中青年教师 A 提道:"就个人而言,最需要的是时间,还有更多的听课观摩学习的机会。"青年教师 E 提道:"通过参加名师工作坊,多观摩、讨论,提升教学能力。"青年教师 G 提道:"在教师培训上能做到有规划,有内容,有执行。"青年教师 J 提道:"积极参加学校培训,开阔眼界,为自己日后的转变积累能量。"青年教师 N 提道:"希望学校多提供出去听课的机会和再培训平台。"可见,培训也是中学青年教师成为名师的重要因素。

向老教师学习是中学青年教师提及人数第三多的成为名师的因素。6 人共 6 次提道了向老教师学习。被访谈的中学青年教师提及的成为名师的因素中向老教师学习包括虚心求教及与老教师沟通学习等。其中青年教师 C 提道:"多听资深教师的课,观看课堂实录,优秀教案,撰写课后反思,教学论文。"青年教师 J 提道:"多和前辈师父沟通来改善方法,多多反思,上网学习新知识,扩充自己的知识含量,提高自身的能力。"青年教师 P 提道:"希望能多一点空闲时间,这样能对平时的教学多一些反思,多去看名师视频,了解名师的故事,向名师学习。"可见,向老教师学习也是中学青年教师成为名师的重要因素。

学校支持是中学青年教师提及人数第四的成为名师的因素。4 人共 4 次提到了学校支持。被访谈的中学青年教师提及的成为名师的因素中的学校支持包括文献平台支持和学校平台支持。青年教师 M 直接提出:"希望学校能给我们青年教师多提供些学习机会与平台。"青年教师 I 提道,教育主管部门和学校管理者通过政策支持为青年教师的职业成长搭建各类人才培育平台,并在平台的基础上建立公开课、教学比武等交流学习机制和先进评选等目标激励机制,通过"育用结合"来促进青年教师的专业化成长。

笔者通过访谈发现,中学青年教师的能力素质基本覆盖了教师能力素质的一般特点,但也体现了许多独特的方面。通过中学青年教师与教学名师的对比发现,青年教师在自我提升、培训、交流学习和学校支持等要素方面存在较为强烈的诉求,而这些都是影响其能力素质提升的重要因素。因此,需要进一步对中学青年教师能力素质结构模型及其影响因素进行深入探究。

第三节 中学青年教师能力素质及影响因素的量化研究

质性研究结果发现,中学青年教师的能力素质主要包括教学能力素质、管理能力素质、一般能力素质、自我提升能力素质、科研能力素质。影响中学青年教师能力素质发展的主观因素包括自我提升、个人特质、职业规划和观念与感受;影响中学青年教师能力素质发展的客观因素包括学校环境、工作团队、培训。因此,本章利用量化研究的方法,基于质性研究的结果与实际的可操作性,自编《中学青年教师能力素质及影响因素调查问卷》,构建验证中学青年教师能力素质模型,并对中学青年教师能力素质的现状及影响因素进行调查,为提升和发展中学青年教师的能力素质提供理论依据和参考。

一、中学青年教师能力素质及影响因素问卷的施测过程

(一)调查对象

本研究采用方便取样法,选取苏州工业园区中学青年教师作为调查对象,青年教师的选取标准为年龄不超过35岁的中学教师。数据收集采用问卷星和纸质问卷形式,共发放问卷340份,回收问卷325份,其中,通过问卷星收集数据106份、纸质问卷219份,回收率为95%。由于缺失值比例很小,仅为7.07%,采用平均值填充技术进行无偏估计填充,经由缺失值处理后,共计302份问卷进入数据分析,问卷有效率为92.92%。参与调查者均为中学青年教师,其中男教师72名,女教师230名;初中教师258名,高中教师34名;本科学历教师196名,硕士研究生学历教师106名;平均年龄为27±4岁。参与调查教师的人口学指标分布如表5-6所示。

表 5-6　参与调查教师的人口学指标分布

指标		数量/名	百分比/%
性别	男	72	23.8
	女	230	76.2
最高学历	本科	196	64.9
	硕士研究生	106	35.1

对参与调查的中学青年教师所教授科目进行分析,涵盖了 18 门学科,其中空白为缺失数据,具体如图 5-1 所示。

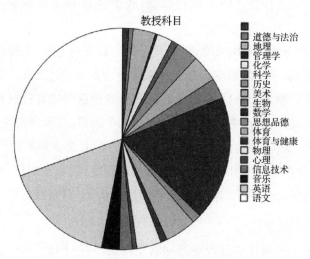

图 5-1　参与调查的中学青年教师所授科目分布

(二) 研究工具

采用方便取样法选取苏州工业园区中学青年教师作为调查对象,施测《教师教学能力素质问卷》《教师科研能力素质问卷》《教师自我提升能力素质问卷》《学校因素问卷》及肖水源、杨德森编制的《社会支持量表》(SSRS)。通过问卷星和纸质问卷累计发放 340 份问卷,共回收问卷 325 份,其中有效问卷 302 份,有效问卷占比 92.92%。

《教师教学能力素质问卷》设计其初始维度包括教学能力、教学知识、教学目标、课堂组织与管理、人际关系、教学反馈、教学评价。初始问卷共包含 69 个题项。

《教师科研能力素质问卷》设计其初始维度包括科研认识和科研基本技

能。初始问卷共包含 27 个题项。

《教师自我提升能力素质问卷》设计其初始维度为教师在自我提升上的看法与途径。初始问卷共包含 22 个题项。

《学校因素问卷》包括 6 个项目,主要用于了解影响中学青年教师能力素质的客观因素。内容涉及学校结构(例如,与其他学校相比,我们学校能够提供更高的平台用于工作)、学校的政策(例如,学校的政策对教师的个体成长是有帮助的)、学校的人际关系和氛围(例如,我在学校有和谐融洽的人际关系;在学校里我的工作幸福感很高)、学校领导的风格和支持(例如,在我的工作中,学校领导给予了很大的主持和帮助;我的风格和上级的领导风格很适应)等。

《社会支持量表》共 10 个条目,主要分为客观支持、主观支持、社会支持利用度 3 个维度,旨在了解影响中学青年教师能力素质的社会支持因素。其中,客观支持维度包括 3 个条目,体现为教师对自身所获得的直接援助、社会关系等各种实际支持的评价;主观支持维度包括 4 个条目,反映教师个体主观感受到自己被尊重、支持、理解的情感体验和满意程度;社会支持利用度维度包括 3 个条目,反映教师对各类社会支持的有效利用程度;社会支持总分反映了教师个体社会支持的总体情况。该量表重测信度为 0.92,具备较好的实证效度。

(三)施测过程

问卷发放由被调查者自行登录问卷星网站作答(网址:https://www.wjx.cn)。首先由研究者将制作好的问卷发送至问卷星网站,再共享至教师群邀请教师作答。纸质问卷发放采用邮寄形式,由研究者随机选取苏州地区范围内教师,邮寄问卷并收回。问卷均为自陈量表,采用 Likert 式的计分方式,要求被试按照题干描述符合自身情况的程度作答,参与问卷星调查的被试将符合的选项点选出来,参与纸质问卷调查的被试用笔将符合的选项圈出来。

(四)统计方法与统计软件

统计软件为 Excel 2010、SPSS 19.0、AMOS 24.0。统计方法包括探索性因素分析、验证性因素分析、内容效度分析、描述统计、推断统计。

二、中学青年教师能力素质问卷的检验

对《中学青年教师能力素质问卷》依次进行项目分析、探索性因素分析、验

证性因素分析。考虑到仅收集一次数据,为提高数据利用率,笔者在进行因素分析后,将302份问卷随机分为数量相等的两部分,一半用于探索性因素分析,另一半用于验证性因素分析。

(一)项目分析结果

为保证因素分析质量,首先进行项目分析。采用如下标准筛选题项后进入因素分析:第一,剔除与问卷总分相关不显著或者相关系数小于0.3的项目;第二,将题项按照问卷总分升序排列,将总分排在前、后27%的分别作为低分组和高分组,对低分组与高分组的每一个题项分别进行独立样本t检验,剔除差异不显著的项目。

按照上述标准,教师教学能力素质问卷共剔除20个题项,保留49个题项;教师科研能力素质问卷共剔除5个题项,保留22个题项;教师自我提升能力素质问卷共剔除4个题项,保留17个题项。然后进入下一步的因素分析。

(二)探索性因素分析结果

1. 中学青年教师教学能力素质问卷探索性因素分析结果

进行因子分析前的拟合检验,KMO值为0.97,Bartlett球形检验结果显著,表明适合做主成分分析。根据主成分分析法抽取共同因素,采用方差最大旋转法确定每个题项的因素负荷。剔除单个因素负荷小于0.40和两个因素负荷超过0.35的题项,重复进行。4次探索性因素分析,累计剔除题项13个,保留题项36个。共抽取4个因子,解释的方差变异量为64.43%。其中,因素一共计17个题项,主要描述的是教师在教学中所具备的专业知识与教育学、心理学知识,课堂上教学所运用的基本技能及教学中为自己设定的目标,综合这些项目的意义,将其命名为教学知识与技能;因素二共计10个题项,主要描述教师对课堂纪律的管理、课堂突发事件的处理、课堂上师生的关系,将其命名为课堂管理与师生关系;因素三共计7个题项,主要描述教师运用多媒体的技能与教师课堂板书的技能,将其命名为板书与多媒体制作能力;因素四共计2个题目,主要描述的是教师对学生反馈的处理,将其命名为教学反馈。中学青年教师教学能力素质问卷探索性因素分析结果如表5-7所示。

表 5-7 中学青年教师教学能力素质问卷探索性因素分析结果

题项	教学知识与技能	课堂管理与师生关系	板书与多媒体	教学反馈	共同度
题项 6	0.51				0.62
题项 5	0.53				0.68
题项 25	0.65				0.65
题项 31	0.63				0.67
题项 34	0.60				0.62
题项 14	0.72				0.73
题项 39	0.71				0.73
题项 41	0.64				0.67
题项 45	0.64				0.71
题项 49	0.74				0.69
题项 52	0.63				0.66
题项 53	0.64				0.61
题项 59	0.64				0.62
题项 36	0.58				0.64
题项 62	0.57				0.61
题项 65	0.63				0.71
题项 67	0.64				0.60
题项 12		0.59			0.55
题项 13		0.63			0.51
题项 23		0.58			0.69
题项 16		0.69			0.63
题项 38		0.50			0.66
题项 54		0.53			0.69
题项 63		0.69			0.74
题项 4		0.66			0.70
题项 9		0.68			0.67
题项 17		0.48			0.52
题项 19			0.62		0.50
题项 37			0.61		0.70

续表

题项	教学知识与技能	课堂管理与师生关系	板书与多媒体	教学反馈	共同度
题项 64			0.65		0.65
题项 62			0.56		0.47
题项 44			0.67		0.65
题项 24			0.75		0.72
题项 60			0.80		0.75
题项 11				0.75	0.66
题项 51				0.56	0.55
贡献率/%	23.98	16.88	16.58	7.00	

2. 中学青年教师科研能力素质问卷探索性因素分析结果

进行因子分析前的拟合检验,KMO 值为 0.96,Bartlett 球形检验结果显著,表明适合做主成分分析。根据主成分分析法抽取共同因素,采用方差最大旋转法确定每个题项的因素负荷。剔除单个因素负荷小于 0.40 和两个因素负荷超过 0.35 的题项,进行 3 次探索性因素分析,剔除题项 7 个,保留题项 15 个。共抽取 2 个因子,解释方差变异量为 72.63%。依据题项的意义对因素进行命名。其中,因素一共计 3 个题项,主要描述的是教师在教学工作中对科研的需要,将其命名为科研需要;因素二共计 12 个题项,主要描述教师在科研工作中运用到的策略,包括查阅文献、研究设计、论文撰写等方面的技能,将其命名为科研技能。中学青年教师科研能力素质问卷探索性因素分析结果如表 5-8 所示。

表 5-8 中学青年教师科研能力素质问卷探索性因素分析结果

题项	科研需要	科研技能	共同度
题项 1	0.87		0.81
题项 3	0.86		0.83
题项 4	0.81		0.81
题项 6		0.71	0.65
题项 11		0.76	0.72
题项 12		0.64	0.48
题项 18		0.82	0.76
题项 19		0.77	0.72

续表

题项	科研需要	科研技能	共同度
题项 20		0.82	0.70
题项 21		0.82	0.72
题项 22		0.82	0.76
题项 23		0.80	0.73
题项 24		0.84	0.77
题项 25		0.79	0.74
题项 26		0.76	0.69
贡献率/%	50.55	22.08	

3. 中学青年教师自我提升能力素质问卷探索性因素分析结果

进行因子分析前的拟合检验，KMO 值为 0.95，Bartlett 球形检验结果显著，表明适合做主成分分析。根据主成分分析法抽取共同因素，采用方差最大旋转法确定每个题项的因素负荷。剔除单个因素负荷小于 0.40 和两个因素负荷超过 0.35 的题项，共进行 4 次探索性因素分析，无剔除题项，共计 10 个题项。抽取 2 个因子，解释方差变异量为 60.10%。其中，因素一共计 2 个题项，主要描述的是教师自我提升的意愿与需求，将其命名为自我提升需要；因素二共计 8 个题项，主要描述的是教师自我提升的实现途径，将其命名为自我提升途径。中学青年教师自我提升能力素质问卷探索性因素分析结果如表 5-9 所示。

表 5-9 中学青年教师自我提升问卷探索性因素分析结果

题项	自我提升需要	自我提升途径	共同度
题项 1	0.72		0.57
题项 2	0.87		0.77
题项 9		0.78	0.64
题项 10		0.76	0.61
题项 11		0.71	0.63
题项 12		0.87	0.79
题项 13		0.80	0.65
题项 14		0.77	0.59

续表

题项	自我提升需要	自我提升途径	共同度
题项 15		0.53	0.37
题项 19		0.56	0.39
贡献率/%	43.27	16.83	

4. 中学青年教师自我提升能力素质问卷高阶探索性因素分析结果

探索性因素结果表明青年教师教学能力、科研能力和自我提升能力的结构较为稳定。但以这三种能力描述中学青年教师的能力较为零散,不具备理论上的统一性。这三种能力是否具有理论上的统一性?为了解答这一问题,为中学青年教师能力模型构建提供数据上的支持,以上述三种能力作为数据分析的基础,构建中学青年教师能力模型的高阶模型。具体做法为将上述三种能力的每个因素的平均数作为青年教师能力的题项分数,进行二阶因素分析。

进行因子分析前的拟合检验,KMOS 为 0.97,Bartlett 球形检验在水平上显著,数据表明该问卷适合做探索性因素分析。共进行 4 次探索性因素分析,无剔除题项,共计 8 个题项。抽取 3 个因子,解释方差变异量为 66.22%。其中,因素一共计 4 个题项,均为教学能力维度下的题项;因素二共计 2 个题项,均为科研能力维度下的题项;因素三共计 2 个题项,均为自我提升维度下的题项。中学青年教师自我提升问卷高阶探索性因素分析结果如表 5-10 所示。

表 5-10　中学青年教师自我提升问卷高阶探索性因素分析结果

题项	教学能力素质	科研能力素质	自我提升能力素质	共同度
题项 1	0.74			0.71
题项 2	0.69			0.65
题项 3	0.71			0.66
题项 4	0.69			0.66
题项 5		0.84		0.79
题项 6		0.75		0.74
题项 7			0.73	0.70
题项 8			0.65	0.63
贡献率/%	46.53	19.69		

(三) 信度分析结果

对总体问卷、分问卷、各分问卷的因素分别进行信度分析,结果如表 5-11、表 5-12 所示。

表 5-11 总问卷及子问卷信度分析结果

信度指标	总问卷	教学能力素质问卷	科研能力素质问卷	自我提升能力素质问卷
Cronbach	0.98	0.97	0.96	0.87
分半信度	0.92	0.95	0.93	0.82

表 5-12 各因素信度分析结果

信度指标	教学能力素质				科研能力素质		自我提升能力素质	
	教学知识与技能	课堂管理与师生关系	板书与多媒体	教学反馈	科研需要	科研技能	自我提升需要	自我提升途径
Cronbach	0.96	0.93	0.89	0.65	0.89	0.96	0.66	0.88
分半信度	0.94	0.93	0.90	0.65	0.81	0.94	0.66	0.86

表 5-11 结果表明,总问卷、教学能力素质问卷、科研能力素质问卷、自我提升能力素质问卷的 Cronbach 信度分别为 0.98、0.97、0.96、0.87,分半信度分别为 0.92、0.95、0.93、0.82。表 5-12 结果表明,各问卷子维度的信度良好,Cronbach 的信度范围在 0.65~0.96,分半信度的范围在 0.66~0.94。结果显示,青年教师能力素质问卷具有很好的信度。

(四) 效度分析结果

1. 内容效度分析结果

采用专家评定法,对每个题项的内容效度进行分析。具体过程:邀请 6 位教育学专业博士作为专家,对每个题项能否归属于因素分析探索出的维度进行评分。专家对每一道题目做出 1~4 的评分,1 分代表题目与维度非常不相关、2 分代表维度与题目比较不相关、3 分代表题目与维度比较相关、4 分代表题目与维度非常相关。采用史静琤(2012)推荐的内容效度指数(item-level CVI)对问卷各题项进行分析。[①]

首先,计算每个题项的 I-CVI 值,该值等于对该题项评分为 3 或 4 的专家

[①] 史静琤,莫显昆,孙振球. 量表编制中内容效度指数的应用[J]. 中南大学学报(医学版), 2012 (2).

人数占专家总人数的百分比。再按照公式(5-1)和公式(5-2)分别计算 Pc 值和调整后的 kappa 值。kappa 值为 0.40~0.59 代表专家认可度一般,0.60~0.74 代表专家认可度较好,大于 0.75 代表专家认可度高。结果显示,每个题项的 I-CVI 值均高于 0.78,代表专家对该题项认可度高,问卷具有良好的内容效度。

$$Pc = \frac{n!}{A!(n-A)!} \times 0.5^n \qquad 公式(5\text{-}1)$$

$$kappa = \frac{I\text{-}CVI - Pc}{1 - Pc} \qquad 公式(5\text{-}2)$$

2. 结构效度分析结果

对问卷的结构效度进行分析,首先计算各分问卷之间及与总分的相关,再计算各分问卷维度间及与总分的相关,结果如表 5-13 所示。

表 5-13 青年教师素质各维度间及与总分的相关

	1	2	3	4	5	6	7	8	9	10	11
1 教学知识与能力											
2 课堂管理	0.86**										
3 板书与多媒体	0.76**	0.74**									
4 教学反馈	0.58**	0.58**	0.53**								
5 科研认知	0.71**	0.60**	0.63**	0.46**							
6 科研技能	0.62**	0.61**	0.75**	0.48**	0.65**						
7 自我提升需要	0.35**	0.29**	0.35**	0.16**	0.36**	0.39**					
8 自我提升途径	0.65**	0.59**	0.62**	0.40**	0.63**	0.63**	0.44**				
9 教学能力问卷	0.96**	0.94**	0.86**	0.66**	0.71**	0.70**	0.35**	0.67**			
10 科研能力问卷	0.68**	0.65**	0.77**	0.48**	0.78**	0.99**	0.41**	0.67**	0.74**		
11 自我提升问卷	0.64**	0.58**	0.62**	0.38**	0.63**	0.64**	0.65**	0.97**	0.66**	0.68**	
12 问卷总分	0.91**	0.87**	0.88**	0.62**	0.78**	0.86**	0.46**	0.78**	0.95**	0.89**	0.79**

注:** 表示在 0.01 水平(双侧)上显著相关。

如表 5-13 所示,各问卷之间与问卷总分有较高的显著相关,相关系数的范围在 0.66~0.95,相关系数大于 0.5 属于中等程度的相关,相关系数大于 0.8 属于较强程度的相关。这表明,中学青年教师的教学能力、科研能力、自我提升能力在理论上具有较强的联系,它们从不同角度反映了中学青年教师的能力,这为青年教师能力分为教学能力、科研能力、自我提升能力提供了数据上的支持。各问卷的各因素之间及各因素与各分问卷的总分同样具有较高的相关:教学能力问卷相关系数的范围在 0.53~0.96;科研能力问卷的相关系数的范围在 0.65~0.99;自我提升问卷相关系数的范围在 0.44~0.97。这表明,在教学能力、科研能力、自我提升能力分问卷中,每个因素都较好地反映了其需要测量的心理特质,即问卷的题目具备理论上的统一性。

(五)验证性因素分析结果

质性分析与探索性因素分析为中学青年教师素质模型搭建提供了依据。为了验证模型的合理性,研究者进一步采用验证性因素分析对模型进行检验。分析结果表明,中学青年教师的素质模型为二阶因素结构。为了验证模型的合理性,研究者首先对每个一阶因素进行验证性因素分析,在此基础上再进行二阶因素分析。

1. 一阶验证性因素分析结果

首先为青年教师教学能力素质、科研能力素质、自我提升能力素质构建理论模型。参照质性分析和探索性因素分析结果,为中学青年教师教学能力素质构建四因素平行结构(教学知识与技能、课堂管理与师生关系、板书与多媒体、教学反馈)、为青年教师科研能力素质构建两因素平行结构(科研需要、科研技能)、为青年教师自我提升能力素质构建两因素平行结构(自我提升需要、自我提升途径)。一阶验证性因素分析结果如表 5-14 所示。

表 5-14 一阶验证性因素分析结果

模型	χ^2	df	χ^2/df	CFI	NNFI	GFI	RMSEA
教学能力素质问卷最终结构	1 072.67	575	1.87	0.94	0.88	0.87	0.05
科研能力素质问卷最终结构	169.83	82	2.07	0.98	0.96	0.93	0.06
自我提升能力问卷最终结构	72.43	32	2.26	0.97	0.95	0.95	0.07

如表 5-14 所示,教师教学能力问卷、教师科研能力问卷、教师自我提升问卷的验证性因素分析均取得了较好的效果。指标 χ^2/df 接近 2 或者小于 2,指标 CFI、GFI、NNFI 大部分大于 0.9,指标 RMSEA 小于 0.08。这些指标均达到了验证性因素分析的指标要求。

通过探索性因素分析与验证性因素分析,分别确立了教师教学能力素质问卷的平行四因素结构、教师科研能力素质问卷的平行两因素结构和教师自我提升能力素质问卷的平行两因素结构。

2. 二阶验证性因素分析结果

为更好地揭示青年教师素质能力模型,在一阶因素分析的基础上,进行二阶验证性因素分析。考虑到三个因素可能存在不同的组合模式,每种组合模式均反映了青年教师能力素质的不同构建方式,因此,对可能的能力素质都进行验证性因素分析,从中选择最优组合方案。第一种,中学青年教师能力素质由教学能力、科研能力、自我提升能力三种因素构成,此种情形反映到数据模型上为能力素质模型由教学能力素质、科研能力素质、自我提升能力素质三因素平行构成,由此构建模型一:三因子平行模型。第二种,中学青年教师能力素质主要以教学能力素质为主,科研与自我提升能力素质辅之,以此构建模型二:教学能力素质与科研和自我提升能力素质的高阶因子并列两因子模型。第三种,青年教师能力素质以科研能力素质为主,教学和自我提升能力素质辅之,构建模型三:教师科研能力素质与教学能力素质和自我提升能力素质的高阶因子并列两因子模型。第四种,青年教师能力素质以自我提升能力素质为主,教学能力素质和科研能力素质辅之,由此构建模型四:自我提升能力素质和教学与科研能力素质的高阶因子并列两因子模型。模型一、模型二、模型三、模型四的因素结构如图5-2所示。

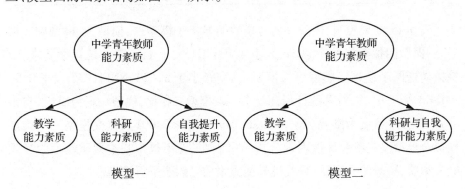

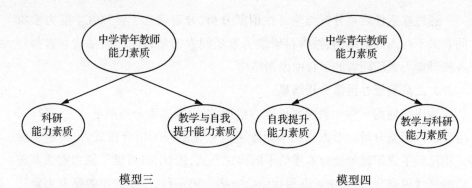

图 5-2　二阶理论模型汇总

考虑到本研究仅对中学青年教师能力素质结构感兴趣,笔者参照方晓义等人①的做法,将教学能力问卷、科研能力问卷、自我提升能力问卷中的每个题项处理为显变量(manifesto variable),进行验证性因素分析,结果如表 5-15 所示。

表 5-15　中学青年教师二阶验证性因素分析结果汇总

模型	χ^2	df	χ^2/df	CFI	NNFI	GFI	RMSEA	$\Delta\chi^2(\Delta df)$
模型一	33.15	15	2.21	0.99	0.98	0.97	0.06	—
模型二	41.52	19	2.44	0.99	0.98	0.97	0.07	8.37(4)
模型三	82.22	17	4.84	0.96	0.95	0.93	0.11	49.07(2)
模型四	76.82	17	4.52	0.96	0.95	0.93	0.11	43.67(2)

表 5-15 结果表明,模型一的各指数明显优于模型二、模型三、模型四。模型三、模型四拟合指数中 χ^2/df 大于 4,RMSEA 大于 1,不符合统计学要求,拒绝接受这两个模型。模型一与模型二 χ^2/df 小于 2,CFI、NNFI、GFI 大于 0.9,RMSEA 小于 0.08,符合统计指标要求。与模型二相比,模型一更为简约(自由度 df 更小),且更为准确($\Delta\chi^2 = 8.36, \Delta df = 1, p < 0.001$),接受模型一作为最佳拟合模型。二阶验证性因素分析结果表明,青年教师基本素质模型为教学能力素质、科研能力素质、自我提升能力素质三因子平行模型。

---

① 方晓义,袁晓娇,胡伟,等. 中国大学生心理健康筛查量表的编制[J]. 心理与行为研究,2018(1).

第四节 中学青年教师能力素质模型的构建与现状调查

本研究结果表明,中学青年教师能力素质模型为二阶因子模型,是教学能力素质、科研能力素质、自我提升能力素质的三因子并行结构,一阶因子中教学能力素质包含教学知识与技能、课堂管理、板书与多媒体;科研能力素质包含科研重要性认识、科研技能;自我提升能力素质包含自我提升需要和自我提升途径。中学青年教师能力素质模型结构如图5-3所示。

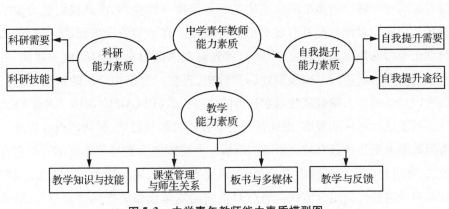

图 5-3 中学青年教师能力素质模型图

一、中学青年教师能力素质模型拟合数据分析

（一）因素分析结果分析

研究结果具有统计上的有效性。笔者采用了因素分析的标准过程构建青年教师能力素质模型。依据质性分析结果,笔者将中学青年教师能力素质分为教学能力、科研能力、自我提升能力,在此基础上,针对每种能力编制相应的结构化问卷。在通过因素分析建构结构模型时,由于涉及二阶模型的建构,首先建构一阶模型,在验证一阶模型的合理性后,再进行二阶模型的构建。验证性因素分析结果表明,三个一阶模型中的每个题项的因素负荷均大于0.4,方差贡献率均大于60%,该结果表明,三个一阶模型具有较为清晰的理论维度。参考相关分析结果,中学青年教师的教学能力、科研能力、自我提升能力彼此

具有较高程度的相关系数。此结果表明,这三个因素后面可能存在潜在的高阶因素。二阶模型的探索性因素分析统计指标同样较好。以上结果表明,探索性因素分析揭示的教师能力结构是有效的。

在探索性因素分析的基础上,为了验证该模型是否有效,本研究进一步考查了中学青年教师能力素质模型的内容效度、结构效度。内容效度反映了测量内容的适当性,本研究采用了专家评定法,结合最新的内容效度指标分析法对中学青年教师能力素质模型进行分析。具体而言,笔者邀请了6位教育学方面的专家对每个题项的维度归属进行了评判,并在此基础上计算了每个题项的内容分析效度指标。数据表明,各个题项的内容效度指数 I-CVI 在 0.75~1 之间,调整后的 kappa 值在 0.72~1 之间,这些数据表明参与评估的6位专家对每个题项的维度归属态度是具有高度一致性的,由此我们认为中学青年教师能力素质模型具有较高的内容效度。在结构效度方面,为了验证二阶理论模型的数据拟合程度,本研究首先对教学能力素质、科研能力素质、自我提升能力素质进行一阶验证性因素分析,再在一阶结构分析的基础上进行二阶因素分析。一阶验证性因素分析的效度指数(CFI、GFI、CMIN、RMSEA)上均达到了统计指标的要求,由此证明中学青年教师的教学、科研和自我提升三方面的能力素质均具有较为清晰的结构。考虑到能力素质可能有不同的组合模式,在进行二阶验证性因素分析时,研究者尝试构建了四种竞争模型,以期在其中筛选最优的组合方式。通过对不同的竞争模型的指标进行分析,研究者最终确定了三因素平行模型作为最优的二阶因素模型。因素分析结果表明,中学青年教师的能力素质由教学能力素质、科研能力素质、自我提升能力素质构成。不足的是,效度分析中还缺少校标关联效度数据,后续的研究会针对这一方面进行补充完善。

(二) 信效度结果分析

除了考查问卷结构是否有效外,本研究还进行了信度分析以考查中学青年教师的能力素质模型是否具有测量上的一致性。研究纳入了两种信度指标:内部一致性信度(Cronbach α)和分半信度。数据表明,问卷总体及各因素具有良好的 Cronbach α 信度和分半信度,问卷总体的 Cronbach α 系数为0.98,分半信度为0.92;各分问卷的 Cronbach α 系数在 0.87~0.97 之间,分半信度在 0.82~0.895 之间;各维度的 Cronbach α 系数在 0.65~0.96 之间,分半信度在 0.66~0.94 之间。信度系数大于0.8表明因素具有较高的一致性程度,本研究中,个别因素信度不足0.8,这些因素均仅包含2个题项。因此,信度结果是可以接受的。不足的是,在信度分析中,尚缺少重复测量的信度指标,在后续的研究中会对这一指标进行补充。数据分析结果表明,本研究建构出的中学青年教师能力素质模型具有较好的数据拟合度。

（三）一阶模型理论分析

本研究探索出中学青年教师的能力素质为教学能力素质、科研能力素质、自我提升能力素质三因素平行结构,从理论上分析该结构也是可行的。刘儒德在其《教育心理学》中指出,教师的专业品质包含教师对教学的信念、教师对教学的情感投入、教师对教学与学习的理解、教师的教学能力、教师的沟通能力及教师的个性特征。本研究所探寻出的青年教师的能力素质可以划归到教师的教学能力、沟通能力、对教学与学习的基本理解中。已有的研究较少以中学阶段的青年教师作为研究对象,笔者仅能参考其他教师群体的能力素质模型与之对比。熊思鹏对高校教师胜任力的研究表明,胜任力结构主要包括知识素养、教学能力、职业品格、人格特质四个维度[1];李田伟等的调查表明高校教师的能力素质分为教学科研能力、自我发展能力、资源整合能力和人事能力[2];吕建华通过调查指出,中学教师胜任力可分为个性特征、职业态度、构建师生关系、教学管理四个方面[3];马红宇等的相关研究表明,教师胜任力主要表现在教学技能、个人修养、性格特质、职业态度、学生观念和专业知识等维度[4]。本研究结果与以往研究类似之处为大部分的研究结果都包含教学能力、科研能力。不同之处为本研究更为强调教师的技能等"显性因素",而已有研究更为强调"隐形因素",例如职业品格、人格特质、职业态度等。笔者认为这种差异正好反映了中学青年教师的能力素质特点。美国学者福勒和布朗提出的教师专业发展阶段理论指出,教师的职业生涯可以分为早期生存关注阶段、教学情境关注阶段、关注学生阶段。处于生存关注阶段的教师所关心的是教师自身的生存问题,此阶段教师关注教学内容、教学方法、班级的管理及上级的评价。同样,柏林纳在其教师教学专业成长五阶段理论中也指出,教师的专业成

---

[1] 熊思鹏,何齐宗.高校青年教师教学胜任力的调查与思考[J].教育研究,2016(11).
[2] 李田伟,李福源.高校教师能力素质模型[J].中国健康心理学杂志,2013(3).
[3] 吕建华.中学教师胜任素质模型构建与测评[D].长春:东北师范大学硕士学位论文,2012.
[4] 马红宇,唐汉瑛,刘腾飞.中小学教师胜任特征研究及应用[M].北京:教育科学出版社,2012:37.

长可以分为新手教师、熟练新手教师、胜任型教师、业务精干型教师和专家。其中,新手教师的专业特质是对教学技能与理论比较刻板,缺乏灵活性;熟练新手型教师的专业特征是能够逐渐掌握教学过程中的内在联系,教学方法具有一定的灵活性,但还不能有效地掌握教学情境。因此,本研究所探寻出的青年教师能力素质是有理论依据的。参与本次调查的青年教师年龄均不超过35岁,普遍处于新手阶段,该阶段的教师更关心如何上好一门课,如何有效地提升自己的教学、科研能力等关系自身能否在学校立足、发展的问题。对于如何让自己更受学生和同事欢迎,塑造影响他人的性格特征和人格特质,或许是教师发展下一阶段关注的重心。据此,笔者认为中学青年教师的基本素质内涵包括教学能力素质、科研能力素质、自我提升能力素质是具有理论依据的。

三因素平行结构描述的是中学青年教师三个方面均衡发展的模式。考虑到中学青年教师的能力素质可能分别以教学、科研、自我提升为主,在验证性因素分析中,笔者构建了以教学为主、以科研为主、以自我提升为主三种竞争模型。但结果表明,三种竞争模型拟合指数均不如三因素平行模型。教育部2014年颁布的《关于实施卓越教师培养计划的意见》中明确指出要培养一批能够适应和引领中学教育教学改革的卓越中学教师,在这种政策背景下,要求中学教师不仅要具备扎实的教学业务素质,还需要在科研和自我提升上协调发展,具备适应教学变化的能力。因此,本研究探索出的青年教师教学能力、科研能力、自我提升能力三因素平行结构是合理的。

(四)二阶模型理论分析

在教学能力素质方面,本研究探索出青年教师教学能力素质包括教学知识与技能、课堂管理、板书与多媒体、教学反馈四种基本能力。在教学知识与技能中,包含了教育学、心理学知识、学科专业知识,以及教学目标与教学设计方面的知识与能力。课堂管理包含课堂监控、课堂管理、课堂突发事件的处理能力;板书与多媒体包含如何设计与制作板书和多媒体课件。这些要素几乎涵盖了教学过程所涉及的能力。教学知识和技能是教学的基础,教育学、心理学知识有助于教师掌握学生学习的规律、教学上运用的基本技能,有助于教师更进一步地了解学生与教学。学科专业知识是教师进行学科教学的基础,是教师教学能力的重要保障。教学目标和教学设计是教师教好一门课或一堂课必须具备的基本素质。课堂管理既是教师有效教学的一部分,也是衡量教师是否成熟的重要标志之一。在日常的教学中,教师要能够维持课堂的纪律,处理课堂突发事件,有效安排教学时间,具备这些能力表明教师能够有效驾驭课堂。优秀的板书和多媒体可以帮助教师在课堂上有效地传授知识。随着教育技术的进步,越来越多的知识点可以通过多媒体的辅助传授给学生。掌握良好的多媒体技术能够进一步提升教师的教学能力,能够帮助教师通过教学反馈掌握学生的具体学习状态,同时能够帮助学生与教师进行良好、充分、高效的沟通。研究表明,优秀教师非常注重对学生的反馈,而能力较差的教师在对学生的反馈上非常马虎。良好的反馈要做到具体、及时、客观。[①] 因此,教师的教学反馈同样也是衡量优秀教师的指标之一。本研究的结果与大多数针对教师能力素质的研究结果基本一致。如王丽珍的研究表明,教师的一般教学能力包括教学监控、教学认知、教学操作能力。[②] 研究者对中学教师的基本素质调查表明,优秀的中学教师需要有较好的知识水平、教育理论与实践能力及能够运用现代化教学手段。[③] 与已有研究不同的是,本研究尚缺少教师与学生的互动、教师人格等因素。例如,蔡永红的研究表明中学教师的专长包括了解学生、有效沟通、激励学生、激发学生兴趣等技能。[④] 李高峰的研究表明中学教师的专业素质包含激发学生动机。[⑤] 教学工作本质上是关于人的工作,教师需要在课堂上与学生互动、工作中与同事互动,协调、维护好这些关系有利于教师更好地工作。另外,诸多研究表明,教师需要有甘为人梯、春泥护花的高尚品格,以自己的人格魅力去影响、塑造学生。我们认为这两个方面的因素没有出现在研究结果中也是合理的。考虑到本研究的对象均是青年教师,该阶段的教师主要关注的是教学任务,关注学生属于下一个阶段教师关注的重点,只有教师对教学活动高度熟练后,才有精力与学生互动,而教师人格魅力的形成是多年教学经验沉淀的结果。因此,本研究结果没有包括与学生的互动、教师人格魅力等因素是合理的。本研究的结果可能真实地反映了青年教师能力素质的特点。

研究结果表明,科研能力素质是中学青年教师能力素质的重要组成部分。传统观念认为,中学教师工作以教学为主,对科研能力并没有太多的要求。但

[①] 杨春.反馈类型对大学生学习成绩的影响:自我调节学习的中介作用[D].长春:东北师范大学博士学位论文,2016.

[②] 王丽珍.教师专业发展能力模型建构[J].教育理论与实践,2013(22).

[③] 课题组.河北省中学教师基本素质的调查报告[J].河北大学学报(哲学社会科学版),2001(2).

[④] 蔡永红,孟静怡,龚婧.中小学教师教学专长的构成成分与领域特征研究[J].教育研究与实验,2017(5).

[⑤] 李高峰.中学教师专业素质现状及其启示[J].教育科学研究,2015(6).

随着新课改的推进及基础教育对科研的重视，越来越多的中学参与到以高校或者教学研究机构主导的科研工作中。在这种背景下，教师的科研能力受到的关注越来越多，尤其是青年教师。从已有的文献来看，中学教师的科研能力普遍不高[①]，而科研能力能够促进教师专业成长，丰富教师的教育思想，有利于教师的迅速成长[②]。由此可见，科研能力在中学教师的能力素质结构中同样具有重要的作用。研究结果表明，科研能力素质包含科研认识和科研技能。科研认识主要包括青年教师在日常工作中对科研工作重要性的认识。考虑到中学研究的特殊性，在科研技能的调查中，我们着重考察中学常用的行动研究所应用的技能，调查的内容主要包括选择研究主题、制订研究方案、计划并实施研究方案、撰写研究报告。科研认识反映了中学青年教师对科研工作的积极态度，科研技能涵盖了主要的研究环节，有效地考查了中学青年教师所掌握的科研技能。

青年教师的职业发展目标是成为熟练的教师，对于青年教师而言，如何有效地提升自我是他们较为关心的问题。研究表明，自我提升能力分为自我提升需要和自我提升途径两个子维度。自我提升需要反映的是教师迫切需要提高自己专业素质的愿望，自我提升途径反映的是教师已知的提升自我的方法。自我提升需要包括教师对自己教学能力不足的反思及渴望改变自己的愿望。该维度被因素分析证实反映出青年教师能够认识到自身在工作中存在的不足，迫切希望提升自我的心态。自我提升途径参照的是有关教师自我提升的文献，大致可以分为个人层面和学校层面，个人层面的具体措施主要包括制订成长计划、写教学日记、个人反思，学校层面的具体措施主要包括培训和进修。在个人层面，调查的内容较为具体，在学校层面则较为笼统。考虑到各个学校在青年教师培养上的举措不同，学校层面无法列出具体的措施，而在个人层面上，自我提升的举措主要包括观摩、教学训练、教学反思、参与教育研究等，这些策略几乎都涵盖在本次调查中。

二、中学青年教师能力素质的总体情况

对青年教师素质问卷的均分、各分问卷均分及各个维度均分进行描述性

---

① 王丽娜. 中学骨干教师科研论文撰写现状调查：以苏州市吴江区初中英语学科研究中心教师为例[J]. 教育科学论坛，2015(15).
② 褚治明. 中学教育科研对教师专业发展的重要影响研究[J]. 黑龙江教育学院学报，2017(12).

统计分析,结果如表5-16所示。

表5-16 描述性分析结果(N=302)

统计指标	平均分(M)	标准差(SD)	最小值	最大值
问卷均分	4.22	0.50	2.23	5.00
教学能力素质问卷均分	4.33	0.50	2.00	5.00
教学知识与技能	4.46	0.50	2.00	5.00
课堂管理与师生关系	4.34	0.55	2.00	5.00
板书与多媒体	3.50	0.56	1.71	4.43
教学反馈	4.18	0.69	2.00	5.00
科研能力素质问卷均分	3.74	0.63	1.80	4.67
科研认知	4.38	0.62	2.00	5.00
科研技能	3.91	0.74	1.50	5.00
自我提升能力素质均分	4.16	0.52	2.40	5.00
自我提升需要	4.22	0.73	1.00	5.00
自我提升途径	3.92	0.56	2.00	5.00

如表5-16所示,参与调查的中学青年教师能力素质总体上较好(M=4.22),具体到中学青年教师能力素质的各问卷上,得分均较高,其中教学能力素质最好(M=4.33),自我提升能力素质次之(M=4.16),相对较差的是科研能力素质(M=3.74)。在教学能力素质上,中学青年教师在教学知识与技能、课堂管理与师生关系、教学反馈上得分都很高,但是在板书与多媒体上的得分相对低一些;在科研能力素质上,科研认知得分较高,科研技能得分相对较低,这表明中学青年教师能够认识到科研的重要性,但是缺乏相应的科研能力;在自我提升能力素质方面,中学青年教师自我提升的途径尚不尽如人意。

三、中学青年教师能力素质的基本特点

(一)中学青年教师能力素质的性别差异

考察中学青年教师能力素质的性别差异,将性别作为自变量,将中学青年教师总分及各维度得分作为因变量,进行独立样本 t 检验,结果如表5-17所示。

表 5-17　中学青年教师基本素质的性别差异

统计指标	男教师(N=75)		女教师(N=227)		t
	平均分(M)	标准差(SD)	平均分(M)	标准差(SD)	
问卷均分	4.30	0.46	4.19	0.51	1.61
教学能力素质问卷均分	4.38	0.47	4.31	0.52	1.02
教学知识与技能	4.49	0.47	4.45	0.51	0.69
课堂管理与师生关系	4.42	0.52	4.32	0.56	1.17
板书与多媒体	3.58	0.55	3.47	0.56	1.47
教学反馈	4.23	10.71	4.16	0.69	0.80
科研能力素质均分	3.90	0.50	3.69	0.64	2.54**
科研认知	4.52	0.52	4.33	0.65	2.29**
科研技能	4.08	0.72	3.85	0.74	2.37**
自我提升能力素质均分	4.19	0.49	4.15	0.54	0.58
自我提升需要	4.24	0.51	4.21	0.58	0.37
自我提升途径	3.98	0.72	3.89	0.73	0.96

备注：** 表示在 0.01 水平(双侧)上显著相关。

如表 5-17 所示，除科研能力素质外，参与调查的男女青年教师的能力素质均无显著差异。在科研能力素质及其子维度上，男教师的得分($M_{科研能力均分}$ = 3.90，$M_{科研认知}$ = 4.52，$M_{科研技能}$ = 4.08)要比女教师的得分($M_{科研能力均分}$ = 3.69，$M_{科研认知}$ = 4.33，$M_{科研技能}$ = 3.85)高。

(二) 中学青年教师能力素质的学历差异

考察最高学历对青年教师基本素质的影响，以最高学历(本科、研究生)作为自变量，以中学青年教师总分及各维度得分作为因变量，进行独立样本 t 检验，结果如表 5-18 所示。

表 5-18　中学青年教师基本素质的学历差异

统计指标	男教师(N=75)		女教师(N=227)		t
	平均分(M)	标准差(SD)	平均分(M)	标准差(SD)	
问卷均分	4.24	0.52	4.18	0.47	1.15
教学能力素质问卷均分	4.36	0.51	4.27	0.48	1.55
教学知识与技能	4.49	0.51	4.41	0.48	1.31

续表

统计指标	男教师(N=75)		女教师(N=227)		t
	平均分(M)	标准差(SD)	平均分(M)	标准差(SD)	
课堂管理与师生关系	4.37	0.56	4.30	0.53	0.49
板书与多媒体	3.55	0.57	3.40	0.52	2.23*
教学反馈	4.22	0.70	0.41	0.67	1.62
科研能力素质均分	3.74	0.68	3.75	0.64	0.14
科研认知	4.40	0.65	4.36	0.56	0.37
科研技能	3.89	0.73	3.92	0.62	-0.38
自我提升能力素质均分	4.20	0.52	4.28	0.52	1.82
自我提升需要	4.26	0.56	4.14	0.54	1.73
自我提升途径	3.96	0.73	3.84	0.71	1.29

备注:* 表示在0.05水平(双侧)上显著相关。

如表5-18所示,中学青年教师的最高学历对其教学能力素质影响不是非常突出,除板书与多媒体能力外,其他能力均没有出现显著差异。在板书与多媒体能力上,本科学历的教师强于研究生学历的教师。

(三) 中学青年教师能力素质的职称差异

考察职称对中学青年教师基本素质的影响,将职称作为自变量(无职称、初级职称、中级职称、高级职称),以中学青年教师基本素质得分为因变量,进行单因素方差分析,结果如表5-19所示。

表5-19 中学青年教师基本素质的职称差异

	无职称(N=148)	初级职称(N=68)	中级职称(N=71)	高级职称(N=15)	F
问卷均分	4.12±0.53	4.38±0.45	4.32±0.48	4.15±0.53	5.27
教学能力素质问卷均分	4.22±0.47	4.49±0.57	4.44±0.47	4.29±0.47	6.02
教学知识与技能	4.35±0.46	4.59±0.56	4.59±0.46	4.42±0.53	5.37
课堂管理与师生关系	4.22±0.54	4.50±0.62	4.49±0.47	4.34±0.48	5.98
板书与多媒体	3.40±0.53	3.70±0.57	3.54±0.56	3.43±0.60	4.99
教学反馈	4.09±0.65	4.34±0.70	4.25±0.70	3.93±0.92	3.03
科研能力素质问卷均分	3.67±0.55	3.90±0.75	3.81±0.62	3.60±0.75	2.54

续表

	无职称 (N=148)	初级职称 (N=68)	中级职称 (N=71)	高级职称 (N=15)	F
科研认知	4.36±0.55	4.44±0.75	4.45±0.59	4.22±0.66	0.89
科研技能	3.81±0.65	4.10±0.88	3.99±0.74	3.77±0.88	2.71
自我提升能力素质均分	4.07±0.49	4.31±0.57	4.22±0.51	4.08±0.62	3.59
自我提升需要	3.83±0.70	4.05±0.75	3.96±0.73	3.96±0.92	1.51
自我提升途径	4.13±0.53	4.37±0.59	4.28±0.55	4.10±0.62	3.44

表 5-19 结果表明，不同职称的青年教师除科研能力素质均分、科研认知、自我提升需要方面差异较小外，在问卷的其他维度上的得分是有区别的。采用 LSD 法进行多重比较发现，总体上，初级职称和中级职称的教师在问卷总分及各维度的得分上要高于没有职称和高级职称的教师。因此，青年教师基本素质随着职称呈现出先升高再下降的趋势。

（四）教龄与中学青年教师能力素质的相关分析

考察中学青年教师能力素质与教龄间的关系，两个变量的积差相关如表 5-20 所示。

表 5-20　教龄与中学青年教师基本素质的关系

维度	教龄
问卷均分	0.32**
教学能力素质问卷均分	0.23*
教学知识与技能	0.25*
课堂管理与师生关系	0.36**
板书与多媒体	0.15**
教学反馈	0.11*
科研能力素质问卷均分	-0.06
科研认知	-0.33
科研技能	-0.01
自我提升能力素质均分	0.28**
自我提升需要	0.31**
自我提升途径	0.03

备注：** 表示在 0.01 水平（双侧）上显著相关；* 表示在 0.05 水平（双侧）上显著相关。

表 5-20 结果表明,总体上中学青年教师能力素质与教龄呈正相关趋势,随着教龄的增长,教师能力素质逐渐升高。在各维度上,科研能力素质、自我提升途径相关不显著,教学能力和自我提升需要与教师能力素质显著正相关。

四、中学青年教师能力素质现状的讨论

研究结果表明,参与调查的中学青年教师能力素质整体上得分比较高。在与教学相关的基本素质上,得分普遍较高,说明中学青年教师具有良好的教学能力。得分低的项目主要集中在科研能力素质、板书与多媒体能力、自我提升需要上。

研究结果表明,中学青年教师的科研能力较为欠缺。在本次调查中,科研能力主要包括科研需要与科研技能,科研需要得分相对较高,科研技能的得分较低。这反映了中学青年教师的现状:一方面迫切希望科研上有所收获,但另一方面又缺乏相应的科研技能。中学教师的科研能力素质普遍较低,这与前人的研究结果一致。[1] 以往来看,中学对科研工作不太重视,导致中学教师的科研能力相对较弱。但是近年来随着中学越来越多地参与到科研工作中,这种状况开始有所改观:近年来,中学的高层次的科研立项的数目逐渐增多,科研逐渐成为中学工作的一部分。在这样的背景下,中学教师也逐渐体会到学校层面对科研的需要及科研工作压力。中学的科研主要分为校本研究及与科研院所合作开展研究,科研内容以教学研究为主。

科研技能主要包含研究设计、课题实施、撰写研究报告等。这些技能是开展教(科)研不可或缺的基本能力,需要经过专业训练才能获得。中学教师科研能力的培养并非单纯是个人行为,而是一项长期的系统工程,需要学校给教师提供系统的支持。有些研究者就中学教师科研技能的培养给出了相应的建议,例如:王晓芳指出,学校层面可以构建教师科研共同体、培育学校研究文化,发挥校长领导力和保障时间[2];柴庆孚指出,可以通过搭建科研平台、建立科研管理体系、建立学术引领机制、以课题促研究等途径促进学校教师科研能力的培养。[3]

---

[1] 刘海燕.教研员的角色定位与发展期待[J].教育理论与实践,2012(14).
[2] 王晓芳,熊和妮.构建中小学教师科研的多层次支持系统[J].中国教育学刊,2014(11).
[3] 柴庆孚,马利军,郑维强.深化学校教育科研培养学研型教师队伍[J].内蒙古师范大学学报(教育科学版),2006(12).

在教学能力素质中,除板书与多媒体能力上得分相对较低外,其他维度得分均较高。由于教学能力是中学教师非常重视的能力,因此,大多数教师得分比较高,但也有可能与本研究的取样偏差有关,本研究取样多集中于城市教师,对农村教师的调研取样较少,所以,尚需要补充一定量的农村教师数据后才能反映出该问题的全貌。对板书与多媒体维度的题项逐一分析后发现,分值较低的题项主要集中在有关多媒体课件的题项上。多媒体课件制作能力是中学教师必须掌握的基本技能。制作精良的多媒体能够有效地吸引学生的注意力,提升课堂教学效果。但是,很多教师认为多媒体课件的制作过于烦琐,浪费时间;也有的教师认为多媒体课件太复杂,主观上不愿意去学习相应技能。从已有研究看,中学教师的多媒体制作能力相对较低。有研究表明,中小学课堂上的多媒体常出现课件内容不合理、声音图片选择不恰当、内容太多重难点不突出等问题。[1] 梅耶指出,好的多媒体制作要遵循聚焦要义、提示结构、控制冗余、空间临近、时间一致五大基本原则。聚焦要义原则是指多媒体内容要紧扣教学目标,有趣但与教学目标无关的文字和图片、声音、音乐,以及多余的文字和图片均要删除。提示结构原则是指多媒体课件要协助学生组织学习材料,帮助学生将注意力集中在课程中的重点内容上。具体而言,可以通过凸显教学内容中的重难点、用不同颜色表示重点或者难点、插入表示教学内容彼此间关系的符号以帮助学生理解教学内容。控制冗余原则是指多媒体设计要考虑到学生的知识接受能力,不要在同一张多媒体课件上给学生呈现过多的内容。空间临近原则是指多媒体课件上内容相同的知识与课堂讲解的内容相一致。时间一致原则是指课堂上讲解的内容要和多媒体画面呈现的内容相一致。[2] 因此,有必要对青年教师的多媒体制作能力进行进一步的训练。

自我提升需要得分高,但是自我提升途径得分低,这反映出中学教师迫切需要提升自我却找不到合适方法实现目标的困境。在个体提升途径上,刘儒德指出,教师成长有观摩与分析、微格教学、教学决策训练、教学反思训练、教师行动研究等几种方法。[3] 研究者认为,教师教学能力的提升有赖于学校提供系统的支持与培养。杨向东指出,学校要为教师的发展搭建平台,为不同年龄

---

[1] 张维刚.关于中小学多媒体课件制作中的若干问题及对策[J].电化教育研究,2001(5).
[2] 毛伟,盛群力.梅耶多媒体教学设计10条原则:依托媒体技术实现意义学习[J].现代远程教育研究,2017(1).
[3] 刘儒德,陈琦.当代教育心理学:第2版[M].北京:北京师范大学出版社,2012:93-99.

段的教师发展设置相应的目标。新教师(进校 5 年内)的培养目标主要是成为合格型教师,合格型教师(30~40 岁的中年教师)的培养目标主要是成为教学能力强、具有独特教学风格及发展潜力的骨干教师。在培养方式上,除了发挥教师的主观能动性外,学校还要为教师发展搭建平台。在合格教师的培养上,可以让老教师与新教师结对,规划职业生涯;组织新教师观摩名师的课堂;举办"新教师沙龙",供新教师交流。在对骨干教师的培养上,学校可以组织骨干教师研讨班,定期活动;学科组可以开展理论集中学习;开设有关教学知识与技能的专题讲座或者竞赛。[①] 具体到中学青年教师的培养上,诸多研究者提出了相应的策略。许伟指出,学校可以通过创建校内培训机构,探索新的培训内容与方式等提升青年教师的能力。[②] 具体而言,在创建校内培训机构上,学校要整合现有资源,协调相关部门,使各部门均参与其中,形成校内培训的网络机构。此外,学校还可以通过政策激励青年教师成长,如出台相应的考试奖励政策、竞赛辅导奖励方案、教师科研奖励等。在培养方式和内容的探索上,学校可以为青年教师的成长营造"隐形"和"显性"的氛围。"隐形"氛围是学校通过年级组、教研组、备课组等为青年教师形成积极向上的工作气氛,这种气氛能够让青年教师进校后通过观察同事的工作状态形成向上的劲头,具体的举措有创建优势互补的备课组、合理搭配教学班、形成最佳年级组。"显性"氛围指学校要定期为这些组出台相应的工作方案与目标,具体举措包括学习教学专家理念、由优秀教师集中扶持青年教师成长、通过教学和科研竞赛提高青年教师能力、要求青年教师定期反思并相互交流等。"隐形"氛围和"显性"氛围的结合,促使培训工作达到最佳效果。

另外,在本研究中,中学青年教师的部分教学能力素质在性别、学历、职称、教龄上均存在显著差异。在性别差异上,男教师在科研能力方面优于女教师;在学历差异上,本科学历的教师在板书与多媒体制作能力上好于研究生学历的教师;在职称差异上,没有职称和高级职称的教师在教学能力素质得分上低于初级职称和中级职称的教师。

与多数研究结果一致,男教师的科研能力整体上强于女教师。[③] 造成这一现象的原因是多方面的。首先,性别刻板印象和社会角色期待认为男性更适

[①] 杨向东,马建红,邵捷.中学教师分层培养模式探索[J].教学与管理,2015(34).
[②] 许伟.中学青年教师"三环节五素养"培养模式的实践与研究[J].中小学教师培训,2010(6).
[③] 南纪稳.教师参与校本教育科研的因素分析[J].当代教师教育,2012(1).

合从事研究工作,这就造成了教师在回答问题时具有反应偏向。其次,科研工作并不是中学教师的常规工作,需要占用业余的时间和精力。由于家庭分工的不同,男教师相对而言有更多的业余时间用于科研工作,而女教师在工作之外还要更多地分担照顾家庭的任务,致使女教师在科研工作上投入的精力有限。本科学历教师的板书与多媒体能力强于研究生学历的教师,这可能是高等教育培养方向不同造成的,本科学历的培养方向及课程设置更多地围绕教学一线所需的知识与技能展开,诸如粉笔字、教姿教态等教学基本功是本科学习的重点;研究生学习则更为注重培训学生科学研究的基础与技能。这一结果对于如何开展中学青年教师的分类培养有一定的启示:对于本科学历的教师,应当重点培养系统的、科学的思维方式及对教学知识更为深入的理解,而对于研究生学历的教师应该帮助他们做好教学基本功训练。在职称的差异上,本次调查结果显示教师的基本素质随着职称先升高再降低。具体而言,初级职称和中级职称教师的各项素质更高,高级职称和没有职称的教师更低。该结果表面上看与常识是相悖的,主要集中在高级职称教师的能力调查上。无职称的教师大多处于试用期或者教师职业生涯初期,以适应学校环境、学习教学技能为主要任务。这些教师对自己的能力信心不足,所以作答时偏向于选择较低分数。初级职称和中级职称的教师处于事业上升期,面临向更高一级职称晋升的压力,需要拥有多方面的成果,这一时期也是中学青年教师磨炼自己技能的好时机。因此,初级职称和中级职称的教师在教学基本素质与教学技能上得分均较高。高级职称教师教学能力素质得分不高,该结果可能是由研究取样偏差造成的。青年教师群体中具有高级职称的教师凤毛麟角,在本次调查中,高级职称教师仅15人,占比5.1%。笔者通过访谈了解到,获得高级职称的青年教师大多已经调整(晋升)到管理岗位,工作重心从教育教学转向了行政管理。因此,本次研究对高级职称的取样可能不具代表性。除科研能力素质、自我提升需要外,教龄与教师素质呈中等程度的显著正相关。

第五节 中学青年教师能力素质的影响因素

一、学校因素对中学青年教师能力素质的影响

本研究主要用包括学校结构、学校政策、学校人际关系和氛围、学校领导的风格和支持在内的学校因素来表征影响中学青年教师能力素质的客观因素。中学青年教师能力素质包括三个部分,分别是教学能力素质、科研能力素质及自我提升能力素质。就学校因素与中学青年教师能力素质两个维度进行皮尔逊(Person)相关系数分析,显著性检验结果表明,两者之间存在显著正相关($r=0.82, p<0.001$;r 代表相关性,p 代表显著性),如表 5-21 所示。该结果表明,中学青年教师所处学校的环境氛围、政策等因素对其能力素质提升可以起到正向预测作用。

表 5-21 学校因素与中学青年教师能力素质之间的相关

	r	p	n
学校因素 vs 能力素质	0.82**	0.00	302

备注:** 表示在 0.01 水平(双侧)上显著相关。

(一) 学校因素与中学青年教师教学能力素质的相关分析

中学青年教师的教学能力素质具体包括教学知识与教学技能、课堂管理与师生关系、板书设计与多媒体制作、教学反馈四个维度。如表 5-22 所示,皮尔逊相关系数分析结果表明,学校因素与教学能力素质之间存在显著正相关($r=0.83, p<0.001$)。通过具体分析可知,学校因素可以正向预测中学青年教师各项教学能力素质的发展。

表 5-22 学校因素与中学青年教师教学能力素质之间的相关

	学校因素	教学能力素质	教学知识与技能	课堂管理与师生关系	板书设计与多媒体制作	教学反馈
学校因素	1.00	0.83**	0.80**	0.76**	0.72**	0.58**
教学能力素质	0.83**	1.00	0.96**	0.94**	0.87**	0.66**

备注:** 表示在 0.01 水平(双侧)上显著相关。

续表

	学校因素	教学能力素质	教学知识与技能	课堂管理与师生关系	板书设计与多媒体制作	教学反馈
教学知识与技能	0.80**	0.96**	1.00	0.86**	0.75**	0.58**
课堂管理与师生关系	0.76**	0.93**	0.86**	1.00	0.74**	0.58**
板书设计与多媒体制作	0.72**	0.86**	0.75**	0.74**	1.00	0.53**
教学反馈	0.58**	0.66**	0.58**	0.58**	0.53**	1.00

备注：**表示在0.01水平(双侧)上显著相关。

进一步分析可知，学校因素和教学知识与技能、课堂管理与师生关系、板书设计与多媒体制作、教学反馈均存在显著的正相关($p<0.001$)。这表明，中学青年教师所在的学校环境会影响其教学能力素质的提高，具体表现在中学青年教师的教学知识与技能、课堂管理与师生关系、板书设计与多媒体制作、教学反馈等方面。

当前，中学青年教师在实际教学过程中普遍存在重理论、轻实践的现象，专业发展意识较为淡薄。具体而言，一部分青年教师为了职称评定，存在轻视教学、缺乏教学热情、教学观念落后等问题。为了改善这些问题，促进中学青年教师教学能力素质的发展，一方面，学校管理者可以从优化学校教师结构、制定相应的政策、营造良好氛围、给予青年教师更多的支持等方面入手；另一方面，学校可以通过强化中学青年教师技能训练来提升他们的教学能力素质。例如，学校可以通过严把教学技能考试关，促进青年教师专业发展，提高青年教师在板书设计、教学信息化和课堂管理等方面的技能，鼓励青年教师积极运用现代教育技术手段，丰富课堂教学呈现形式，更好地激发学生的内在学习动机和主动学习欲望。此外，学校还应定期根据最新教学要求及时更新教材及教学设备，常态化组织青年教师接受教育技术、教育理论等专题培训，以适应"互联网+"时代教育的变革。

(二) 学校因素与中学青年教师科研能力素质的相关分析

中学青年教师的科研能力素质包括科研认知和科研技能两个维度。为了进一步分析学校因素对中学青年教师科研能力的影响，可计算皮尔逊相关系数，具体如表5-23所示。结果表明，学校维度与科研能力素质之间存在显著正相关($r=0.74, p<0.001$)。通过具体分析表明，学校因素可以正向预测中学青年教师科研能力素质的发展。

进一步的相关分析表明,学校因素与科研认知存在显著的正相关($r = 0.75, p < 0.001$);学校因素与科研技能存在显著的正相关($r = 0.69, p < 0.001$)。这表明,中学青年教师所在的学校环境影响其科研能力的提升,具体表现在科研认知和科研技能两个方面。

表 5-23 学校因素与中学青年教师科研能力素质之间的相关

	学校因素	科研能力素质	科研认知	科研技能
学校因素	1.00	0.74**	0.75**	0.69**
科研能力素质	0.74**	1.00	0.75**	0.99**
科研认知	0.75**	0.75**	1.00	0.65**
科研技能	0.69**	0.99**	0.65**	1.00

备注:** 表示在 0.01 水平(双侧)上显著相关。

在教师层面,中学青年教师通常承担了大部分教学任务,但是对科研项目的重视程度不够。繁重的教学任务和大量事务性工作导致中学青年教师往往没有足够的时间和精力去关注学科发展前沿动态,并投身到科研实践当中,科研产出通常不多。实际上,科研是源于教学,再回归教学的过程。另外,中学青年教师的科研素养有待提升。这是因为,在中学青年教师队伍学历层次中,本科学历最多,其次是硕士研究生学历,而博士研究生较为少见。一般而言,如果在求学期间经过研究生阶段系统、扎实的科研基本功训练,青年教师通常会在科研意识、科研规范、科研能力方面有不错的表现,譬如对理论前沿、学科前沿会有较强的敏感性、问题意识和学习意识。因此,高学历教师偏少、科研素养不够是影响青年教师科研能力的重要制约瓶颈。有的学校尽管组建了跨学科、交叉互补的青年教师科研共同体,因为缺少科研带头人、科研梯度不合理、知识背景相对单一、同质性明显等,青年教师的科研动力和创新活力仍然不尽如人意。另外,优秀人才、科研骨干流失也是导致中学校青年教师队伍结构不合理、科研能力素质难以有效提升的一个重要因素。

在学校层面,科研管理制度缺乏创新、科研政策相对落后、科研评价和激励机制不健全等问题比较突出。例如,许多中学的科研评价体系较为机械和单一,通常重视标准化、通用化设定而缺乏分类化、个性化指导,对于不同类别、不同学科背景的青年教师的科研导向效应不明显;科研工作日常督促与考核绩效结果运用不足,难以对青年教师形成有效的激励或鞭策作用。另外,中学的科研奖励政策普遍缺乏激励力度。众所周知,从事科学研究对于青年教师而言是一项繁重的脑力劳动,需要耗费大量的心智和付出宝贵的精力。如果学校的科研奖励力度不够,且与青年教师的绩效工资、职称晋升、培训进修等关联不强的话,这种奖励政策和收益分配制度无法调动青年教师从事科研的积极性与主动性。根据心理效应中的"最小努力原则",青年教师会认为教学比科研的性价比更高,从而导致他们不愿意付出艰辛的努力去搞科研,发展自己的科研能力素质。

从提升青年教师科研能力的角度考虑,学校应积极组织专题科研培训或设立科研骨干进修项目。但需要特别注意的是,提高教师科研能力的培训制度一定要有针对性。一方面,学校可以根据学科建设与发展的要求和方向整体规划,有针对性地培养青年教师;另一方面,学校应针对青年教师科研能力素质有目的、有计划地让他们到名校或研究所接受培训和进修。

(三) 学校因素与中学青年教师自我提升能力素质的相关分析

中学青年教师自我提升能力素质,具体包括自我提升需要和自我提升途径两个维度。为进一步分析学校因素对中学青年教师自我提升能力素质的影响,可计算皮尔逊相关系数,具体如表 5-24 所示。结果表明,学校因素与自我提升能力素质之间存在显著正相关($r = 0.63, p < 0.001$)。通过具体分析可知,学校因素可以正向预测中学青年教师自我提升能力素质的发展。

表 5-24　学校因素与中学青年教师自我提升能力素质之间的相关

	学校因素	自我提升能力素质	自我提升需要	自我提升途径
学校因素	1.00	0.63**	0.33**	0.64**
自我提升能力素质	0.63**	1.00	0.65**	0.97**
自我提升需要	0.33**	0.65**	1.00	0.44**
自我提升途径	0.64**	0.97**	0.44**	1.00

备注:** 表示在 0.01 水平(双侧)上显著相关。

进一步的相关分析可知,学校因素与自我提升需要存在显著的正相关($r = 0.33, p < 0.001$);学校因素与自我提升途径存在显著的正相关($r = 0.64, p < 0.001$)。这些结果表明,中学青年教师所在的学校环境影响其自我提升能力素质的发展,具体表现在自我提升需要和自我提升途径两个方面。

在职业发展过程中,绝大多数的青年教师会根据学校统一安排积极参加培训,并结合自身实际情况采取不同方式进行"充电",促进个人专业发展与自我提升。在具体的教育教学过程中,大部分青年教师也是以勤勉敬业的态度努力实践与探索,认真备课、组织课堂教学,并努力形成自己的教学风格。但从整体上而言,青年教师还处于职业成长的初期阶段,其自我提升的成效与自我提升意愿尚存在一定的差距。近年来许多中学实施的岗位聘任制、"双选制"等优胜劣汰机制也给刚上岗的中学青年教师带来了不小的职业压力,"铁饭碗"被逐渐打破也让广大青年教师迫切需要自我提升。在自我提升需要这种驱力下,中学青年教师还要通过切实可行的自我提升途径才能有效促进能力素质发展。在此过程中,学校应给予良好的支持和鼓励,营造积极向上的教师发展文化氛围,使青年教师队伍整体的能力素质得到更好的提升。

(四)学校因素对中学青年教师能力素质影响的讨论

1. 学校因素与中学青年教师教学能力素质

毋庸讳言,教学能力素质是一名教师最基本、最重要的"看家本领",是其安身立命之根本。青年教师的教学能力素质直接决定了课堂教学效果,从而间接地影响学校的人才培养质量。反过来看,学校因素对青年教师的教学能力素质发展又起非常关键且非常直接的引领性作用。例如,学校的教育教学规章制度通常对教学规范、教学质量提出了明确的要求,教师要根据规章制度的"指挥棒"做好备课、授课、作业批改等各项常规工作。但如果一个学校过分注重教案等教学材料的"标准化"设计和所谓"科学化"模板,青年教师就会在教案形式上耗费大量的精力,甚至会出现应付检查的现象,教案的实用性、实操性反而会大打折扣。另外,如果学校的教学规章制度过于强调"有章可循"而对教学进度、教学模块等都进行了严格的规定,则反而不利于青年教师自身自主性发展和主观能动性的发挥。如果缺乏教学自主权,会导致青年教师职业自尊水平的降低和职业倦怠感的增强,这样教学能力素质的长远发展便无从谈起。鉴于种种现实因素,部分学校对教师的教学任务分配存在厚此薄彼的现象,不合理、不公平的分配机制也会直接导致教学任务较重的青年教师心生不满或出现心理失衡,进而工作积极性受挫,教学能力素质提升缺乏内生动力。除此之外,学校的教科研平台建设、激励政策等多种因素都会影响青年教师提升自身教学能力素质的积极性。

针对中学青年教师教学能力素质的培养,学校可以主要从以下几个途径入手。第一,对青年教师开展岗前培训,内容包括教学基本理论与基本技能、课堂管理及课堂反馈等。第二,实行青年教师导师制,以师傅带徒弟的形式,借助共同备课、公开课、观摩课等交流学习的载体平台,加强青年教师对教学理念、教学技能的理解和掌握,以提高其课堂教学效果和教学能力。第三,开展青年教师教学竞赛,通过竞赛活动促进青年教师教学方法的改进和教学能力的提高。

2. 学校因素与中学青年教师科研能力素质

科学研究是提高青年教师综合素质的重要手段和有效途径。通过以研促教,以教带研,有助于青年教师在教学中发现问题,在研究中解决问题。然而,相较于教学工作而言,许多青年教师对科研工作存在较大的认知偏差:在先后次序上,认为教学优先,是主业、正业、"必修课",而科研则从属于教学(对"教科研"概念理解有偏差,认为科研是教学的一个补充环节),是副业、是锦上添花的"选修课";在重要程度上,认为教学不可或缺,而科研则可有可无;在情感倾向上,认为教学容易出成绩、出特色或者获奖,而科研付出与收益不一定成正比,进而会产生"负担"心理,导致一定的抵触情绪;在成就动机上,对教学工作感觉能够完全胜任,而对科研工作"心有余而力不足",相比较于博士、教授、专家而言缺乏自信心,进而导致主动性和进取心不足。也有一些中学青年教师对科研的重要性有正确的认知,而且在主观意愿上想要在科研方面有所作为,但是客观现状是中学青年教师的专业理论和科研技能不足,不知道如何有效开展科研工作,或者对本学科和专业的学术动态、理论前沿等的关注和把握不够,研究视野、理论深度、创新意识、课题申报经验等方面都存在一定的欠缺。因此,中学有必要提高青年教师的科研综合素质、实际科研水平和科研创新能力。

总之,针对青年教师科研能力素质提升,中学应从以下几个方面入手。第一,制定科研激励政策,加大鼓励力度,从科研经费投入、科研平台建设、科研项目申报等方面为青年教师从事科研创造条件与机会。第二,通过组建学科团队,提高整体科研能力。老教师的传、帮、带作用,对青年教师起到良好的示范效果。第三,鼓励青年教师积极参加学术交流,在学术交流中,青年教师可以通过聆听讲座、分组讨论、主题演讲、成果展示等方式来围绕特定主题进行探讨、论证、研究、沟通和交流,在学科前沿、学术思想、学术创新等方面获得思想启迪或激发研究灵感。青年教师自身也要通过主动申报课题、撰写论文等途径在科研实践中钻研、探索科研方法和科研技巧,并通过发表学术论文来推广科研成果,提高科研水平。

3. 学校因素与中学青年教师自我提升能力素质

在教育信息化、智能化、现代化的大背景下,社会、学校、家长、学生等对教师能力素质提出了新的更高的要求。面临与日俱增的职业压力,中学青年教师必须通过不断夯实专业知识、提高教学能力、加强科学研究等途径来持续提升能力素质。在此过程中,青年教师要善于挖掘和运用内驱力与外驱力两种动力。

内驱力是指由青年教师内在的、自我提升的需要所产生的发展驱动力。在内驱力的作用下,中学青年教师会根据自身知识背景、学科特点等主动制定发展规划与确立发展目标,积极寻求和借助各类资源,通过自主学习、深度学习,积极投身专业发展实践,实现专业能力提升。与内驱力相比,中学青年教师自我提升的外驱力是指青年教师主体以外的各种驱动力量。其中,学校是最重要的外驱力来源。一方面,学校对上级各类教师发展政策的执行力度和学校自身的教师发展环境会对教师个人的职业发展有直接的带动或引领作用,是青年教师自我提升最重要、最直接的环境平台;另一方面,学校组织的各类培训、教研、研讨、比赛等活动,可以根据学校的发展规划与青年教师的发展实际进行个性化定制,指向性、针对性较强,对于青年教师发展提升而言具有直接的调节效应。

总之,为了提升中学青年教师的自我提升能力素质,学校应该制定相应的政策,鼓励青年教师参加培训和进修。第一,根据学校的学科建设与发展的要求和方向,学校应有针对性地培养青年教师。第二,有目的、有计划地让青年教师到名校或研究所进修和培训,给自己"充电"。

二、社会支持因素对中学青年教师能力素质的影响

质性研究发现,中学青年教师的自我提升意愿、个人特质、职业规划、观念与感受等主观因素均有可能影响其能力素质发展水平。其中,社会支持及其内化生成的心理支持对青年教师能力素质提升的影响至关重要。本研究使用《社会支持量表》,通过中学青年教师感受到的支持程度、实际得到的支持程度和满意度、自身对社会支持的利用度这三个方面来表征对中学青年教师能力素质造成影响的主观因素。

(一) 中学青年教师社会支持现状

对 302 名中学青年教师的《社会支持量表》进行分析,描述性统计结果如表 5-25 和表 5-26 所示。

对社会支持的各个因子在不同变量上进行 One-way ANOVA 方差分析发现,各个因子只在教师的教龄和职称级别上存在差异,而在性别和学历层次上没有显著差异。其中在教龄上的差异表现为:客观支持得分($F = 2.62, p = 0.001$)、对社会支持的利用度($F = 2.59, p = 0.001$)及社会支持总分($F = 2.84, p < 0.001$)在教龄上均存在显著差异;而主观支持得分在教龄上不存在显著差异($F = 1.42, p = 0.127$)。在职称级别上差异表现为:中、高级职称教师比初级职称和无职称教师在客观支持($F = 8.67, p < 0.0001$)与总的社会支持($F = 5.88, p = 0.001$)上高。不同学段的中学青年教师在社会支持各个因子上的得分没有显著差异($p < 0.265$)。

表 5-25　中学青年教师在社会支持量表上得分结果

	n	均值	标准差	最小值	最大值
社会支持总分	302	46.23	7.63	18.00	66.00
客观支持分	302	10.85	3.33	3.45	22.00
主观支持分	302	26.05	4.20	8.00	32.00
对支持的利用度	302	9.33	2.04	3.00	12.00

表 5-26　不同学段的中学青年教师在社会支持量表上得分($M \pm SD$)

	n	客观支持	主观支持	利用度	社会支持
初中教师	131	10.95 ± 3.48	25.72 ± 4.03	9.81 ± 8.81	46.48 ± 11.54
高中教师	34	10.50 ± 3.10	25.18 ± 4.68	8.79 ± 1.98	44.47 ± 7.96

(二) 中学青年教师社会支持对能力素质的影响

为了考察社会支持对中学青年教师的能力素质的影响,对两者进行皮尔逊相关分析,结果表明,中学青年教师的社会支持和能力素质之间存在显著的正相关($r = 0.46, p < 0.001$),如表 5-27 所示。该结果表明,中学青年教师所获得的社会支持对其能力素质的提升具有积极的作用。

表 5-27　社会支持与中学青年教师能力素质之间的相关

	能力素质	客观支持	主观支持	利用度	社会支持
能力素质	1.00	0.21**	0.51**	0.35**	0.46**
客观支持	0.21**	1.00	0.46**	0.33**	0.77**
主观支持	0.51**	0.46**	1.00	0.48**	0.88**
利用度	0.35**	0.33**	0.48**	1.00	0.68**
社会支持	0.46**	0.77**	0.88**	0.68**	1.00

备注：** 表示在 0.01 水平(双侧)上显著相关。

1. 社会支持因素对中学青年教师教学能力素质的影响

为了进一步分析社会支持对中学青年教师教学能力素质的影响,可计算两者的皮尔逊相关系数,具体如表 5-28 所示。结果表明,社会支持与教学能力素质之间存在显著正相关($r=0.45, p<0.001$)。通过具体分析可知,社会支持有利于中学青年教师教学能力素质发展。此外,客观支持、主观支持和对支持的利用度均与中学青年教师的教学能力素质存在显著正相关($ps<0.001$)。

表 5-28　社会支持与中学青年教师教学能力素质之间的相关

	客观支持	主观支持	利用度	社会支持
教学能力素质	0.24**	0.45**	0.36**	0.45**

备注：** 表示在 0.01 水平(双侧)上显著相关。

2. 社会支持因素对中学青年教师科研能力素质的影响

为了进一步分析社会支持对中学青年教师科研能力素质的影响,可计算皮尔逊相关系数,具体如表 5-29 所示。结果表明,社会支持与科研能力素质之间存在显著正相关($r=0.43, p<0.001$)。通过具体分析可知,社会支持对中学青年教师科研能力素质的发展具有积极的作用。此外,中学青年教师客观支持、主观支持,以及对支持的利用度与科研能力素质均存在显著正相关($p<0.002$)。

表 5-29　社会支持与中学青年教师科研能力素质之间的相关

	客观支持	主观支持	利用度	社会支持
科研能力素质	0.20**	0.49**	0.31**	0.43**

备注：** 表示在 0.01 水平(双侧)上显著相关。

3. 社会支持因素对中学青年教师自我提升能力素质的影响

社会支持因素与中学青年教师自我提升能力的相关分析结果(表5-30)表明,两者之间存在显著正相关($r=0.35, p<0.001$)。通过具体分析可知,社会支持对中学青年教师自我提升能力素质的发展具有积极的促进作用。此外,中学青年教师的客观支持与自我提升能力素质存在显著正相关($r=0.12, p=0.037$);中学青年教师的主观支持与自我提升能力素质存在显著正相关($r=0.41, p<0.001$);中学青年教师对支持的利用度与自我提升能力素质存在显著正相关($r=0.28, p<0.001$)。

表5-30 社会支持因素与中学青年教师自我提升能力素质之间的相关

	客观支持	主观支持	利用度	社会支持
自我提升能力素质	0.12*	0.41**	0.28**	0.35**

备注:** 表示在0.01水平(双侧)上显著相关。* 表示在0.05水平(双侧)上显著相关。

(三)社会支持对中学青年教师能力素质影响的讨论

通过对问卷的分析,本研究发现,多数青年教师的社会支持总分处于中间水平,社会支持状况良好和社会支持状况较差的青年教师数量占比都比较小,而且社会支持状况良好的青年教师数量多于社会支持状况较差的青年教师。中学青年教师在客观支持、主观支持、对社会支持利用度的状况均符合上述趋势分布。其中,客观支持主要包括实实在在的物质资源方面的帮助和社会关系、团体支持等人际关系资源方面的支持,这些支持可以转化为实际的、直接的帮助;主观支持主要包括情感层面的接纳、理解、尊重等心理支持,是个人内部的、主观的心理感受;而对社会支持的利用度主要是指个体在问题解决过程中有效利用各类支持性资源的程度。当前,大多数中学青年教师实际得到的来自家庭的、物质上或感情上的支持和帮助是比较多的,即他们与家人、朋友及同事等的关系比较融洽,能够得到较好的支持。多数中学青年教师在遇到困难或麻烦时能向他人倾诉,主动寻求帮助。

本研究的相关分析表明,社会支持对中学青年教师能力素质的发展具有一定的影响。该结果也说明,中学青年教师所获得的社会支持越多,其能力素质发展通常会更好。因此,完善中学青年教师的社会支持系统,对提高中学青年教师的能力乃至增进中学青年教师的心理健康都有可供选择的积极作用。但社会支持系统对促进青年教师能力素质发展的作用机制,由于研究内容限制,本调查尚无法给出具体解释,未来的研究需在此方面进一步澄清和加强。

三、客观因素、主观因素对中学青年教师能力素质的影响

(一)学校环境、社会支持对中学青年教师能力素质的回归分析

为进一步探讨中学青年教师任职的客观因素、主观因素对能力素质的影响程度,笔者选取学校环境、社会支持为自变量,将教师能力素质作为因变量,进行线性回归分析。回归分析结果(表5-31)显示,学校环境与社会支持两个变量进入回归方程,回归系数显著。其中,对中学青年教师能力素质影响最大的是学校环境,其次是社会支持。学校环境与社会支持能够联合解释能力素质的69.2%,表明中学青年教师任职的学校环境及所获得的社会支持均对其能力素质的发展具有很强的正向预测作用。因此回归方程为:

$$能力素质 = 0.63 \times 学校环境 + 0.01 \times 社会支持 + 0.91$$

表5-31 学校环境、社会支持对能力素质影响程度的多元逐步回归分析结果[a]

自变量	非标准化系数		标准化系数	R	R_a^2	F检验	t
	B	SE	β				
常量	0.91	0.13					6.93**
学校环境	0.63	0.03	0.75	0.83	0.69	338.43**	21.65**
社会支持	0.01	0.00	0.17				4.73**

备注:**表示在水平(双侧)上显著相关。

(二)回归分析结果的相关讨论

由于调查内容、时间精力和研究主旨等方面的限制,我们无法对影响中学青年教师能力素质发展与提升的因素进行全面调查。但事实上,除了问卷调查主要涉及的学校因素和社会支持因素外,人际关系、教师团队的沟通协作、教师的知识结构等诸多因素均可能会影响到中学青年教师能力素质的发展。

人际关系因素对中学青年教师的职业成长会产生直接影响。这些人际关系既包括与学校校领导、中层干部的上下级关系,又包括与学科带头人、资历较老的老教师、教学经验丰富的中年教师的关系,还包括年龄、资历相仿的青年教师彼此之间的竞争关系等。融洽的人际关系对于青年教师快速过职业发展的"适应期"、顺利突破青年教师职业发展瓶颈、取得长足进步等都具有非常

重要的现实意义。然而,整体上而言,青年教师无论是在人际关系敏感度方面,还是在人际关系处理的经验、技巧方面都相对欠缺,如果因为不够成熟的处事方式影响了与学校同事之间人际关系的和睦,自然也会影响自身能力素质的提升。

团队合作也是促进青年教师职业发展与个人能力快速提升的一个重要因素。许多中学会组建以学科成长小组、教研组、工作坊、教师发展共同体等为载体的非行政性团体,以加强老教师对青年教师的指导和促进教师之间的协作。如果这种团队协作运行机制比较良好,且工作实绩比较明显,会大大提升青年教师的归属感和参与度,尤其是团队协作的目标导向与青年教师自身的职业发展目标相契合的话,能够最大限度地调动青年教师的内生动力和工作积极性,进而形成有效的激励。另外,如果中学能够构建起积极进取的青年教师专业发展文化生态,那么教师之间常态化的沟通、学习等互动交流机制有助于青年教师迅速调整自身的知识结构、教学方式,并快速补齐短板、发现优势领域,进而全面提升自身的理论素养和教科研实践智慧,实现向专业化、专家化发展。

总而言之,对中学青年教师能力素质的具体影响因素进行研究探讨是一项非常具有研究价值的工作,它直接关系中学青年教师能力素质提升的效果和质量。应通过正确认识中学青年教师能力素质核心内容、改善学校政策和环境、提供社会支持等途径,提升中学青年教师能力素质,科学解决中学青年教师专业发展中的实际问题。

第六章
提升中学青年教师能力素质的个案研究

通过对中学青年教师能力素质的哲学分析及实证考察,本研究构建出稳定、有效的青年教师能力素质模型及其影响因素。但理论与数据刻画的模型如何在现实情境中发挥作用,如何为教师发展提供真实、有效的策略?这些问题都需要通过教师发展的具体实践予以检视与解答。建立教师发展学校是提升中学青年教师能力素质最为有效的组织建设和实践路径。因此,本研究通过个案研究的方法,对 SDFZ 教师发展学校进行全面、深入的观察与参与,通过鲜活具体的教育实践情境,对青年教师能力素质模型予以更加细致与生动的诠释和证实。

中学教师发展学校是学校大力挖掘、开发本校内部资源,充分依托校内外教育资源,面向在职教师通过多种形式组织引导并激发其知行思交融、教学研合一,从而促进教师主动、有效、持续发展的组织形式。教师发展学校是提升中学青年教师能力素质的具体实践,能够将教师专业发展与其所在的学校团队环境关联起来,既重视教师自身专业成长的规律,又重视学校环境的影响力,立足校本,实现教师的全方位发展。学校促进教师专业发展的过程,也是满足学校、教师双向发展要求的过程;教师在自身基础之上,适应学校对教师专业提升的要求,不断自我更新、自我提高,实现与学校共同发展,最终实现教师发展与学校发展方向的一致性。本研究基于上述思维视角,对 SDFZ 教师发展学校进行个案研究,探索提升青年教师能力素质的可行路径。

第一节　教师发展学校个案背景说明

建立科学规范、保障有力的教师发展学校是提升青年教师最为有效的路径之一,因此,本部分通过选取 SDFZ 建立建设教师发展学校的经验路径来剖析探寻中学青年教师能力素质提升的有效策略。首先,厘清 SDFZ 建立教师发展学校的背景与逻辑。SDFZ 作为苏州工业园区的一所独立高中,学校领导班子高度重视教师队伍建设,利用国家开发区独特的政策优势,面向全国招聘优秀教师和高校毕业研究生,从而保证了从建校之初就有一支较高水平的教师队伍,也使这所学校具有了"移民学校"的特点。教师是学校发展的核心要素,这一支来自全国各地的优秀教师队伍怎样才能与苏州文化和谐融合,这一支来自不同地域,具备不同文化背景又相对成熟的教师队伍同聚一所学校,如何才能使彼此之间和谐共生,并实现可持续发展,这是建校之初亟待解决的战略问题。在基于理论学习、实地考察和专家论证之后,2003 年,SDFZ 正式创建 SDFZ 教师发展学校,着重对在职教师的专业发展方面进行实践探索。SDFZ 教师发展学校一直以来受到苏州大学的大力支持和指导。SDFZ 教师发展学校在创建探索中,一直坚持教、研、训、管相结合,开展"爱与智慧教育思想的实践研究",先后拟出了"一心一意干事业,凝心聚力求发展""实践爱与智慧的教育,建设大气、朝气、正气的现代名校""养正气,成大器"的共同愿景,搭建"特级教师工作室""教育学者流动工作站""课题研究中心组""教师书院(半塘书院)"等多种平台,从操作层面进一步整合、拓展、优化教育资源,创新评价机制,力求使学生成长、学校发展与教师的专业提升共赢,创造和谐环境,促进教师在专家引领、同伴互助中自主、自觉、自信地发展。

本研究主要采取了田野调查的方法,这种研究方法的理想状况是研究者在研究对象所在地能居住两年及以上,并熟悉被研究者的语言体系。笔者在 SDFZ 参与 SDFZ 教师发展学校的建设历时六年,通过听、说、看、查、问、实际参与等方法,调阅了教师发展学校创建以来的所有文件资料,走访了该校教师发展学校的策划者、管理者和学员,调查分析了全体教师在学校中的精神生活状态,从中观察、了解和认识这所学校的校情与文化,探寻中学青年教师能力素质的提升路径,探究学校教师专业发展深层问题,进一步探求中学教师发展学校为青年教师能力素质提升和专业发展提供优质服务的策略。

第二节　SDFZ教师发展学校的组织形态

SDFZ教师发展学校依据"立足教育、着眼校本"的理念、生态位原理和学习型组织建构理论，初步搭建了教师发展的"三个支柱""三层模式""三位一体"的架构，形成了这所学校的独特组织形态。

一、教师发展学校的三大支柱

教师发展学校的三大支柱包括各级教育行政部门的支持、专业人员的指导、学校教师的积极参与等三个方面（图6-1）。政策的倾斜是最大的支持，学校要推行某项工作，争取到上级行政部门在政策和资源上的支持会收到事半功倍的成效。

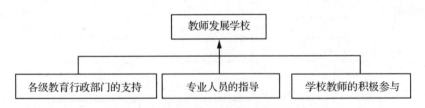

图6-1　教师专业发展的三大支柱

中学的任务就是促进学生的健康成长，而教师闻道在先，个人的专业学习已在师范院校的专业教育、职前学习中完成了。在现代学校中，教育是一个使教育者和受教育者不断发展完善的行业，教育过程中只有当教育者自觉地完善自己时，才能更好地促进学生的完善与发展；没有教师生命质量的提升，就很难有教育质量的提升；没有教师的主动发展，就很难有学生的主动发展。但中学很难完全靠自身完成教师专业发展的"升级维护"，因此，中学青年教师需要在专家教授的引领与指导下，通过审视自己的原有知识经验、学习新理论、体悟当下教育政策指向和新时代教育发展的需求，以践行者和研究者的双重身份进行教师专业发展的"学研思行"。

教师在专业学习中往往是循着"学习理论-付诸实践-反思修正-明晰内隐理念-完善重建"这样一个闭环螺旋式提升的，在这个循环中教师要在真实的情境中对理论进行情境化理解,并设计建构一系列的行为流程,要通过在专业活动和专业行为的训练、反思、修正中生成或提升自己的教育教学能力,要通过研究、审视自己或他人的教育行为来完成教育研究,明晰支配这些行为背后的内隐理念,所有的主体合作、专业对话、实践生成、反思建构、专业发展等都需要教师作为教育主体进行亲历性参与和研究。

二、教师发展学校的三层模式

SDFZ教师发展学校将所有的教师按专业成长阶段分成三个层级的班级:青年教师研读班、成熟教师研修班、名师研究班(图6-2)。青年教师研读班成员为教龄不满三年的年轻教师,目的在"引上路",途径是"读原著"。成熟教师研修班成员为学校发展的中坚,主要是有一定教学经验但教龄不足十年的中青年教师,他们是学科建设和学校发展的潜力,目的在"加压力",途径是"有课题"。名师研究班成员为学术骨干和学科带头人,他们是学科建设和学校发展的主力,并对促进学科发展发挥着重要作用,目的在"出名师",途径是"出成果"。

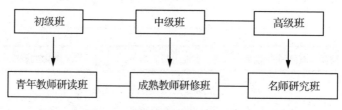

图6-2　教师发展学校的三层模式

(一)通过青年教师研读班"引上路"

青年教师研读班的学习活动,主要是围绕某一问题,在某一段时间中读一类教育学学科原著或社会学原著,或就某一问题进行集中研讨。用教育学原著进行专业补课,教师在大学师范教育中只是学习了一些普通教育学和心理学的知识,研读教育学、心理学原著的目的是让年轻教师建构自己的教育理念,找到一条适合自己专业发展的路;学科原著的阅读强调学科在教师发展中至为关键的作用,它既是将来教师专业发展的基石,也是形成教师独特个性的基础;社会学视角的关注必须成为教师发展不可或缺的重要组成部分,一切教育问题都是社会问题的表现,不关注社会问题的研究很难准确而敏锐地理解教育问题。约言之,读书是为了解决问题。青年教师研读班重在"解决问题",

强调两个方面,一是发现问题之后,通过读书来解决问题;二是在读书时发现问题,并通过读书解决问题。

青年教师是学校发展的未来和希望,实施研读班让青年教师茁壮地成长起来,让一部分青年教师尽早地成为教坛新秀,使学校保持活力和可持续发展的潜力。这项工作对学校发展具有重要意义,SDFZ 教师发展学校采取的策略主要有以下几个方面。

(1) 以办班模式,强化青年教师的培养。青年教师研读班成员边读边研、读研结合,读研与教学相结合,采用分散自学与集中探究相结合,既要专家引领指导,又可与大师对话碰撞;既重视教师业务素质的培养,又关注教师人文素质的提高。

(2) 通过导师带徒形式,给青年教师设立标杆榜样的同时通过师傅的传、帮、带加速成长,尽快胜任教学工作站稳讲台、尽快学会班级管理提高育人效能、尽快进入专业成长通道早日脱颖而出。

(3) 组织青年教师开展一系列活动,如教学设计评比,课堂教学基本功评比,学思研论文评比,学习心得或工作体悟交流等。

(4) 通过课例研究,对教师的课前自备-研备-复备、课堂环节安排与生成资源的操作、课后的反思体悟等进行解剖、讨论、分析,以达到修正不足、发扬亮点、打开思路等目的,使教师从感悟中提升。

(5) 为涵养丰厚教师的文化素养,开展有方向、有计划、求实效的读书活动;要求重视教育反思,定期撰写教育随笔。

(6) 青年教师要用好"三书"——课程标准、教材教参、教学设计,要做好"三课"——放样课、汇报课、样板课,要过好"三关"——学科教学基本功关、班级建设管理关、教育教学研究关。通过这一系列的工作,旨在帮助青年教师缩短适应期,尽快完成从"新手"到"能手"的转变。

(二) 通过成熟教师研修班"加压力"

成熟教师研修班的学习活动主要是参加教育学术沙龙、参加学科学术前沿研讨会。要求骨干教师研修班成员围绕各自的问题,定期参与教育沙龙,这一活动旨在帮助中青年老师打开学术思考的视野和思路。同时,邀请高校的学科导师召集教师参加高水平的学科学术前沿研讨活动,旨在为帮助中青年教师了解学科发展前沿的同时,找到适合自己的发展重点。

中青年成熟教师起着承上启下的作用,对成熟教师的促进和培养,首先是帮助他们明确各自的努力方向和奋斗目标。让一部分教师能冲刺市学科带头人，一部分能冲刺区学科带头人，一部分能冲刺区教学能手，一部分能冲刺省、市、区等各级优秀教师、优秀班主任等，一部分成为能冲刺省、市、区各级优质课的强手。实验学校的培养模式有以下几种。

（1）专题研讨模式：针对某一模块的内容进行培训。如在学校推进易加生态课堂的背景下如何上好一堂公开课，易加生态课堂倡导的好课的标准是什么，作为成熟教师应具备什么样的素质，优秀班主任的标准是什么等，选定一个内容，组织有关教师来培训，培训中做到学习与研讨相结合。

（2）对话互动模式：组织骨干教师开展对话活动。师师之间、师生之间、教师与家长之间、教师与领导之间、教师与专业人员之间等都可以进行。通过对话互动的形式，来实现心灵的沟通、智慧的启迪，相互促进与提升。

（3）学术团体模式：志同道合、情意相投的人在一起，组成一个团体，通过集会或沙龙的形式，交流观摩、切磋、碰撞。

（4）竞赛模式：组织他们开展一些竞赛活动，如课堂改革的小论文竞赛活动、教学基本功展示活动、教学创意设计竞赛活动、录播课制作评比活动等，以激励他们奋发向上。

（5）小课题研究模式：以研究小课题的方式达到培训、锻炼教师的目的，小课题多来自教育教学实际，选取的角度小、范围小、难度小，易操作，耗时也少，容易出成果，是促进青年骨干教师把读书、实践、反思联结起来，达到学以致用的重要途径。

（三）通过名师研究班"出名师"

名师研究班成员是在教学中已取得一定成绩的学术骨干和学科带头人，名师研究班的任务是给他们提供一个反思提升的平台，定期交流各自每一阶段写作的科研论文，进行定期的教学高峰研讨，将国内基础教育实践领域的特级教师和学科教学论领域的专家请到"特级教师、专家学者流动工作站"来与研究班的教师进行最为深入的接触，帮助他们逐渐形成教学个性，写出高水平的学科教育论文，成为名师。该班的学员都是学校教师中的精英，对他们的研训，实验学校侧重如下几个方面。

（1）对课题研究的理论与实践的探究。每一位学员都要承担一个区级以上的教育科研课题。培训的目的是使他们能熟练地掌握教育科研的研究方法与手段，善于探讨与总结教育教学的规律，并在一定范围内推广课题研究的成果,认真撰写论文并发表,积极参与各种类型的研讨会。

(2) 探讨新课程的实施策略。与教授、专家一道,探讨新课程的实施策略。通过培训,率先理解并掌握新课程的教育理念,掌握新课程标准的实质,努力推进教学方式与学习方法的改革,成为实施新课程的标兵。

(3) 探讨校本课程的开发与实施。与教授、专家一道探讨开发校本课程的目的与意义,积极参与创编学校校本课程,并带头实施校本课程。

(4) 从研究课出发,开展课堂教学的研究。与教授、专家一道确立课题,合作研究,通过认真探讨,制定出最优教学方案,然后加以实施,并对外开放。开课后要及时反思与总结,以促进教师的自我发展。

(5) 开展帮师活动,探讨教学评估方案。与教授、专家合作共同研制既适合学校实际情况,又符合教育理论的教与学的活动方案,并以此方案对学校教师的教学质量与学生的学习效果给予评估。主动帮助、指导中青年教师提高他们的教学水平。每位学员必须带 1~2 名徒弟,担当他们的指导老师,师徒结对,采取"满师制",所带徒弟取得的成绩,师傅同时可以分享或得到奖励。

(6) 三个班的学员既有稳定性,又有流动性。譬如,研读班的学员年年都吸纳新的学员,让新招聘到学校工作的青年教师加入研读班的学习。青年教师研读班学员的年龄超过 30 岁后,经校学术委员会考核可转为骨干教师研修班学习。而骨干教师一旦达到名师研究班的条件,可转到研究班学习与研究。稳定性,是指每个班没有年限所限。比如特级教师,应一直属于名师研究班的成员,如果他不离开学校,那就是终生的学员,即使退休,仍可为学校教育事业的发展,为教师素质的发展献计献策。

(7) 三个班的发展既有互通性,又有针对性。互通性,是指各班学习的内容有共同的部分(如新课程理念、教育原理、教研动态、高考信息),学习上有一些共同的形式(如学情调查、实践反思、理论学习、与大师对话)等。传统意义上的师培,往往以学科知识为本位,或者限于技术手段,而中学教师发展学校,致力于让教师触及教育的本质,让教师教育教学的整体观念适应新课程环境的要求。跨学科的共性学习,为跨学科渗透提供可能。针对性,指的是根据不同的对象,基于不同的阶段发展目标,在学习形式、学习方法、研习重点上有差异。例如,在名师研究班里要侧重课题研究、重视课程研究,要做到人人有课题,人人能开发课程。

第三节　SDFZ 教师发展学校的活动形态[①]

SDFZ 教师发展学校是"教、学、研"三位一体的发展模式和"研、训、管"三位一体的学习组织。SDFZ 教师发展学校要求教师在发展中做到把教育实践、自主学习、教育研究有机结合，形成"教、学、研"三位一体的发展模式。实践是学习和研究的基础与载体，充满生命的张力，是教师专业成长的沃土；教师的研究主要是指教师针对个人的亲历性实践要有一种主体意识，通过反思发掘出教育教学行为背后的内隐理念，探索更新支配行为的理念"参照系"，参照新观念系统对教学内容和方法的结构形态、组织行为等进行重建，可以使教学实践更加深刻、有效；学习是贯穿教师专业发展始终的活动，没有学习，研究就会失去理论支撑和基础，反思就失去了参照系统和方向，教师就很难获得有效的专业发展。

SDFZ 教师发展学校承担的最重要的功能是教师的专业发展，另外，还承担教师的聘、管、研等工作，这些工作的有机结合形成了"研、训、管"三位一体的局面，相得益彰。但 SDFZ 教师发展学校不同于学校中一般的科室，它是学习组织而不是行政组织，尽管它要承担若干管理方面的事务；是服务机构而不是约束机构，有着民主、平等、宽松的氛围；是充溢活力、创新、动力的孵化器，而非仅仅依靠行政权力维系的一个学习班；有明确的办学目标、个人业务发展目标，通俗一点说，办学者要让学习者由生手变成熟手、熟手变成骨干、骨干变成名师，如此等等，步步登高，由目标统领"校中之校"的一切工作。

一、SDFZ 教师发展学校中的自主学习

（一）读书活动，在阅读中思考，在反思中成长

在学习型组织理论指导下构建起来的 SDFZ 教师发展学校中，要引导教师树立"只有学习体悟与生命生长双向建构，才有精彩纷呈的生活、生命、生长"的理念，做到"工作实践的学习研究化、学习研究的工作常态化"，通过学习研究教师达到学养有厚度、视野有宽度的境界。

[①] 赵光义. SDFZ 教师发展学校活动形态研究[J]. 当代教育家,2017(9).

SDFZ 教师发展学校在全体教师中推行有方向、有计划、求实效的读书活动。通过读书、思考来解决实践中发现的问题并发现新问题,通过问题的发现和解决来提升教师的理论水平和用理论指导实践的能力;在读书中重新发现自己,达到诵经典文、立君子品、做有德人的目的。

(二)教师反思,切问近思,在实践中生成

教师的反思是教师对理念、事例、方法、自己的实践等进行自主的审视和理性的判断,通过反思来彰明那些被现象和表象蒙蔽的事实真相,正如柏拉图的"洞喻"表明的那样——"光明在你背后,生命期待着你的蓦然回首"。在审视反思自己的教学行为时必须始于问题,我们无须也不可能避开问题进行反思,要认识问题的本质是成长的空间,在反思中可用"三问"来发现和提炼问题。一问自己,复盘自己的教育教学行为,寻找存在的问题;二问学生,通过答疑、访谈、问卷等了解学生学习过程中存在的问题和需求;三问朋辈同伴,通过同伴间的交流碰撞来发现问题。在切问近思,明确问题之后,通过复盘回顾、分析原因、明确光源(内隐理念)等方式,在"知行研思"交融中或肯定与强化,或否定与修正,从而提高教育教学的效能,并使自己的专业能力得到提升。当反思内化成为教师的自觉行为,成为伴随教师职业生涯的好习惯时,就能促进教师的自我发展进入自动化阶段,教师的职业生活就会发生质的改变。

现在,"学习实践-反思修正-完善重建=成长"的教师专业发展公式已逐渐得到大家的认可,反思缺位,则经验是狭隘的、浅薄的,如果教师仅仅满足于获得经验而不对经验进行深入的思考,那么他的发展将大受限制。

SDFZ 教师发展学校为了促进教师自我反思实施了很多行之有效的管理策略。更有很多教师开展教学反思,养成了自觉监控教学行为的"三自"习惯,即通过对教育教学行为的复盘培养自我审视的习惯,通过写教学反思培养自我体悟的习惯,通过朋辈同伴间经验体会的交流培养自我拓展的习惯。

以"自我反思"为基础的反思性教研活动,是针对教育教学问题进行群体合作探究、共同分析梳理、探讨解决的活动。SDFZ 总结出"七特征"反思法,在教研组建设中大力推进,下面结合一些案例加以说明。

(1)问题驱动。以提出教学中存在的问题作为教学研究的起点,教学研究反思的目的是理论与实践的双向建构,因此,教学问题的提出可以从理论与实践两个方面着眼。理论性问题一般可以从"是什么"和"为什么"的角度来思考,实践性问题则一般是在常态化实践的基础上从"怎么做""如何做得更好"等角度来提出。

（2）专家引领。理念导入、专家指导是保证校本教学研究能够深化、有效的重要条件，专家参与是反思性教研向纵深发展的关键，这种参与和引领有两种，一种是专家到场面对面指导的显性引领，一种是通过学习专家的文本而实现的隐性引领。教师接受专家指导，加强理论学习，进行理念更新、参照系升级，提升专业素养，是实现个人专业发展、通往专家型教师的先决条件。

（3）课例载体。教师通过专家指导、个人反思、同伴交流，可以明晰自己教学中的问题并初建解决问题的策略及流程，通过具体的课例将问题具体化为情境性问题，通过教学实践验证这一策略、流程的有效性和适切性。

（4）三段两层。"三段"即教前主要是备课、教中主要是研课、教后主要是评课；"二层"即教师个人的独学反思、同伴间的群研反思。"两层"融于每段的活动之中。

（5）实证取向。反思性教研活动强调在研究中以扎根研究、实证研究为主，坚持以适当的定量分析作为基础进行定性分析，让叙事解释、理论剖析、策略创设等都建立在课堂影像、活动观察、访谈记录等一系列"史记式"教育大数据基础之上。

（6）循环上升。每一轮教研活动往往都是循着"实践—反思—析因—重构—实践"这样一个循环往复、螺旋梯次推进提升的，这意味着本轮教研的收束也就是下轮教研的起端。单次教研不可能解决所提出的全部问题或解决一个问题的全程，况且在问题的解决过程中往往又会产生新的问题，事物的发展、能力的提升就是在捕捉和解决这些问题中完成的，这会激发教师进一步探索思考的动力，推动新一轮教研的展开。在这种循环往复、螺旋梯次推进的教研活动中，教师的实践智慧、教学技能、思维能力等得到发展和提高，从而有效地促进教师的专业成长。

（三）教师写作，切己体察，在厚积中薄发

SDFZ 教师发展学校主要采用专业日志与档案袋的方式引导教师通过写作来研究和反思。专业日志绝大多数是书面文字，也包括图表、录像（录音）带等资料，常见的书面文字有四种：一是写小微反思，大多以教后记的形式呈现，主要是记录或审视自己教育教学中出现的一些具体问题而产生的感想，及时以简洁的语言或符号进行记录或标注，以促进自己今后的教育教学工作；二是写教学日记，一日工作或一个教学章节结束，对过程中发生的重要的教学事件做简要的描述、分析,提出自己的想法等;三是教育随笔,在教育教学的学习、实践和反思中,针对一个或一组问题有了一定认识,就以随笔的方式记录下来,体裁形式不限,长短不限,但建议借鉴系统学习、深入学习的观点和做法,可以在一段时间内围绕一个方面的问题进行深挖细析、建构解决的策略流程等;四是教育论文,是教师对教育的某个专题在实践和思考之后,以一定理论作支撑进行的较为全面的总结和论述。档案袋既可以是纸质材料形式,也可以是电子文档形式,需要有一个大小适宜的、明确的主题,研究者围绕主题有目的地遴选和梳理相关材料,通过材料的积累来加深、拓宽对这个主题的理解,在此基础上进行有理有据的写作表达。通过写作来培养问题意识、掌握基本方法、随时搜集资料、亲自参与研究、不断进行反思。

（四）小课题研究,直面实践,收到以小见大的效果

小课题有研究范围规模小、科研方法简单、理论要求低、容易操作和真实、朴实实在的特点,它以行动研究、实践反思为抓手,可以高质量、高速度地促进教师发展。SDFZ教师发展学校把"行动研究"作为微型课题研究的主要方法,倡导"问题即课题、行动即研究、发展即成果"理念,在常态化的实践操作中,倡导教师针对自己的教育教学实践提出问题-设计方案-展开实践-反思过程-解开疑惑-留下感悟。学校的小课题研究,要能够聚集形成一个多角度的校本化、集约化的体系,这样小课题群研究才能为教师的专业化发展提供动力,才能在学校发展中真正起到探路、引领作用。

SDFZ教师发展学校在五年规划和十年规划中,确立了"实践爱与智慧的教育"的使命、"德育有根、教学有效、践行有力"的核心价值观和"养正气,成大器"的立人目标,确立了"'爱与智慧'教育思想的实践研究"的总课题(省教育科学规划重点资助课题),并设置了一级子课题、二级子课题和微型课题。

比如设置了"爱与智慧教育背景下的教师专业发展的研究""以爱为核心培育健全人格的研究""'实践爱与智慧教育'的教育教学策略研究"等子课题,在一级子课下再分设二级子课题和微型课题,比如在"爱与智慧教育背景下的教师专业发展的研究"下设置了二级子课题一:"生长爱与智慧的校本教研实践研究"[包括如下微型课题:"教育论坛、教师沙龙的师培功能发挥的行动研究""青年教师研读班的实践研究(青年教师)""教师职业高原期的成因及突破策略研究(中年教师)""教研组、备课组、课题组的功能互补共生研究""走近大师亲近经典促进教师成长的行动研究"];二级子课题二:"服务爱与

智慧教育的校本评价研究"（包括如下微型课题："运用校本评价促进教师发展的研究""科学认识与运用学生评教的研究""过程评价在校本评价中的功能价值研究""校本评价的一致性与良好校园文化建设的研究"）等。这些课题涉及学校发展、教育教学、师生发展、课程开发、文化建设、德育工作等诸多方面。

近几年来每个学期，教师在《班主任》《中国教师报》《中国德育》《江苏教育》等杂志报纸上发表文章30多篇，学校统一编辑一本爱与智慧教育丛书"大爱无疆"，每个学期还会组织一次教师论文评选。实践、思考、研究、读书、写作，已逐渐成为 SDFZ 教师发展学校大部分教师的生活方式。比如 SDFZ 教师发展学校教师最近在思考研究的问题有如何提升教师的教育幸福感、学生心理调适的问题、教师的惩戒权问题、易加生态课堂的问题、全域联动重构校园生态的问题……以小课题或组课题切入的视角进行研究形成了一批质量较高的教育论文，为学校工作、师生成长、课堂创新等提供了范式依据和推进动力。学校通过组织全体教师开展小课题研究，增强了教师的课题意识和创新意识，提升了教师素养与品位，减少了教师职业倦怠情绪，增强了教师的教育成就感和职业幸福感。

二、SDFZ 教师发展学校中的同伴互助

（一）组内轮教课，积极唤醒，实现同伴之间的有效对话

SDFZ 在校本教研中采用同课异构或首尾接龙、组内轮教的做法，通过尝试不同的教学策略、教学方法和组织形式，研讨教学中存在的问题与策略、目标的设置与达成等，遵循"问题-设计-行动-总结"的基本流程，运用"自我反思、同伴互助、专业引领"的研究形式，使教师在多种形式的教研案例中得到启示，得以提高。这是 SDFZ 教师发展学校对校本教研制度创新的一种有益尝试。

在日常操作中，以备课组为单位，开展首尾接龙组内轮教课，即几名教师分别上某部分内容的不同课时，在合作、承袭与拓展中创生和强化教师的同伴互助和合作文化；同课异构组内轮教课，即几名教师上同一节课，在集体研备的基础上，个人再进行个性复备并分别实施，进行比较、分析、反思，提炼在不同的知识呈现、生成顺序和展示情境中的效果；多人上异课——几名教师上不同课型，教师可根据自身的知识储备、特长优势、风格特点来选择适合自己的

课,展示自己的亮点,给同伴以启迪;一人多次上同一课——针对同一内容,由一人实施,在大家交流的基础上修正后再实践,直到大家满意为止,这对教师理解好课的标准、提高自身把握课堂的能力等都大有裨益。

在组内轮教课中,SDFZ 是按照"理念烛照—课例透析—交流评析—教学反思—学习借鉴—反思小记"的程式进行课例研究的,通过看别人的课堂、说别人的课堂、想自己的课堂、审视体悟共性的问题进行理念碰撞提升,达到通过走进别人的课堂来改进自己的课堂的目的。在进行轮教课与课例研究时,充分借助学校"E 学习"中心建构的 E 课堂、E 教研,这两个教育教学典型应用场景是围绕教研、管理、学习、成长等需要,充分整合当前先进的技术,有效地实现授课环境、研评环境、移动环境、个体环境间的互联互通,打通课前、课中、课后,使资源建设、使用、增效、传播、评价等实现常态化。这种形式既提高教育教学效度又促进教师的成长。一般教师和优秀教师之间的差异,更多体现在对教育教学细节的把握和处理上,对教育教学行为传统的评价、指导方式,是通过听课、观摩后针对特定对象教育过程中的一些表现进行指导评价,这种方式存在情景滞后、细节模糊、指向性较弱等问题,被指导方往往不清楚或不能直观、完整地回忆再现评课指导中所指情景、情节或问题,降低了指导的效度,不利于教师成长。通过 E 课堂和 E 教研,可使教学过程和评价过程分别形成两套视频,教学过程视频是在教学场所内的情景再现,相当于我们日常的录播课,评价过程视频则是在教学过程视频上自动实时加入画中画,画中画的内容是点评、指导的影音和文字视频,这样在实现点评实时性的同时使被指导方能直观、具体地看到评价所指向的情节或问题,提高针对性和实效性,助力教师成长。

E 课堂与 E 评价有效且原汁原味地保留了常态教学下的课堂,同时也使参与者有机会实现与课堂同步的原生态、微格反思,保证了课堂评价和分析目标的明确可控性,从而有效引领教师在实践中反思,在体悟中成长,提高教师的课堂教学力和管学力,有效促进教师的专业化成长,使教师体会到"在此"的乐趣和"当下"的价值。

(二)教育沙龙,平等交流,在碰撞中提升

沙龙以其开放的姿态和友好的界面在教师专业研讨中广受欢迎,在学校中按照研讨的话题可以划分为某某专题沙龙、教学研讨沙龙、读书交流沙龙、德育工作沙龙等。沙龙上可以针对某个话题进行交流,也可以针对典型课例、

教育案例进行剖析讨论等,内容和形式都可以做到丰富多彩。下面是"我看有效教学"沙龙附录:

  本期沙龙的话题是"我看有效教学"。围绕这一话题,学员们各抒己见。什么样的教学是"有效"的?影响"有效教学"的因素有哪些?如何促进教学的有效性?针对这些问题,会员们都提出了自己的独到见解。袁亚萍老师的"从以色列农业看有效教学",高俊卿老师的"从五种教学行为谈教学的有效性",陆培良老师的"整体有效与个体有效,长期有效与短期有效",颜炳忠老师的"从名师经验看有效教学"……高潮迭起,精彩纷呈。有的含蓄,有的尖锐,有的严谨,有的诙谐,有的温婉,有的激昂。在争论中思路被打开,在辩驳中问题被引向了深入。一个困扰大家的"有效教学"问题,在思想碰撞的火花中渐渐变得清晰起来。李林忠主任对每位会员的发言均做了精彩点评。他阐释了"有效"的真正内涵、基本策略和方法,对比探讨了教师文化底蕴在有效教学中的作用,还对会员们的困惑提出了自己的观点和建议。他希望每位教师能守住一份宁静,丰富自身的文化积淀,形成有个性的教育艺术。邵统亮副校长的总结性发言从一个教学实例出发,呼唤广大教师在"乱花渐欲迷人眼"的教学策略中寻找属于自己的风格,引发了与会者对"有效教学"的深层思考。

(三)典型案例,借鉴反思,在共性体悟中提高

  在教学实践中,如果没有丰富的教学资源,就没有活动的生动有效,更无法实现教学过程的精彩高效。因此,SDFZ 注意引导教师在教育实践中发现"问题",注意反思,形诸文字,形成案例。在实践研究中,大家认为通过以教育叙事的方式记录教育案例,可以促使教师对自己亲历性事件产生更加深刻的认识,更加清楚地确定工作中的重点和难点,促进自我反思,加强同伴之间的经验分享和沟通协作,这既是使教师内隐观念、缄默知识显性化的有力手段,也是提升教师教育教学专业化水平的有力抓手。

  SDFZ 教师发展学校在教育案例的提炼、生成、选择上要求做到五点:一是案例本身具有鲜明的导向性,二是案例组织上有一定的层次性,三是交流形式上有充分的互动性,四是剖析成果具有必要的共享性,五是活动效果做到人人参与、人人思考、人人发言、人人受益。

(四)专题讲坛,同伴交流,在互助中成长

  采取同伴交流、互教的方式,营造"说"和"做"的自主研训氛围,使教师人人有机会向别人展示自己的研究成果和学习心得,大家轮流担任主讲人,可以

介绍一本好书、教学心得、学生成长等主题,通过这些方式促进教师展示工作中所学所得和对存疑的处理反思,可以为同伴提供借鉴、互相促进。

(五)阶段展示,各显其能,在分享中感悟

以教研组、备课组或课题组为单位,向其他群体展示各自研究、学习、思考的阶段性成果,成果展示前成员间要进行统筹分工,明确每位成员在展示中承担的任务、展示的内容及展示的相关要求等,并且要注意展示的整体性和完整性,使展示从内容到形式都形成一个"合则相互为用,分则序列分明"的体系,成员在展示活动中各显神通、各尽所能,使自己的专业素养在展示中得到体现与促进提升。下面是"实验学校的班主任竞赛式研训"附录。

实验学校的班主任竞赛式研训

学校按级部举行班主任基本功竞赛活动,主要内容有撰写主题论文竞赛、《班主任工作手册》使用评比、主题班会设计方案评比、情境现场解决实际问题展示、现场抽签即兴演说比拼、拓展训练团队和合作意识考验、教育专家评点等。这个活动兼具比赛和研训两个功能,更在研训功能上做足文章,一是两级选拔,二是组团参加,三是现场点评,这是一种不着痕迹的研训。

三、SDFZ 教师发展学校中的专家对话

(一)聆听讲座,开阔视野

教师的专业成长离不开同行专家的专业引领,通过聆听专家讲座,可以迅速了解本领域的理论前沿或实践现状,可以开阔专业视野,获得理念或实操方面的启发,对教师个人的教育教学实践探索、专业成长都大有裨益。

(二)专家对话,获得启迪

教师和专家围绕某个共同的话题进行对话、探讨,可以相互启发、补充和丰富,实现双向的甚至多向的交流;通过与专家对话、交流,开阔教师的视野,激励教师的行动力,引导教师在教育中践行爱与智慧,践行以人为本、"自主、合作、创新"的时代精神,并在实践体验、反思省学中实现专业成长。

(三)咨询诊断,扶正纠偏

学校邀请专家参与教师的教育教学活动,发现、诊断存在的问题和发展需求,通过明晰问题、交流观点、咨询指导等方式来促进教师的思考反思,并提出供教师参考的指导性意见,帮助教师改进教育教学中存在的问题,促进教师科

学发展。

专家引领应与校本发展相结合，融入校本的专家引领，与教师的自我学习、反思体悟相结合，与教师的同伴互助、互动探究相融通，这样才能真正发挥理论对实践的指导作用、专家对校本实践的引领作用，从而产生最好的效益。另外，从 SDFZ 教师发展学校的实践来看，所谓的专家引领还只停留在特级教师、学科名师、上级部门的教研人员对一线教师的指导作用上，而大学院校、研究院所的理论工作者深入学校进行研究指导相对较少。

四、SDFZ 教师发展学校中的课题引领

SDFZ 教师发展学校在课题引领中注意从校本需求与师生发展出发，通过构建一个主导性的总课题，下设一系列的子课题和微课题，形成有向开放的课题序列，有效引领教师的专业成长。课题要有一定的针对性和前瞻性，要符合时代的要求，找准切入点，规划好在一个时期内学校需要解决的重大问题。在 SDFZ 教师发展学校的中长期发展规划中，学校确立了"拥有智慧、富于爱心、健全人格"的立人教育理念，选择的总课题是《"爱与智慧"教育思想的实践研究》（江苏省教育科学规划重点资助课题），在总课题之下又设置了一级子课题、二级子课题和微型课题。

SDFZ 教师发展学校在课题研究工作中突出"三处"，即高处看，以引领方向、着眼发展走进研究；细处想，以精细管理的管理规范研究；往实处做，以务实的态度参与研究。通过课题研究，形成了"问题思考着眼于学校和师生发展，精细管理为研究提供保障，行动研究立足并引领常规教研，成果推广服务于教学一线"的特色模式。通过课题研究，实现了"理论学习的非意识性向高度自觉性的转化，研修活动虚浮性向专题目标性的转化，公开课的一般常例性向实验探索性转化，论文撰写从散漫性向目标聚合性转化，各类研训、课题、活动与师生发展向一体化转化"五个方面的转化。

五、SDFZ 教师发展学校的当下新样态[①]

SDFZ 在教师发展方面汲取学界研究成果，结合学校发展实际，继承传统

---

① 赵光义.以研修促发展：也谈"半塘书院"平台的搭建[J].教育研究与评论（中学教育教学），2020(10).

书院制度,通过创立校内的"教师发展学校",以"明确的教师素质结构"作为教师发展的具体指针,以"教师的自主发展"作为教师发展的主要力量,以"本校问题本位"作为教师发展的主要途径,以"营造氛围、基于校本、专家引领、同伴互助、社团助力"作为教师发展的主要方式,在此基础上,继承传统书院制度,把"教师发展学校"向"书院"式推进,来进一步激发教师自主提升的动力,促进教师队伍的培养。

(一)营造传统书院氛围,激发教师发展内驱力

教师的工作头绪繁多、任务繁重,如何调动教师提升发展的动力,是一项摆在我们面前的重要课题。心灵愈自由,越能得到美的享受。教师成长过程中这种"美的享受"的获得,必须建立在教师自觉自愿、积极主动的基础上,如果只是利用行政命令,而不是志趣相投的人因为共同的教育理想聚集在一起,那么这种学习共同体就很难长期发展,其效果就可想而知。基于此,学校成立教师发展书院——"半塘书院",以学员自愿参与、基于校本的朋辈研修为主,以聘请名家开坛讲学、理念引领为辅,在环境设置、管理形式、课程设置、教学方法等方面都努力营造自由灵活、轻松愉悦的氛围,目的就在于激发教师发展的自觉性、主动性。"半塘书院"源自理学家朱熹《观书有感》的"半亩方塘一鉴开,天光云影共徘徊。问渠那得清如许?为有源头活水来",寓意教师必须通过专业阅读才能获取"源头活水";同时,"半"谐音"伴",教师唯有在朋辈与师长之间的交流碰撞中指在获得发展。

胡适指出:"书院之真正的精神唯有自修与研究,书院里的学生,无一不有自由研究的态度,虽有山长,不过为学问上的顾问;至于研究发明,仍视平日自修的程度如何。"[①]这段话道明了书院精神重点在质疑问难、自由研究,即发现问题、解决问题。学校"半塘书院"继承这种传统,聘请苏州大学教育学院的博导、教授为书院学术顾问,把全校教师按照发展阶段分成三个层次,设置名师研究班、骨干教师研修班、青年教师研读班,在学术顾问的指导下着力研究、解决"校本问题"。书院学员可根据自身兴趣和发展需要,成立以名师、骨干教师、青年教师为主要成员的专题研究小组,申报课题。比如,学校目前已经成立文化淬炼项目组、工具撬动(E学习)项目组、模式架构项目组、"智仁勇"德育体系项目组、易加生态课堂项目组等。这些项目组的研究都是基于"校本问

---

① 胡适.书院制史略[J].东方杂志,1924(3).

题",旨在解决本校教育教学中的实际问题。书院日常事务是定期组织学员调查问题、专业阅读、质疑问难、讨论解决方案,最终撰写成研究成果,真正做到"教学研思"相融合。

顾明远先生指出教师成长的"五项修炼",其中,第一项修炼是教师要有自我发展的意愿。作为教师,要是他自身没有发展的动力,什么样的教师发展机制,对他来说都是多余的。为了激发教师发展的主动性,学校积极为教师发展搭建成长平台,采取教师自愿组合、自主选题、自主研究的方式,通过人才奖励机制,教师在轻松自由的书院氛围中获取成长的快乐。

(二)锻造校本研修课程,助力教师学习发展力

顾明远先生说:"教师职业生涯中,不管新教师还是老教师,都会遇到成长中的问题;老教师要警惕定式思维,要学会创新;新教师特别是年轻教师更要有锤炼的过程,包括遇到问题要反思、要思考,不经历锤炼,是不可能提高专业水平的。"[①]一位教师要想成长,就必须不断学习理论知识,在具体的教育实践中经受锤炼,否则不可能提高专业水平。为了更好地让教师踏踏实实地学习,扎扎实实地历练,"半塘书院"设置了基于校情的校本研修课程,通过校本研修课程,重在实践与体验,重在解决实际问题。

在教师成长中,我们认为,决定一位教师发展的关键因素是其师德师风、教育理论水平、学科专业水平和教学技能水平,故而"半塘书院"的课程设置主要从这四个维度出发,构建了师德师风、生涯规划、教育理论、课程开发、读写共生五个必修课程,主要以专业阅读、专业写作和导师授课相结合的方式开展(图6-3)。

---

① 顾明远.教师成长的五项修炼[J].新教师,2019(7).

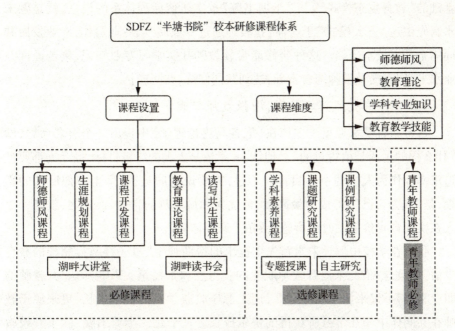

图6-3 SDFZ"半塘书院"校本研修课程体系

其中,师德师风课程、生涯规划课程、课程开发课程主要聘请国内知名高校的专家学者在书院开设"湖畔大讲堂",旨在通过具体的课程内容来促使教师主动学习;教育理论课程、读写共生课程主要以"湖畔读书会"为载体,通过指定阅读书目、领读人的形式开展研修,最终组织教师定期开展读书交流研讨,撰写读书随笔。而学科素养课程、课例研究课程、课题研究课程、青年教师课程主要根据教师的年龄、学科、兴趣自愿选择、自主组合,或自主研究,或专题授课。比如,新入职教师就必须研修青年教师课程,本课程主要由学校聘请专家和校内的名师组成,授课内容主要为实物实操,其目的是帮助新入职教师快速熟悉教师的日常事务,具体来说,有备课、听课、班主任管理等。成熟教师就可根据需要进行选择,如果有课题研究需要,成为科研型教师,就可参与课题研究课程;如果做课堂研究,成为业务型教师,就可参与课例研究课程等。

只有会学习的教师,才能教出会学习的学生。对此,新教育实验发起人朱永新先生曾说:"对于教师专业成长,可归纳为三大学派,一是以阅读为基础的'专业引领模式',二是以写作为基础的'研究反思模式',三是以同伴互助为基础的'教育生态模式'。"①"半塘书院"校本研修课程体系的设立,就是融朱永新先生这"三大模式"于一体,让教师通过专业阅读、专业写作、专业发展共同体来开展校本研修。这种研修能带领教师扎实学习专业知识,刻苦锤炼专业水平,切实提升教师综合素养,达到共同修炼、共同成长。

（三）打造教师兴趣社团,增强教师职业幸福力

古希腊哲学家亚里士多德在《尼各马克伦理学》中提出一个著名命题,即"什么样的生活是值得过的"。他认为,幸福是人类的终极目标,每个人都要把追求幸福作为人生的奋斗目标。不过,需要说明的是,亚里士多德所指的幸福,是"成为自己",即成为最高贵、最优秀和最卓越的自己,换言之,就是一个人在实现自我价值的时候所感受到的"巅峰体验"。

我们在学校中倡导朱永新先生提出的帮助师生"过一种幸福完整的教育生活"的理念,借此来提升教师职业的获得感和幸福感。朱老师认为,教师的职业幸福,不仅来源于职业尊严,还来源于收获学生的快乐成长,更来源于教师在共同体中相互学习所获得的快乐成长。基于此,"半塘书院"除了开设教师研修课程之外,还开设了教师兴趣研修社,比如书画社、古琴社、香茗社、太极拳社、瑜伽社、朗诵社、羽毛球社等,并为这些社团设置专门的场所和设施,比如香茗社（又名书香时光）,把原来的教师阅览室进行了改造提升,室场和桌椅更换为传统茶室、咖啡室式样,功能扩展为阅读、视听、品茶、咖啡、录播、小型集会等,茶和咖啡由学校免费提供,现在一改阅览室原来冷清的境况,成为最受教师欢迎的场所。这些社团的设立,旨在鼓励教师在学校除了从事教学活动、专业成长之外,还继续发展自身的兴趣,教师在社团里增加了了解、放松了心情、拓宽了视野,从而改变了教师在校园里的精神面貌和工作心态。尤其是激发了一些中老年教师逐渐沉睡的职业幸福和使命感,让他们再次迸发出生活激情,获得工作的幸福感,成为年轻教师和学生的榜样标杆,从而促进整个学校教师队伍的良性发展。教师发展自我兴趣的发展就是自我教育的过程,当他体验到自我教育的乐趣和幸福的同时,也会把这种教育体验传递给学生,助力学生的发展,从而获得更强的职业尊严和成就感,获得持久而强烈的职业幸福。

岳麓书院院长朱汉民在《书院精神与书院制度的统一》一文中说道:"中

---

① 朱永新.致教师[M].武汉:长江文艺出版社,2016:57.

国书院在教学管理方面形成了一套十分完备的制度。为实现'讲学明道'的办学理念,书院可以邀请不同学术学派的学者前来讲学;为体现出价值关怀与知识追求的书院精神,书院形成了一种师生之间、生徒之间问难辩论的教学制度。在这些教学活动中,生徒可以平等参与学术讨论。"[①]"半塘书院"就是继承这种传统书院精神,着力为教师成长营造一种轻松、自由的学习氛围,以校本问题为抓手,开设系统的校本研修课程,旨在激发教师主动学习、主动发展,帮助教师过一种幸福完整的教育生活。

第四节 SDFZ教师发展学校运行的保障体系

一、组织保障:教师发展学校的执行依托

SDFZ教师发展学校在学校的直接领导下开展工作,学校聘请苏州大学一位副校长为名誉校长,学校的校长兼任该校教师发展学校的校长,下设副校长、督学若干名,教科室三位老师分别担任研究班、研修班、研读班辅导员,具体负责各班活动开展,各班另选出两名召集人,协助辅导员开展工作。

二、经费保障:教师发展学校的活力源泉

为了保证SDFZ教师发展学校的正常运转,学校每年将一定比例的办公经费用于SDFZ教师发展学校。主要用于以下几个方面:配备教学设施、聘请专家讲学、购置教学资料、课题研究、组织教师外出进修、参观学习、出国考察及成果奖励等各个方面。

三、教学设施保障:教师发展学校的得力支撑

学校配备SDFZ教师发展学校专用教室两个、教育论坛两个、沙龙专用室场九个,室内配备齐全的多媒体教学器材、教学常用的其他器材和图书,教室

---

① 朱汉民.书院精神与书院制度统一:古代书院对中国现代大学建设的启示[J].大学教育科学,2011(4).

的设置是讲坛演讲式,论坛的设置是圆桌对话式,沙龙的设置主要是小范围的围坐座谈交流式。

四、师资保障:教师发展学校的智慧源头

SDFZ 教师发展学校的师资,以苏州大学十所院系的部分教授为主体,另聘部分其他高校或科研部门的专家教授、知名学者、教育名家等作为该校的指导老师。同时也邀请基础教育中的名师为该校兼职指导教师。

五、时间保障:教师发展学校的文化自觉

教师的研训形式大致可分为两个方面:一是学会在工作中学习,养成终身学习的习惯,分散时以自我学习、思考、研究为主;二是集中培训,集中时以讲授、讨论、交流与对话为主要形式。学校有计划地安排时间对三个不同层次的班进行培训,但这并不是中学教师发展学校全部的办学时间。用于教师发展的时间,主要不是依靠行政的安排,而是营造气氛、提供条件、借助机制实现教师对时间资源的主动求取,比如将工作纳入学习范畴,每天一个反思,就是全天在研究。每一个教师都是学习型教师,过去的事务性工作而今变成研究性工作,工作即学习,学习即工作,知思行交融、教学研合一成为广大教师的专业生活方式,于是变负担为机遇,体悟工作的乐趣,享受学习带来的成就感,实现学习工作良性互动。对教师而言,学校既是工作的场所,也是学习的场所,工作的成果进一步激发教师学习的积极性,让生命绽放出更为亮丽的火花;另一方面,终身学习性的校园,保证了学校的可持续发展,使个人发展和学校发展合而为一。

六、制度保障:教师发展学校的行为依据

制度是中学教师发展学校建设的基本保证,若只有理念和行动,而没有相应的制度安排,理念就会流于空想,行动就成为泡影。为了确保中学教师发展学校达到预期的目标,学校要制定出勤制度、学习制度、教学研究制度、奖惩激励制度等一系列规章制度,使学校办学正常而有秩序地运行。如在学习制度方面可以制定如下内容:全员参与制,全校教师都是中学教师发展学校的当然学员;跟踪管理制,为每一个学员建立专业成长档案袋,随时收录学员在各方

面取得的成绩;定期学习制,全校安排一个固定的学习时间,营建丰富的载体平台、组织多样化学习交流活动;读书笔记、教育随笔撰录制度;交流展示制,组织学员定期或不定期地汇报展示学习心得体会、教育教学经验反思等;教育论坛制,对教育实践中亟待探讨的问题,组织中学教师发展学校学员与专家、学生一起研讨碰撞、释疑解难、求同存异;反馈促进制度、学生网上评教制度,跟踪了解、动态更新、限度开放,做发展性评价而非诊断性评价,促进教师的学习、教育反思等。

SDFZ 教师发展学校通过独特的组织构架、丰富多彩的活动形态、全方位的保障机制,在教师发展上取得了显著成效。通过自修与反思,促进教师自主发展;通过研讨与合作,促进教师共同发展;通过引领与规划,促进教师协调发展;通过交流与调整,促进教师均衡发展。力求达到:在核心素质上,全面提升教师的专业知识、专业技能、专业态度、专业自主意识,突出教育技能的培养;在发展策略上,实现教师的全面、协调和可持续发展,突出教师的教学与科研能力的协调发展、教师与学生的教学相长、教师与教师的和谐共进;在师德建设上,提高教师的荣誉感、责任感,突出时代精神的需要和教师职业的特点。

对 SDFZ 教师发展学校的个案研究表明,中学青年教师能力素质模型这一普遍的、稳定的结构在教师发展实践情境中无处不在。虽然这些情境是复杂、多变的,但中学青年教师能力素质模型基本能够用于解释青年教师能力素质发展的问题、指导路径与策略的形成,这也有力地验证了本研究的研究假设。

结 语[①]

本研究基于马克思实践哲学视野,梳理了中学青年教师发展观的历史传统与当代现状,对当代中学青年教师发展观异化的表现形式、时代成因及其矫正方式等问题进行了系统分析。在深度理论澄明的基础上,本研究运用自编的《中学青年教师能力素质调查问卷》与《中学青年教师能力素质影响因素调查问卷》对苏州工业园区中学青年教师进行调研,并对部分青年教师进行访谈,了解中学青年教师在教学能力素质、科研能力素质及自我提升能力素质方面的现状,同时,考查了中学青年教师能力素质的发展与提升的影响因素,找出了中学青年教师能力素质的不足之处,以及可以改进的方面,为进一步完善中学师资队伍建设体系,建立青年教师发展学校提供了理论依据与实践参考。在这里,我们将从一般理论研究和具体应用两个方面进行总结,并对相关研究的未来前景进行展望。

一、立足马克思实践哲学,树立当代马克思主义教师发展观

(一)辩证审视人本主义的教师发展观

认识这个世界,获得知识与真理是人类文明发展的核心任务,但不是全部,我们还需要关注世界、关注自己,思索生命的本质、意义与价值。教师发展观异化困境的最大症结,就是教师在发展过程中丧失了自身的意义,造成了其自我生命的沦落与目的的偏离。"教师发展遗忘了教师本真之'存在',使教师在其发展中'失身',教师存在的原始意义失落。"[②]由于这种原始意义的失落,教师实际上被排除在了整个发展的过程之外,成了框架与规则所约束的对

[①] 赵光义.教师发展异化与教育双主体交往的构建[J].苏州大学学报(教育科学版),2019(4).
[②] 谢延龙,周福盛.教师发展的生存论转向[J].中国教育学刊,2011(8).

象。同时,教师发展也偏离了原初目的,跳脱出生活世界,转向技术的、工具的规范世界。

为了矫正当代教师发展观的异化,一些论者倡导推进教师发展观的人本主义转向,以突破科学主义的局限,打破认识论的界限,将对教师发展的认知拓展至伦理学的实践范围,强调教师发展中教师的主体性与生成性,试图从根本上探究一种良善的教师发展观念,解构那种工具理性的,或功利主义的判断标准。从现有的理论研究来看,人们一般借助存在主义哲学、生命哲学的相关理论来破解教师发展观的异化困境。

人本主义教师发展观认为,要将教师发展从教师知识与技能的提升转向对教师本身的关注,强调教师的主体性与自我生成。也就是说,教师的主体性在整个教师发展过程中应该是存在的、在场的,这一主体性不仅能够决定发展的内容与走向,还在这个过程里拥有拒绝、选择、创造的权力,不断溢出自我,实现教育成长。[1] 教师构成了发展的目的与意义,并且生成整个发展的过程。有研究者提出的"教师成为领导者"的全新教师发展观[2],也是在上述意义上的一种考量。教师不再是传统意义上的孤立个体,他们以主人、领导者的姿态成为发展的不可分割的部分,同时这种角色还联结到了学校及更广泛的领域。

教师发展的生成过程包括教师知能的理性参与,也包括教师情感与生命意义的全情参与。"参与教育活动的教师的整个生命、情感都融入其中,这时教育就不只是教师的一项职业任务、一种简单的使命,而是师生共同建构的教育生活的一部分。"[3]只有这样的教师发展观,才是"从超验天国到尘世生活、从外在形塑到自我生成、从群体规范到个体意义"[4]。黄克剑曾说:"教育所要做的可以放在三个层面上去理解,即授受知识,开启智慧,点化、润泽、成全生命。"[5]教师发展观也需要在这种存在、生命的更广阔意义上审视、反思与生成。

客观地说,教师发展观的人本主义转向,是对陷入异化困境的以科学主义、实证主义为特征的教师发展观的深刻反思与颠覆,它将工具主义所遮蔽的教师的存在与意义拉回到教师发展中来,凸显了生命与生活世界的要义,这是

---

[1] 姜勇.论教师发展的"存在"之路[J].教师教育研究,2010(1).
[2] 刘保兄,刘小娟.教师成为领导者:美国新教师发展观述评[J].全球教育展望,2007(6).
[3] 姜勇,华爱华.柏格森"生命哲学"视野中的教师发展观[J].外国教育研究,2010(1).
[4] 谢延龙.让教师诗意地栖居在大地上:论教师发展的生存论意蕴[J].现代教育管理,2011(9).
[5] 王蕾.反思性教学:教师发展观的整合与反思的特殊性[J].教育探索,2009(5).

教师发展观的重大突破。然而,以存在主义、生命哲学为代表的教师发展观却因为"将教师发展归结为教师个体的内在体验与意义,而在主观上抛弃了现实的教师个人"[①]而受到质疑。此外,也有研究认为,人本主义的哲学转向无法避免地导致了其内在固有的反理性和非理性意旨。教师发展从一个极端走向了另一个极端,它挣脱了知性框架的束缚,却又陷入了漫无边际的个人非理性泥沼。因为生存论教师发展观本质上是要在观念中而非在现实中解决教师个体的发展问题。它将教师与其发展矛盾的解决引入到教师个体的观念中而不是引向现实中。[②] 通过对这些质疑的反思,教师发展观近年来出现了由生存哲学向实践哲学的转向。"教师发展既不是社会要求及外在塑造和培训的结果,也不单是教师个人的自主活动或生命活动,而是教师在与其他职业劳动以及社会成员的交往和实践活动中实现的。"[③]这代表了教师发展观实践哲学转向的典型论点。

(二)推动教师发展观的实践哲学转向

脱离了异化困境的教师发展观指向了教师生活世界,是教师的反思与生成,同时也是生命的参与及成全。但是,这些指向、反思、生成、参与都必须在实践中才能得以完全。首先,这是因为生活世界本身就是实践的。"生活世界是以实践为根本指向的,而正是实践赋予了教师发展之意义。生活世界的教师发展是一个实践过程,而意义在其本性上是实践的"[④],"人通过实践所实现的正是对意义的理解、追求和创造。意义就是这样与实践联系在一起"[⑤]。其次,教师的本质也是实践的。"教师的实践就是他们在与学生共同经历的交互活动中实现教育意义的过程……认识领域里不能解决的问题,可以在实践领域探索。它们之所以在认识领域里未能得到揭示,或许正是因为它原本就是实践领域的问题。"[⑥]正是实践,道尽了生活世界的本质,成全了教师发展的最终意义。叶澜指出,教师的发展是不能脱离其教育实践来实现的。因此,从逻辑上讲,教师的教育实践是其实现发展的最为基本的途径。当代中国新型教

---

① 谢延龙.实存·生存·实践:教师发展的路向转换[J].教育理论与实践,2013(5).
② 谢延龙.实存·生存·实践:教师发展的路向转换[J].教育理论与实践,2013(5).
③ 阮成武.中国当代教师发展研究的理论创新:兼论"生命·实践"教育学派的教师发展观[J].课程·教材·教法,2012(10).
④ 谢延龙,周福盛.教师发展的生存论转向[J].中国教育学刊,2011(8).
⑤ 宁虹.实践-意义取向的教师专业发展[J].教育研究,2005(8).
⑥ 宁虹.实践-意义取向的教师专业发展[J].教育研究,2005(8).

师的自我建设只有在学校变革的实践中才能真正完成。[①] 教师发展,甚至整个教育的理念发生了当下最深刻的变革,即从认识论转向生存与生命,并再次转向了实践生活。

马克思实践哲学实现了哲学史上最深刻的一次变革。在过去,哲学家们的哲学理念无论多么不同,均是通过不同的方式解释我们所处的世界,但仅仅这样是不够的,我们还需要改变我们所处的世界,而认识及改变世界的方式唯有实践。在马克思那里,实践是现实的人的客观物质活动,实践的主体是现实的人,现实的个人通过实践推动个人和共同体的发展,在此意义上,马克思实践哲学的最终指向是人的全面发展与解放。有研究者声称:"马克思实践哲学综合了道德实践论和技术实践论这两种传统,秉持的是一种人类学实践论,其最终旨趣在于人的完整性即人的解放。"[②]马克思实践哲学将改变世界作为哲学发展的第一要义,将人的全面发展与解放视为最终的指向。因此,对教师发展本质的追问也应该在马克思实践哲学的观照下进行探讨。在哲学实践转向的统摄之下,教师发展的内在逻辑、价值取向、内涵本质、结构特征、发展路径等也均表现出强烈的实践性。教育变革,从根本上说,就是人的进步与发展;教师发展,从根本上说,就是教师在自身的实践活动中,在教育他者的过程中同时实现自身的发展。

所谓人的解放,就是实现人的自由而全面的发展。在很多研究者看来,教师解放就是教师发展的解放,"即破除阻碍教师专业充分、自由发展的诸种束缚和限制,解除影响教师专业发展的各种依附和屈从,还教师自由选择、自主创造的权利,拓展教师专业发展空间,使教师能自主地、有效地行使专业权力,创造性地开展教育教学活动。只有关注教师的全面解放,才能让教师走向真正自主的、自由的、自觉的专业发展"[③]。由此可见,马克思实践哲学指导下的教师发展观将教师发展理解为教师的实践活动,其最终目的在于实现教师自由全面的发展。

马克思实践哲学真正开启了教师发展观的新范式,并指明了迈向现实生活世界的教师发展之路。[④] 教师发展观的实践哲学转向,否定了传统上教师发

[①] 叶澜.教育学原理[M].北京:人民教育出版社,2007:292,295,297.
[②] 丁立群,李卓,赵全洲.实践哲学:传统与超越[M].北京:北京师范大学出版社,2012:4.
[③] 潘洪建.教师解放:从制度规约到自由发展[J].教育科学研究,2010(1).
[④] 谢延龙.实存·生存·实践:教师发展的路向转换[J].教育理论与实践,2013(5).

展专业化、标准化、结果化的观念与倾向,也克服了由人本主义带来的教师发展只存在于缥缈的观念中的自我局限,将教师发展带入了现实的生活。教师发展的边界应当从知能发展扩展到对生命意义的追寻,同时也需要观照到教师的权利、尊严、社会地位等现实生活。教师通过实践生成了整个教师发展的过程,教师的知能得以提升、生命得到充盈、个体获得自由,从而充分地认识了教育、认识了生活、认识了自己。

从马克思实践哲学来看,教师发展应该是根植在具体的教育活动中的,它需要对知识能力提升的外在工具化要求保持警醒,也需要兼顾教师生活世界的意义。教师发展实实在在地发生在学校中,发生在每一个受教育者身上,是在实践过程中生成与提升的。"这种教育实践活动是一种有意识、有目的的能动性活动,它既改造了其实践对象及实践本身,促进学生发展、学校发展以及课程、教学和班级活动的改进与创新,也不断改造着其自身,促进了教师发展。教师发展不是脱离学生的需要、学校的需要和社会的需要而去进行所谓的自主发展、自我超越,而是根植于教育实践活动并在这一过程中发展的。"①因此,教师发展需要在具体的教育情境中构建出真实的实践路径。教师发展的异化,是教育情境中的异化,同样不能脱离学生的需要、学校的需要、社会的需要来空谈解决的路径。

以马克思实践哲学观照下的教师发展观为指引,教师发展应该存在于师生交往的关系中,在师生交往的实践中生成。教师与学生并非孤立与抽象的主体,而是在特定人际关系中的关系性主体,需要放置到人与人的关系中来考察。② 因此,对教师发展路径的考察,也需要落实到真实的教育活动中去,在教师与学生的交往实践及其关系中去构建。

(三) 在教育实践共同体中构建"主体间性"师生关系

现有研究往往将师生的实践关系归结为"教师中心""学生中心""学生主体""教师主导""教学双主体"等五种类型。前四种类型的师生关系表现出了明显的主客二元对立,"教-学双主体"虽然在一定程度上强调了师生的主体性,但仍未跳出主客二元对立的窠臼。这五种类型体现的都是以"某我"为中

---

① 阮成武.中国当代教师发展研究的理论创新:兼论"生命·实践"教育学派的教师发展观[J].课程.教材.教法,2012(10):103-109.
② 常攀攀,陈佑清.责权利相统一的主体:对学习主体内涵的新认识[J].教育研究与实验,2018(6).

心,将他人视为"某我"的实践对象,体现的都是"我与它"主客对立的师生关系,是交往异化在教育领域中的具体表现。教师发展需要突破上述传统思维,用实践共同体的视角重新考量师生关系,强调共同体中的师生发展与成长。

创设师生交往的实践共同体,要求师生在教育教学活动中建立彼此自由、尊重、平等、赏识的主体间交往关系,而不是主体与客体间互为工具、手段的主客体间关系。师生实践共同体,要求凸显教师、教育的基本要义,克服符号抽象化、内容单一化、地位不平等、对立虚假等交往关系,重申教育主体间灵肉碰撞、思想交流互融的功能与目的。实现教师发展,需要克服主体间交往的异化,构建师生实践共同体,构建教师与学生及其他主体的"双主体"的交往结构。

师生关系是两类主体间的交往关系,是主体间的平等、对话、理解与交流。[1]"主体间性"为我们建构师生关系提供了新的视角。近年来,人们开始将主体性和主体间性引入教育实践,以重构师生关系。主体性是指人在实践中所表现出来的意识意志、能力特性、作用地位和人作为主体所具有的各种功能属性的总和,主要表现为主体的意识性、能动性、主导性、创造性。主体间性是指"主体与主体之间的相互性和统一性,是两个或多个个人主体的内在相关性"[2]。"真正的主体只有在主体间的交往关系中,即在主体与主体相互承认和尊重对方的主体身份时才能存在。在这种情况下,每个主体首先以自身为目的,又必须在一定程度上作为手段而起作用。在主体间的相互关系中,人们是相互需要的,他们既相互是目的,又相互是手段,而不纯粹是目的或纯粹是手段。所以真正的主体性必须以交互主体性为必要的补充,或内在地包含着交互主体性。"[3]主体性和主体间性相辅相成,主体性是基础和前提,主体间性是扩展和超越。"没有主体间性,主体性的发展往往失去合理性,出现过之与不及的现象。反之,没有主体性,主体间性就失去了存在的根基和不断发展的源泉。"[4]这正是马丁·布伯所强调的"我与它"和"我与你"。"我与它"中"我"把一切存在都看作外在于"我"的对象性客观存在,在这种关系中人之于世界的一种认识的、利用的关系表现为工具的、手段的。"我与你"中"我"把

---

[1] 肖川.论教学与交往[J].教育研究,1999(2).
[2] 尹艳秋,叶绪江.主体间性教育对个人主体性教育的超越[J].教育研究,2003(2).
[3] 郭湛.论主体间性或交互主体性[J].中国人民大学学报,2001(3).
[4] 曾新.论主体性教育中的主体间性[J].华中师范大学学报(人文社会科学版),2001(5).

其他存在者看作一种像"我"一样的主体性存在,两者的关系体现为一种真正的、名副其实的人与人之间的平等关系。马丁·布伯认为,在"我与它"中的"我"表现的是单一主体性,在"我与你"中的"我"表现的是主体间性。也可以说单一主体性处理的是"人与物"之间的关系,主体间性处理的是"人与人"之间的关系。主体间性超越了单一主体性的主客异化和自我异化,将主体间性引入教育领域的师生观建构中,在认识论上,师生主体间通过赋义、统摄、移情、体验来相互沟通与理解,达成意义的共识与视界的融合;在实践论上,澄清了主体性给师生关系所带来的功利化、工具性倾向,倡导师生交往双方的主体间交往,构建以互动平等、理解赏识、交往合作为基本特征的教育教学实践关系。

主体间性师生关系是指教师和学生皆为教育教学的主体,即"师生双主体",它倡导在教育教学过程中教师与学生互为主体、平等对话、相互欣赏、共同发展,两个主体在不同的层面通过自育、互育,协调互动共同成长。主体间性"师生双主体"充分肯定了学生的主动性,要求教师在进行教学时尊重学生的自主性,与学生站在同一高度进行交流,通过交流对话传递给学生所学知识。在主体间性"师生双主体"中,课堂、教材、环境构成师生共同作用的客体和载体。

在主体间性"师生双主体"中,师生双方是"我与你"的关系,而不是"我与它"的关系,克服了个体单纯的唯我性,承认师生的平等地位,体现双向互动性,能够站在他人的立场去理解和体谅他人,形成自愿性的意识,从而改变原有的偏见,师生双方都能够自由充分地表达情感、态度,达成灵肉的真实交往。师生间的交往状态应该是师生双方通过有效的互动,主体性都得到充分的张扬,师生实现了"人"与"人"的交往,师生双方在教与学两类活动的时间上具有双边共时性,在活动中同时产生交互作用。师生在"我与你"的民主、平等、"对话"的关系中,实现人与人、个体与个体、生命与生命之间的相互交流、沟通、合作,共同完成预设与即时生成性的教学目标,从生命的高度形成一个基于师生的未完成性和发展的无限可能性,建构起交互生成、共生共长、共命运的"师生共生体"。在"师生共生体"中,师生关系具有了崭新的内涵:在和而不同、互为主体的师生关系中,在知识共生场中完成从知识共享走向智慧共生,在教学共生场中完成从技能训练走向价值共生,在人际共生场中完成从制度约束走向民主共生,构筑起师生关系共生、共长、共强的新常态。

（四）始终将"完整人的实现"作为教师发展的根本目的

中学青年教师作为社会人由于主体的异化和交往的异化而出现信仰、意义、价值、理想等神圣性事物的丧失与精神世界的远遁，意味着自身总体性的失落与完整性的丧失。对中学青年教师能力素质提升的内生策略的构建、对中学青年教师能力素质提升的外塑策略的探索、对中学青年教师在教育活动中构建师生的"双主体"关系和"师生共生体"等种种路径与策略都最终指向了同一个目的，这一目的同时也是教育的终极目的，即完整的人的实现。中学青年教师能力素质的提升与发展，最终是要完整教育活动中的人，中学青年教师通过自身总体性和完整性的实现，丰富教师与学生的生活，完满自己与学生的人生。

面对人的异化，马克思反复论述了关于完整的人的思想。马克思认为，实践活动的最终旨归，即完整的人的实现。完整的人意味着人的全面发展，意味着人是消解了异化状态的自由人。完整人的理念，拒绝了片面的人、单向度的人，揭示了人的自由本质。

新教育实验认为，站在教室讲台前的那个人，决定教育的基本品质。完整的教师才能培养出完整的学生。对于中学青年教师自身来说，要清醒地认识到，不论是能力素质的提升，还是正在进行的教育活动，都是实现教师自身自由全面发展的途径或过程，而不是最终的目的。要时时警惕自身在发展过程中的异化，防止被人们改造的对象控制。对于教师所交往的对象来说，教师也需要充分理解各个主体在交往过程中的地位。尤其是尊重、保护学生的主体地位，将教育的终极目的作为一切教育活动或教育改革的价值导向，引领学生规避外物对人本质的异化，努力达成学生的自由与解放。

中学青年教师曾经抑或现在也是受教育者，与受教育者就其共同的教育实践活动而言，最理想的融合样态是共同过一种幸福完整的教育生活。[①] 实践是人的存在方式，人正是通过不断地从事生产生活实践而展现和绽放生命，成就个体性的自我实现和社会价值，从而推动整个人类社会发展。中学青年教师既不是离群索居、脱离社会的自然人，也不是不食人间烟火的脱离日常生活世界的纯粹精神"存在"物，即人是不能撇开所处的人类历史进程、社会实践及具体时代条件而存在的。人就是自然存在、社会存在和精神"存在"的统一体。

---

① 朱永新.过一种幸福完整的教育生活[J].今日教育,2006(12).

中学青年教师正处于人生的最为特殊的阶段,肩负着国家与社会所赋予的不可推卸的使命和责任。置身这个经济、社会、文化急速发展和信息迅猛流动、教育改革风起云涌的时代,中学青年教师更加需要澄清内心,洞穿纷繁复杂的现实,自觉地认清生活与人生的本质。中学青年教师知识结构的更新、自我提升的诉求、能力素质的发展、交往结构的修正等,从客观上来看,都只是推动教育发展与进步的手段之一,我们需要从教育的终极目的对这些模型与策略进行深刻的审视和反思,唤起对原初使命的关照。教师与学生,都需要借助这些手段与途径,来达到生而为人的自由本质,完满生命,最终与教育目标——"让人成为他(她)自己,一个完整的自己"[①]——实现终极统合。

二、建构内生外塑机制,提升青年教师的能力素质

在实践对策方面,本研究基于马克思实践哲学视角,结合严谨的实证研究,形成了以下主要结论。

1. 中学青年教师能力素质模型

研究发现,中学青年教师素质模型为二阶因素模型,二阶因素为教学能力素质、科研能力素质、自我提升能力素质。教学能力素质为四因子结构,四个分维度为教学知识与技能、课堂管理与师生关系、板书与多媒体能力、教学反馈;科研能力素质为双因子结构,两个分维度为科研需要、科研技能;自我提升能力素质为双因子结构,两个分维度分别为自我提升需要、自我提升途径。

2. 中学青年教师能力素质的现状

通过对中学青年教师能力素质现状的调查发现,中学青年教师能力素质普遍较高,但是科研能力素质相比于教学能力素质和自我提升能力素质更低。在教学能力素质中,相对较差的是板书和多媒体能力;在科研能力素质中,相对较差的是科研技能;在自我提升能力素质中,相对较差的是自我提升途径。中学青年男教师和女教师在教师能力素质上基本没有太大区别。在科研能力素质上,男教师的科研认知和科研技能普遍高于女教师。不同学历的教师在教师能力素质上没有太大区别,在板书与多媒体能力上,本科学历的教师要好于研究生学历的教师。不同职称的教师在教师能力素质上有显著区别。除科研能力外,在其他能力素质上基本呈现出先升高再下降的趋势,没有职称教师

---

① 朱永新.过一种幸福完整的教育生活[J].今日教育,2006(12).

和高级职称教师的能力素质低于初级职称和高级职称教师。除了科研能力素质、自我提升途径外,教师的能力素质随着教龄增加而增长。

3. 中学青年教师能力素质发展的影响因素

结果发现,青年教师任职学校及社会支持均会影响其能力素质的发展与提升,具体而言,学校环境正向影响中学青年教师能力素质的发展,而且中学青年教师的社会支持越多,其能力素质发展越好。

4. 提升中学青年教师能力素质的策略

提升中学青年教师能力素质的主要策略有:提高中学青年教师的实践能力,突破中学青年教师的教学基本技能,定期举行教学研讨沙龙,制订青年教师岗前培训教育计划,发挥学校、学科组的教学督导作用;激发中学青年教师的科研意识,制定相关引导与激励政策,制定职业规划,撰写专业日志,改造知识结构,强化专业化培训,培养良好人际关系,增强社会支持系统,完善相关政策法规。另外,教师发展学校作为中学青年教师能力素质发展的创新探索与具体实践,能够将教师的发展与其所在的组织环境联系起来,实现教师的全方位发展,对中学青年教师能力素质的提升也具有良好的启发意义。

(一)提升中学青年教师能力素质的内部生成策略[①]

中共中央、国务院印发了《关于全面深化新时代教师队伍建设改革的意见》(以下简称《意见》),该《意见》以习近平新时代中国特色社会主义思想为指引,准确对标新时代要求,紧扣教育发展和教师队伍建设的主要矛盾,描绘了新时代教师队伍建设的宏伟画卷,指明了新时代教师队伍建设改革的方向,从师德建设、培养培训、管理改革、教师待遇、保障措施等方面提出了一系列建设高素质教师队伍的政策举措。到2035年,教师综合素质、专业化水平和创新能力将大幅提升。建设一支具有更高素质的教师队伍,是推进教育现代化、建设教育强国的必然要求。当前人民对美好教育的期待需要一批高素质的师资队伍来实现,而如何培养高素质的师资队伍,也事关全面推进素质教育的基本保障问题。

青年教师是精力最旺盛的一群人,一般而言,他们获得了相关学科的博士、硕士学位,处于职业生涯的立业发展阶段,是任职学校发展的优势所在。青年教师有其自身优势,例如,专业知识扎实、思维活跃、勇于创新等。中学青

---

① 赵光义.为中学青年教师的专业发展探因问路[J].科技资讯,2018(27).

年教师的能力素质对于自身的教学、科研及今后的职业发展具有重要的意义。本研究基于实证研究的数据与结果,围绕中学青年教师能力素质存在的主要问题与影响因素,从内部生成与外部塑造两个方面,探索提升中学青年教师能力素质的有效策略。

结合质性研究的分析结果与问卷调查的数据结论发现,中学青年教师能力素质的提升受到内部因素与外部因素两大方面的制约。具体来说,中学青年教师个人特质、自我提升的倾向与行为、工作与职业的幸福感等主观意愿和感受是影响中学青年教师能力素质提升的重要内因。因此,以中学青年教师的上述特征为主要着力点,强调中学青年教师能力素质本质的自我生成、促进其能力素质的内部完善,可以实现中学青年教师能力素质长久的、可持续的发展。

1. 明晰自我发展阶段,践行自我提升理念

从中学青年教师自身来看,其自我提升的倾向越明显、为自我提升付出的努力越多,其能力素质的提升潜力就越大。因此,引导中学青年教师追求教学、科研的自我提升与完善,并依据实际情况,制定科学、明确的职业、专业发展规划,是提升中学青年教师能力素质最基础的内部生成策略。

古语云:"凡事预则立,不预则废。"中学青年教师迫切的、普遍的自我提升理念,需要通过明确的职业发展阶段定位及精准的自我发展规划才能真正落到实处。中学青年教师应当如何加快职业发展,如何打开教学科研的工作局面,如何在科研工作中发挥潜力、凝练学术方向,这些问题均需要切合实际的自我设计。一般来说,中学青年教师可从短期、中期和长期三个方面进行自我设计与规划。

短期内尽快融入并熟悉新环境,建立良好的人际关系并营造和谐的工作氛围,掌握工作所需的基本知识和技能,认真备课,广泛吸取同事和领导的经验与建议,不断完善课程内容,提升教学技能。此外,在短期内,青年教师首先要了解学校的课程规划,包括了解学校课程设置,明确教学目的等。同时,青年教师还要了解学校科研工作情况,包括课题申请的步骤与方法、如何在论文发表中少走弯路,掌握科研经费报销等相关工作的程序,以提升工作效率。中期内要夯实理论基础并提高自己的业务水平和工作能力,认真开展教科研工作,积累教学经验、积极参与科研任务,实现质的飞跃。长期规划是关注学生个体并针对其个性特征因材施教,成为学生信赖的朋友与老师。积极推进班级及中学学校建设,实现组织目标,为教师事业做出积极贡献。

另外,相关研究表明,青年教师对专业日志的撰写,将有助于自我规划的落实与推进。所谓专业日志,是指教师从专业发展的角度反思个人专业成长过程中的经验与教训,记录其中的事件和感悟,或做出总结与评价。专业日志大致可以分为两种类型:一种是事实型,即客观地记录教学和科研实践活动中所发生的事件的过程;另一种是评析型,即在客观描述事件经过的基础上,对其进行诠释、批判与反思,以寻求更加完善的教育教学方案和科研思路。实际上,无论是哪种类型的专业日志,都是对教学和科研实践活动的反思与评判。[1] 撰写专业日志非常有助于中学青年教师进行自我反思,从而完善自我规划设计,形成良性循环。它可以帮助中学青年教师在规划教学和科研的实践过程中,进行个性化与创造性的研究与反思。通过撰写专业日志,将自己全身心地投入教学和科研中,并且不断地反思与改正自己的错误,对自己的职业生涯规划做出正确的评价与调整。

中学青年教师在内部发展意识和动力的驱动下,以道德品质、智能结构和心理素质为基础,通过自我设计和规划,积极、主动地参与学科发展活动,从而实现自我专业能力的提升。

2. 拓展已有知识边界,改造传统知识结构[2]

中学青年教师不仅处于自身职业发展与专业发展的特殊阶段,还面临人类社会有史以来对知识传播与积累的最严峻考验。信息的爆炸、知识的易获取,时刻都在拷问教师与教育的本质和意义。教师自身应当具备多少知识,具备怎样的知识,又如何将这些知识准确地传承、传播,对于在浪潮激荡中成长的青年教师而言,应对这些问题的过程将尤为任重道远。

已有研究表明,对于现代教师而言,形成科学合理、体系严密的知识结构是做好教育教学工作的基础。教师的知识结构应由本体性知识、条件性知识、通识性知识三部分组成。其中,本体性知识是教师所具有的特定学科知识,解决"教什么"的问题;条件性知识是指教师必须具备的教育学、心理学方面的知识,解决"怎样教"的问题;通识性知识是指哲学、社会科学、自然科学等方面的知识。知识结构中的各种知识是相互联系、融会贯通的。随着科学技术的飞速发展及新兴学科的大量涌现,中学青年教师的知识结构必须随着时代的发

---

[1] 文双全.高等学校教师自我提升探析[J].安徽工业大学学报(社会科学版),2007(2).
[2] 杜媛,王向林.对高校青年教师进行自我修养的思考[J].中国高校师资研究,2010(4).

展变迁而随时调整和更新。

对于中学青年教师而言,中等教育的内容不断充实更新,中学课程改革的浪潮带来了全新的教育理念与要求。中学青年教师不仅要具备宽广厚实的专业知识,还要能站在学科前沿,把握其中的基本思想和方法,了解知识的发生发展过程及相应的认知策略。这就要求青年教师不断更新知识,了解并掌握本学科的新情况、新理论、新成果,拓宽知识视野,更新知识内容,改造知识结构,完善自身专业素质。此外,中学青年教师还需要广泛涉猎外围知识,不断拓展自身知识积累的边界。青年教师必须根据教学和科研的需要,对相关的外围知识有广泛的涉猎,好学不倦,博采众长。只有经常注意汲取新知识、优化知识结构,才能不断丰富和扩大学习的基础,不断提升自我并完善自我。

3. 完善自我个性特质,经营融洽人际关系

通过访谈与问卷调查发现,中学青年教师的个人能力、个人性格、个人努力、个人态度、思维方式、热爱、进取心和心理素质等均是影响中学青年教师能力素质的内部因素。诚然,青年教师的人格与个性特质是稳定的,甚至在某种程度上是不可精确预测与测量的,但是积极的自我提升意识及对自身知识与素质的努力探索,都可以从侧面改造与影响中学青年教师的个性特质。另外,中学青年教师无论是在同辈的教学交流、科研合作过程中,还是在向专家学习、师徒结对的学习过程中,都始终处于人际关系的维持与经营中。因此,这些日常教学与合作过程中的人际关系都在影响与塑造中学青年教师的个性特质。良好的人际关系,对于教师自我个性特征的完善有不可或缺的辅助作用。

孟子有云:"天时不如地利,地利不如人和。"[1]这里的"人和"就是指和睦的人际关系。教师作为一种职业,在工作过程中必定要与不同的人打交道,面对各种各样的人际关系和社会关系。在处理同事关系、师生关系、教师与家长关系,以及教师与其他社会成员之间的关系时,中学青年教师要遵循平等、包容、互利的原则,这样才能更加容易与他人合作,营造出充分尊重个性发展、团结向上的人文环境,以实现教师、学生和学校的共同发展。这种共同发展对青年教师的个性完善大有裨益。

本研究结果表明,融洽的人际关系对中学青年教师能力素质的发展有积极的影响作用,即中学青年教师的人际关系融洽,其能力素质将发展得更好。

---

[1] 孟子.孟子选注[M].周满江,注译.桂林:漓江出版社,2014:52.

中学青年教师所处的人际环境,包括学校人际环境、教研室人际环境、师生间人际环境等,均可对青年教师能力素质的发展产生正向作用。因此,中学青年教师对于人际关系的维护与经营对于中学青年教师能力的提升甚至增进青年教师的心理健康都有积极作用。

举例来说,在每周学科组或科研团队举行例行会议时,青年教师应该积极主动地对本周内的教学与科研工作进行相应的汇报,并对于一些不足之处进行及时的改进与调整。这个过程不仅解决了青年教师遇到的实际问题,提升了相应的能力,也加强了与其他成员间的沟通和交流,为良好人际关系的建立奠定了基础。融洽、良好的人际关系也反过来完善了青年教师的个性特质。

中学青年教师能力素质的内部生成策略主要依靠青年教师对自身明晰切实的规划、对自身知识结构的改造与完善、对自身性格特质的塑造,最终实现自我的提升与飞跃。中学青年教师能力素质的内部生成策略从侧面反映出中学青年教师能力素质提升的内在机制,同时,这一内部生成策略也是中学青年教师能力素质外部塑造策略顺利实现的内在基础。

(二) 提升中学青年教师能力素质的外部塑造策略

促进中学青年教师能力素质的内部生成与自我完善能够保障中学青年教师能力素质的可持续发展,但中学青年教师成长的外部环境也是其能力素质发展不可或缺的方面。研究结果表明,中学青年教师所处的学校环境、接受的职后培育及得到的社会支持均是影响中学青年教师能力素质的重要因素。因此,在中学青年教师能力素质内部生成、自我完善的基础之上,塑造完善其外部环境,可以实现中学青年教师能力素质精准的、稳定的发展。

质性研究的结果表明,大部分中学青年教师认为学校环境、老教师的指引、培训是影响他们能力素质提升的外部诱因。问卷调查的结果也呼应了质性研究的发现,即学校如果能够提供更高、更好的工作平台,制定对教师个体成长有帮助的激励政策,配备民主的、激励的、与个人风格相适应的学校领导,中学青年教师的能力素质就会得到不同程度的提升;另外,青年教师倘若能够感受到来自家庭、学校、社会的尊重、理解与支持,并且能够善用这些支持的话,其能力素质也会得到更好的发展。因此,研究从上述角度归纳出提升中学青年教师能力素质发展的外部策略,以期塑造与发展中学青年教师的能力素质。

1. 构建学校顶层设计,完整职后培育路径

面对中学青年教师对于更好的工作平台、更多的职后培育的需求,学校唯有从顶层设计入手,实施规范的、科学的、经过论证的策略与路径,才能切实保证中学青年教师能力素质的提升。同时,职后培育的平台与路径建设也是保障中学青年教师专业发展的核心环节。学校要高度重视青年教师的职后培训、培育工作,为青年教师的专业成长搭建载体平台、丰富活动形式,通过"自主学习""同伴互助""专家对话"的有机结合,形成"三位一体"的教师队伍建设的校本模式,促进师生的共同发展。在"自主学习"中,倡导教师通过读书活动,在阅读中思考,在反思中成长;通过反思体悟,切问近思,在实践中生成;通过专业写作,切己体察,在厚积中薄发。在"同伴互助"中,通过组内轮教课,积极唤醒,实现同伴之间的有效对话;通过教育沙龙,平等交流,在碰撞中提升;通过案例研究,借鉴反思,在共性体悟中提高;通过专题论坛,同伴交流,在互助中成长;通过阶段展示,各显其能,在分享中感悟。在"专家引领"中,通过聆听讲座,开阔视野;通过专家对话,获得启迪;通过咨询诊断,扶正纠偏。与此同时,学校应使青年教师认识到培训是一种待遇,通过积极参与,激发他们"想发展"的愿望。从顶层设计的视角来看,对教师职后培育的路径主要从提升教学能力素质与提升科研能力素质两个方面展开。

2. 严肃学校教学规范,全面辅导教学技能

教师被誉为"辛勤的园丁""人类灵魂的工程师",如何才能成为一名称职的教师,做到无愧于教师这一光荣称号,是每一位青年教师应该警醒和反思的一件事。中学青年教师可以说是中等学校发展的中流砥柱,是中学教育发展的未来。本研究认为,中学青年教师应当尽快完成从学生到教师职业角色的转换,顺利渡过岗位适应期,早日成为一名合格甚至优秀的中学教师,其根本方式是对教学能力素质的重视与提升。教师职后培育的路径,也应该以教师教学能力素质的培养为主要着力点。

一支好的教师队伍是提高教学质量的关键和保证,因而,增强教学能力素质对于中学青年教师的能力素质发展与提升及任职学校的发展都具有举足轻重的影响。教师的教学能力主要体现在其教学活动的效率、效能,特别是课堂教学的质量上,一般而言,教学效能较高的教师,都有较强的"教学力"和"管学力"、有鲜明的个人教学风格,但从本研究的调研情况来看,部分中学青年教师教学能力素质仍然有待提高,绝大多数青年教师往往是直接从"学堂"走进"讲堂",还没有丰富的教育教学经验,甚至还没有"站稳"讲台,很难真正实现通过着力改造学生的原有经验来促进学生主动建构知识,通过着力改变学生

的学习方式让学生在多边课堂活动中实现深度理解,通过着力改变训练方式来让学生在不同情境中学会迁移与运用。为此,中学青年教师要在"想发展"的前提下,通过多种途径落实"会发展""能发展",实现个人教育教学素质的提高。可以说,中学青年教师教学能力提升是个系统工程,需要个人、学校及社会的共同努力,在既定的社会体制下,从中学青年教师个人层面及学校层面进行必要的教学改革。

第一,学校要对青年教师的教学能力素质形成统一的规范要求,由顶层保障实施。举例来说,可以要求青年教师完成一门全过程助课(包括课程设计)、一门全过程听课,考核合格后方可上岗教学。要引导青年教师自学教育学、教育心理学、教学方法论、现代教育技术学等知识,增强青年教师教学能力发展的内在动力,培养青年教师自我提升的意识和主人翁意识。可对青年教师实行老教师与青年教师结对帮扶,进行"一对一"指导,实现教学理念、教学经验、教学方法和措施等内容的直接演示和传承,使中学青年教师得到快速成长。中学学校还可以定期举行座谈会听取青年教师对学校发展的意见和建议,为青年教师成长创造良好的环境。另外,辅之以校本培训等具有良好成效的入职、职后培育方式。校本培训就是以学校为本,以学校为基础,以学校为阵地,以学校为主体开展的教学研究与教育科研融合在一起的培训活动。[①] 校本培训,有利于贯彻和实施学校的办学思想,增进学校与青年教师的情感联系,提升青年教师爱岗爱校情怀,同时,能切合青年教师的实际,挖掘其内在潜能,有针对性地解决教育教学中的困惑和问题。在培训过程中,青年教师专业能力得到提升和发展,更能为学校未来发展做出应有贡献。

第二,应当对青年教师的教学技能全过程予以全方位的培训与辅导。教学技能包括备课、观摩、说课、评课及自我总结和反思。首先,备课是基础,必须从整门课程的准备着手,且应提前至少半年时间准备。中学青年教师可以从模仿开始,观摩教学经验丰富的教师的教案、课程设计、教学模式和教学方法。有条件的学校或学科组可施行集体备课,共同解读教材,研究教学方法,青年教师在集体备课过程中能够多听多看,解决教学中存在的不足。其次,观摩可促进教学经验的交流和借鉴。中学青年教师可观摩各种级别、各种类型课程,并且保证每学期达到一定的数量。然后,说课是练兵。通过说课,青年

[①] 陈观林,冷德翔.以校本研修促进青年教师专业发展[J].上海教育科研,2005(4).

教师可以更好地理解教学理念,选择合适的教学方法,更有利于提高其教学设计能力和课堂教学实践能力。然后,评课是有效提高。通过评课,青年教师知道自己的不足,才能进步。最后,自我总结和反思。青年教师通过总结和反思,对自己的备课、观摩、说课、评课等过程获得的经验内化,改正自身存在的不足,达到对教学活动的有效监控和调节,从而促进教学能力的提升。

第三,中学可以定期举办教师论坛等教学研讨与竞赛活动。教学研讨活动是给青年教师创设一个研讨与交流的平台,为青年教师提供对话与研讨的机会和舞台,在交流和碰撞彼此想法的过程中产生深刻的见解,以此达成更高层次的共识。例如,可讨论本学科的教学目标与计划、教案及板书的设计、作业的布置与批改、教学方法的改革等具体问题。同时,学校应支持并鼓励中学青年教师指导或者参与各层次的实践技能竞赛,使其在参赛准备、实际比赛操作实践、与同行交流过程中,促进教学能力的提高。有条件的中学可以建立青年教师教学能力提升基金,根据事先设定的教学能力提升目标和内容给予青年教师经费资助和奖励。

3. 创新激发科研意识,创设长效激励机制

中学青年教师科研能力素质也是职后培育最重要的组成部分。科研能力素质是指发现问题、分析问题、解决问题,或在分析解决问题时有所发明、有所创造的能力。科研能力是青年教师必备的一个主要能力。从事教学的中学青年教师还必须参加科研工作,通过科学研究,中学青年教师既可以不断提高自己的学术水平和业务水平,又可以培养学生的研究能力。要提高科研能力,中学青年教师必须发挥主动性,自己创造必要的条件,发挥自身的专长,培养自己的科技创新能力,积极投身于科学研究,并努力将科研成果向社会扩散。为提升中学青年教师的科研能力素质,学校对青年教师的职后培育可以从以下方面入手。

第一,组织教授适用于中学教师的科研方法,促进教师科研意识的形成。通过组织教研专题培训,开展专题讲座、举办学术报告会,聘请校内外专家,培养学科带头人,带领青年教师一同做科研,从而培养出年轻的学术骨干。同时,还可以通过教研成果展示会、经验交流活动等途径做好科研能力培训和指导,切实提高中学青年教师的科研能力和水平。

中学青年教师如果不关注本学科领域的研究动态,不钻研本学科的新知识和技能,是不可能成为一名称职的老师的。只有充分意识到科研的重要性,认识到科研是服务于教学的并且是教学的一部分,中学青年教师才能积极主动地进行科学研究。中学青年教师只有观念转变,对科研工作产生兴趣,克服科研中遇到的时间少、精力有限等问题,在科研的实践中积累经验,提高自己科研水平的同时获得锻炼,同时也让自己在教学过程中言之有物,从而不断提高自己的综合素质。

科研源自实践,所谓科研,就是运用一些科研方法将观点、经验加以整理的过程。教学科研的主要内容就是教学问题的界定和解决问题路径方法的创新。中学青年教师开展科学研究,要懂得基本的研究路径和方法,掌握从选题、课题论证,查阅文献资料,制订研究计划,归纳总结、撰写课题研究报告,到研究成果的发表和展示等各环节的基本要求与方法。此外,中学青年教师还需要系统地掌握科研政策、申报科研课题流程及进行科研的技巧、科研课题组织运作的方法,以及对教训的反思和经验的积累等。现代教育不再需要只有某种专业知识的教书匠式的教师,而是需要既有专业知识又有教育理论和教学能力的教育家式的教师。因而,青年教师应致力于将自己塑造成一名教学能力和科研能力兼备的合格的中学教师。

第二,创设长期激励机制,鼓励青年教师积极投身科研。为了更好地帮助青年教师提高科研热情,进一步提高科研效率及质量,中学应完善科研制度,建立科学合理的科研考核标准和奖惩制度,制定教研成果评选、奖励条例,公平、公正地评价青年教师的科研能力、教育成果,奖优罚劣。比如,加大科研经费投入,设立青年教师科研基金,建立科学有效的科研激励机制,鼓励和支持青年教师开展课题研究;量化教师的科研工作成果,并将其教研工作量纳入年终工作业绩考核,与年终分配、评奖评优、职称评聘及岗位晋升挂钩,促进科研人才的脱颖而出;增加教师公开发表论文的奖金幅度,并对参与各级各类科研活动的青年教师及时进行精神表扬和物质奖励,充分调动中学青年教师参与科研的积极性。

为青年教师提供科研平台。中学学校应加大与各级科研部门、研究院所、企业的沟通与交流,广泛收集科研课题的相关信息,及时公布国家级、省级、市厅级的科研计划和科研课题,使中学青年教师能够及时得到各类科研课题的申报信息。为中学青年教师创设更多的科研机会,让中学青年教师能有更多的机会在更广阔的舞台上充分发挥所长。同时,学校也应该为青年教师创造具有浓厚氛围的科研环境,营造良好的科研氛围。学校各教研室应加强交流,增强团队合作精神。可建立成员分布包括"老、中、青"的这样一支科研团队,即经验丰富的项目主持人示范、带动并实际指导青年教师如何制订具体的研究方案、搜集和分析数据、撰写和发表研究论文等,进一步提高中学青年教师申报课题的能力、组织实施课题的能力、撰写研究报告、形成研究成果的能力等,提高教研成果质量。

4. 完善监督考核机制,动态评估教师能力

一方面,学校应该成立中学青年教师素质能力提升的考核小组,考核达不到要求的青年教师不得承担教学任务,并设定整改提升期限,责令学习、提高。实践是人类探索和改造客观世界的社会活动。脱离实践,主观与客观、理论与实际将无法联系并达到和谐统一。实践活动对个体的能力发展有积极影响和作用。以中学青年教师实践能力考核小组为核心,提高中学青年教师的实践能力是其教学能力素质培养的重要途径。对于中学青年教师而言,提高专业教学实践能力和积累社会实践经验是其教学能力培养的重要措施。

另一方面,学校对青年教师的考核也应该是全面的、动态的。对青年教师的考核不是最终的目的,而是提升中学青年教师能力素质的手段之一。因此,对中学青年教师的监督与考核也应当尊重中学青年教师的实际状态,不仅仅从课堂或成果层面对教师进行片面评判。对青年教师能力素质的衡量应当贯穿于课内课外,覆盖到形成性结果与过程性结果。另外,对青年教师的考核也需要与一定的激励或惩罚措施相结合。例如,对青年教师来说,职称的评聘是件大事,教育主管部门和职称评审机构都在教师的教学和科研两方面提出了一定的要求,这种条件约束也是教师能力素质提升的外部动力,学校应当科学利用外部激励手段,实现外部塑造力量的最大化。

5. 积极投身社会参与,获取丰厚社会支持

研究表明,中学青年教师获得的社会支持越多,其能力素质的提升情况越好。但现实情况是,中学青年教师的社会支持被极其复杂的因素影响、制约着。从宏观层面来说,国家政策在无形中主导教师发展的整个环境。因此,建立更为完善的政策法规,全面推进依法治教和依法治校,对进一步提高中学的管理水平和规范中学的办学行为,促进中等教育事业的持续发展有积极的作用。中学青年教师在入职前的资格确定及入职后的教学能力培养,都应有相对应的政策法规。但现存法规条例中仍有诸多不足之处,对这些不足进行修正和完善,才能确保中学青年教师能力素质更快、更好地发展与提升。吸引那

些拥有教师必备能力的人进入教师行业的决定性因素是教师的社会地位和物质待遇的改善。西方国家近半个世纪以来对教师管理政策的实践经验表明，教师职业的社会地位和物质待遇作为强有力的外在动力，与教师能力素质的提升有非常重要的内在联系。提高教师的物质待遇，教师在社会公众中的职业角色形象也会随之提高，而且为教师解决切实的后顾之忧，使其安心工作，不会总想着在校外兼职赚钱，这对中学青年教师能力素质的提升有重要而直接的影响。政府行为也应当在这个过程中占有核心的地位，保证中学青年教师安心从教，摆脱职业倦怠，从而提高整个教师队伍的能力素质。

现有研究表明，以学校为依托的社会合作与社会参与，可以在一定程度上对社会事务发声、影响宏观政策，从而为青年教师营造更加有利于其能力素质发展的社会环境。在这样的社会环境中，青年教师的社会支持将会得到根本、持续的改善，最终促进中学青年教师能力素质的进一步发展与完善。

本章依托质性访谈与问卷调查的研究结果，以中学青年教师能力素质的主观影响因素、客观影响因素为依据，从内部生成与外部塑造两个方面，探索提升中学青年教师能力素质的有效策略。中学青年教师能力素质的提升受到内部因素与外部因素两大方面的制约。因此，通过中学青年教师能力素质本质的自我生成、促进其能力素质的内部完善，可以实现中学青年教师能力素质长久的、可持续的发展。研究认为，明晰自我发展阶段、践行自我提升理念，拓展已有知识边界、改造传统知识结构，完善自我个性特质，经营融洽人际关系等是提升中学青年教师能力素质的内生策略。在中学青年教师能力素质内部生成、自我完善的基础之上，塑造完善其外部环境，可以实现中学青年教师能力素质精准、稳定的发展。研究认为，构建学校顶层设计、完整职后培育路径，严肃学校教学规范、全方位辅导教学技能，创新激发科研意识、创设长效激励机制，完善监督考核机制、动态评估教师能力，积极投身社会、获取丰厚社会支持等是提升中学青年教师能力素质的外塑策略。

三、研究的限制与展望

目前学界关于中学青年教师能力素质的研究非常少。由于本研究的研究对象较广，也无法实地到各个中学深入且长时间地观察、评价，故本研究受到以下几方面因素的限制：

一是研究对象的限制。就研究对象范围而言，受限于经费、人力、物力及时间等资源,本研究仅针对苏州工业园区中学青年教师进行随机抽样调查,其他利益相关者例如学生、家长、学校领导、教师发展中心人员、教育行政人员等的观点暂且不列入研究对象范畴。以部分中学青年教师能力素质相关者的观点来分析青年教师的能力素质,调查结果会受到一定的影响,此为本研究的限制之一。

二是问卷填答质量的限制。填答者可能因对问卷题目的认知不同,而在填写方式上出现差异,加上牵涉到的中学青年教师能力素质现状差异较大,致使问卷调查结果难免产生误差。问卷填答质量难以掌控,此为研究限制之二。

三是研究者能力与观点的限制。在研究过程中,由于研究者自身学习与工作的背景和经历,以及个人性格与认知存在差异,对于事件的判断或许会有主观上的差别,但研究者在研究期间始终力求实现真实与客观,此为研究限制之三。

后续的相关研究,应当拓展研究对象的范围,增强研究结论的可推广性。在问卷填答的过程中,也可邀请教育学、教育心理学等方面的专业人士对填答要求进行说明,具体辅导填答事宜。此外,未来研究也可以积极探索更具深度的理论支撑和更为精准的实证研究方式,进一步完善研究的深度和广度。

中学青年教师能力素质模型是一个复杂开放的体系,是动态发展的。随着中学阶段教育实践的发展及教育理念、教育内容、教育方法、教育手段等的变化,对中学青年教师能力素质的考查指标也要做相应的修改。因此,中学青年教师能力素质的研究是一个不断调整改进的过程,对中学青年教师能力素质模型的研究也应与时俱进,不断深入、完善和补充。

参考文献

一、专著

1. 奥雷利奥·佩西. 未来的一百页:罗马俱乐部总裁的报告[M]. 汪帼君,译. 北京:中国展望出版社,1984.
2. 恩格斯. 路德维希·费尔巴哈和德国古典哲学的终结[M]. 中共中央马克思恩格斯列宁斯大林著作编译局,译. 北京:人民出版社,1972.
3. 约翰·S.布鲁贝克. 高等教育哲学[M]. 王承绪,郑继伟,张维平,等,译. 杭州:浙江教育出版社,2002.
4. 查有梁. 大教育论[M]. 成都:四川教育出版社,1990.
5. 陈嘉映. 哲学 科学 常识[M]. 北京:东方出版社,2007.
6. 陈向明. 质的研究方法与社会科学研究[M]. 北京:教育科学出版社,2000.
7. 陈修斋. 欧洲哲学史上的经验主义和理性主义[M]. 北京:人民出版社,1986.
8. 陈学明. 西方马克思主义教程[M]. 北京:高等教育出版社,2001.
9. 陈中立,张浩,张海源,等. 反映论新论:马克思主义反映论及其在现代的发展[M]. 王承绪,译. 北京:中国社会科学出版社,1997.
10. 约翰·杜威. 民主主义与教育[M]. 王承绪,译. 北京:人民教育出版社,1990.
11. 丰子义. 马克思主义社会发展理论研究[M]. 北京:北京师范大学出版社,2012.
12. 高清海. 哲学与主体自我意识:论马克思实践观点的思维方式[M]. 北京:北京师范大学出版社,2017.

13. 顾明远. 中国教育的文化基础[M]. 太原:山西教育出版社,2004.

14. 郭建宁. 20 世纪中国马克思主义哲学[M]. 北京:北京大学出版社,2005.

15. 海德格尔. 存在与时间[M]. 陈嘉映,王庆节,译. 北京:生活·读书·新知三联书店,1987.

16. 海德格尔. 论真理的本质:柏拉图的洞喻和《泰阿泰德》讲疏[M]. 赵卫国,译. 北京:华夏出版社,2008.

17. 中共中央马克思恩格斯列宁斯大林著作编译局. 马克思恩格斯文集:第 1 卷[M]. 北京:人民出版社,2009.

18. 中共中央马克思恩格斯列宁斯大林著作编译局. 马克思恩格斯文集:第 2 卷[M]. 北京:人民出版社,2009.

19. 中共中央马克思恩格斯列宁斯大林著作编译局. 马克思恩格斯文集:第 3 卷[M]. 北京:人民出版社,2009.

20. 中共中央马克思恩格斯列宁斯大林著作编译局. 马克思恩格斯文集:第 4 卷[M]. 北京:人民出版社,2009.

21. 中共中央马克思恩格斯列宁斯大林著作编译局. 马克思恩格斯文集:第 5 卷[M]. 北京:人民出版社,2009.

22. 中共中央马克思恩格斯列宁斯大林著作编译局. 马克思恩格斯文集:第 8 卷[M]. 北京:人民出版社,2009.

23. 中共中央马克思恩格斯列宁斯大林著作编译局. 马克思恩格斯文集:第 9 卷[M]. 北京:人民出版社,2009.

24. 中共中央马克思恩格斯列宁斯大林著作编译局. 马克思恩格斯文集:第 10 卷[M]. 北京:人民出版社,2009.

25. 中共中央马克思恩格斯列宁斯大林著作编译局. 马克思恩格斯全集:第一卷[M]. 北京:人民出版社,1995..

26. 中共中央马克思恩格斯列宁斯大林著作编译局. 马克思恩格斯全集:第四十七卷[M]. 北京:人民出版社,1979.

27. 恩斯特·卡西尔. 人论[M]. 甘阳,译. 上海:上海译文出版社,2003.

28. 中共中央马克思恩格斯列宁斯大林著作编译局. 列宁选集:第二卷[M]. 北京:人民出版社,2012.

29. 伽达默尔. 科学时代的理性[M]. 薛华,高地,李河,等,译. 北京:国际文化出版公司,1988.

30. 康德. 历史理性批判文集[M]. 何兆武,译. 北京:商务印书馆,1990.

31. 康德. 康德三大批判精粹[M]. 杨祖陶,邓晓芒,编译,北京:人民出版社,2001.

32. 王炳照,郭齐家,刘德华,等. 简明中国教育史[M]. 北京:北京师范大学出版社,1994.

33. 马丁·布伯. 我与你[M]. 陈维纲,译. 北京:生活·读书·新知三联书店,1986.

34. 叶澜,白益民,王枬,等. 教师角色与教师发展新探[M]. 北京:教育科学出版社,2001.

35. 叶澜. "新基础教育"论:关于当代中国学校变革的探究与认识[M]. 北京:教育科学出版社,2006.

36. 叶澜. 教育学原理[M]. 北京:人民教育出版社,2007.

37. 约翰·穆勒. 功利主义[M]. 徐大建,译. 上海:上海人民出版社,2008.

38. 今津孝次郎. 変動社会の教師教育[M]. 名古屋:名古屋大学出版会,1996.

39. 朱永新. 致教师[M]. 武汉:长江文艺出版社,2016.

40. 丁立群,李卓,赵全洲. 实践哲学:传统与超越[M]. 北京:北京师范大学出版社,2012.

41. 王南湜. 马克思主义哲学中国化的历程及其规律研究[M]. 北京:北京师范大学出版社,2012.

42. 马克斯·韦伯. 新教伦理与资本主义精神[M]. 沈海霞,龙婧,译. 北京:电子工业出版社,2013.

43. 吴晓明,陈立新. 马克思主义本体论研究[M]. 北京:北京师范大学出版社,2012.

44. G.希尔贝克,N.伊耶. 西方哲学史:从古希腊到二十世纪[M]. 董世骏,郁陈华,刘进,译. 上海:上海译文出版社,2012.

45. 希拉·斯劳特,拉里·莱斯利. 学术资本主义:政策、政策和创业型大学[M]. 梁骁,黎丽,译. 北京:北京大学出版社,2008.

46. 萧前,杨耕,等. 唯物主义的现代形态:实践唯物主义研究[M]. 北京:中国人民大学出版社,2012.

47. 休谟. 人类理解研究[M]. 关文运,译. 北京:商务印书馆,1972.

48. 卡尔·雅斯贝斯. 时代的精神状况[M]. 王德峰,译. 上海:上海译文出版社,1997.

49. 卡尔·雅斯贝斯. 历史的起源与目标[M]. 魏楚雄,俞新天,译. 北京:华夏出版社,1989.

50. 闫树森. 创立马克思主义理论体系的开端:《1844年经济哲学手稿》的解释与探讨[M]. 北京:求实出版社,1987.

51. 杨耕,等. 马克思主义哲学基础理论研究[M]. 北京:北京师范大学出版社,2013.

52. 尤尔根·哈贝马斯. 重建历史唯物主义[M]. 郭官义,译. 北京:社会科学文献出版社,2000.

53. 尤尔根·哈贝马斯. 现代性的哲学话语[M]. 曹卫东,等,译. 南京:译林出版社,2004.

54. 于淑云,黄友安. 教师职业道德、心理健康和专业发展[M]. 北京:首都师范大学出版社,2007.

55. 俞吾金. 重新理解马克思:对马克思哲学的基础理论和当代意义的反思[M]. 北京:北京师范大学出版社,2005.

56. 袁振国. 教育新理念[M]. 北京:教育科学出版社,2002.

57. 张世英. 哲学导论[M]. 北京:北京大学出版社,2008.

58. 张一兵. 回到马克思:经济学语境中的哲学话语[M]. 南京:江苏人民出版社,2014.

59. 张一兵,蒙木桂. 神会马克思:马克思哲学生态的当代阐释[M]. 北京:中国人民大学出版社,2004.

60. 赵敦华. 现代西方哲学新编[M]. 北京大学出版社,2001.

61. 赵家祥,聂锦芳,张立波. 马克思主义哲学教程[M]. 北京:北京大学出版社,2003.

62. W.F.康内尔. 二十世纪世界教育史[M]. 张法琨,方能达,李乐天,等,译,北京:人民教育出版社,1990.

63. 科西克. 具体的辩证法:关于人与世界问题的研究[M]. 傅小平,译.

北京:社会科学文献出版社,1989.

64. 刘电芝. 教育与心理研究方法[M]. 合肥:安徽教育出版社,2011.

65. 刘放桐. 马克思主义哲学与现代西方哲学研究[M]. 北京:北京师范大学出版社,2012.

66. 刘敬东,张玲玲.《实践论》《矛盾论》导读[M]. 北京:中国民主法制出版社,2012.

67. 陈琦,刘儒德. 当代教育心理学(第2版)[M]. 北京:北京师范大学出版社,2012.

68. 罗崇敏. 教育的逻辑[M]. 北京:人民出版社,2010.

69. 理查德·罗蒂. 哲学和自然之镜[M]. 李幼蒸,译. 北京:生活·读书·新知三联书店,1987.

70. 马红宇,唐汉瑛,刘腾飞. 中小学教师胜任特征研究及应用[M]. 北京:教育科学出版社,2012.

71. 马克思恩格斯列宁哲学经典著作导读编写组. 马克思恩格斯列宁哲学经典著作导读[M]. 北京:人民出版社,2012.

72. 牟宗三. 中国哲学十九讲[M]. 长春:吉林出版集团有限责任公司,2010.

73. 聂耀东. 马克思主义哲学名著导读[M]. 北京:中国人民大学出版社,2004.

74. 希拉里·普特南. 实在论的多副面孔[M]. 冯艳,译. 北京:中国人民大学出版社,2005.

75. 齐泽克. 自由的深渊[M]. 王俊,译. 上海:上海译文出版社,2013.

76. 乔恩·埃尔斯特. 理解马克思[M]. 何怀远,等,译. 北京:中国人民大学出版社,2008.

77. 邱少全. 人及其世界:马克思主义哲学与现代西方哲学思想比较研究[M]. 上海:上海人民出版社,2000.

78. 任平. 当代中国马克思主义哲学研究[M]. 北京:中央编译出版局,2012.

79. 萨特. 存在与虚无[M]. 陈益良,等,译. 北京:生活·读书·新知三联书店,2007.

80. 塞缪尔·亨廷顿. 现代化:理论与历史经验的再探讨[M]. 张景明,

译.上海:上海译文出版社,1993.

81. 施良方,崔允漷. 教学理论:课堂教学的原理、策略与研究[M]. 上海:华东师范大学出版社,1999.

82. A. 施密特. 马克思的自然概念[M]. 欧力同,吴仲昉,译. 北京:商务印书馆,1988.

83. 孙正聿. 马克思辩证法理论的当代反思[M]. 北京:人民出版社,2002.

84. 陶德麟,汪信砚. 马克思主义哲学的当代论域[M]. 北京:人民出版社,2005.

85. 特里·伊格尔顿. 马克思为什么是对的[M]. 李杨,任文科,关平义,译. 北京:新星出版社,2011.

86. 马克斯·韦伯. 社会科学方法论[M]. 李秋零,田薇,译. 北京:华夏出版社,1999.

二、期刊

1. 蔡永红,孟静怡,龚婧. 中小学教师教学专长的构成成分与领域特征研究[J]. 教育研究与实验,2017(5):46-53.

2. 陈达. 对加强新时期师德建设的思考[J]. 高等函授学报(哲学社会科学版),2003(1):27-29.

3. 陈菲. 中学音乐教师专业发展的影响因素与策略探究[J]. 戏剧之家,2016(8):234.

4. 陈万思. 纵向式职业生涯发展与发展性胜任力:基于企业人力资源管理人员的实证研究[J]. 南开管理评论,2005(6):17-23+47.

5. 陈晓端,席作宏. 教师个人教学哲学:意义与建构[J]. 教育研究,2011(3):73-76.

6. 陈向明. 从一个到全体:质的研究结果的推论问题[J]. 教育研究与实验,2000(2):1-7.

7. 陈运华. 中学教师职业道德存在的问题及对策[J]. 科教导刊(上旬刊),2012(2):159-161.

8. 柴庆孚,马利军,郑维强. 深化学校教育科研培养学研型教师队伍[J]. 内蒙古师范大学学报(教育科学版),2006(12):67-69.

9. 陈观林,冷德翔. 以校本研修促进青年教师专业发展[J]. 上海教育科研,2005(4):71-72.

10. 董圣鸿,胡小燕,余琳燕,等. 幼儿教师胜任力研究:基于 BEI 技术的模型构建[J]. 心理学探新,2016(5):451-457.

11. 窦玉贵. 浅谈中学教师的职业道德[J]. 赤峰教育学院学报,2003(1):20-21.

12. 方晓义,袁晓娇,胡伟,等. 中国大学生心理健康筛查量表的编制[J]. 心理与行为研究,2018(1):111-118.

13. 杜媛,王向林. 对高校青年教师进行自我修养的思考[J]. 中国高校师资研究,2010(4):38-41.

14. 葛晨光. 新形势下高校青年教师师德存在的问题与对策[J]. 黑龙江高教研究,2009(2):87-89.

15. 格根. 中英中学教师培养体系对比研究[J]. 内蒙古师范大学学报(教育科学版),2011(11):63-67.

16. 郝兆杰,潘林. 高校教师翻转课堂教学胜任力模型构建研究:兼及"人工智能+"背景下的教学新思考[J]. 远程教育杂志,2017(6):66-75.

17. 何齐宗. 我国高校教师胜任力研究:进展与思考[J]. 高等教育研究,2014(10):38-45.

18. 胡信布,袁治平,陈红,等. 领导者情绪胜任力模型构建的实证研究:以陕西省厅处级干部为例[J]. 软科学,2014(6):85-89.

19. 黄勋敬,李光远,张敏强. 商业银行行长胜任力模型研究[J]. 金融论坛,2007(7):3-12.

20. 姜建清. 高职院校青年教师的可持续发展[J]. 职业技术教育,2007(11):61-62.

21. 姜勇,华爱华. 柏格森"生命哲学"视野中的教师发展观[J]. 外国教育研究,2010(1):62-66.

22. 姜勇,刘静,戴乃恩. "文化存在论教育学"视野下的教师成长[J]. 教育发展研究,2017(6):35-41.

23. 乐永孝. 高职院校青年教师师德建设研究[J]. 高教学刊,2016(9):245-246.

24. 李高峰. 中学教师专业素质现状及其启示[J]. 教育科学研究,2015

(6):50-55.

25. 李明斐. 胜任力与胜任力模型构建方法研究[J]. 大连理工大学学报(社会科学版), 2004(1):28-32.

26. 李有斌. 高职院校青年教师师德建设对策[J]. 职业技术教育, 2018(14):62-63.

27. 李炎, 叶淑玲. 高校青年教师师德现状与对策研究[J]. 理论导刊, 2011(8):92-94.

28. 李清臣. 生命哲学关照下的教师精神文化[J]. 教育学术月刊, 2010(7):68-70.

29. 梁丽萍, 赵东升. 师德现状与师德建设[J]. 山西大学学报(哲学社会科学版), 2000(2):101-104.

30. 刘灿波. 农村中学教师专业化成长的探索[J]. 速读(中旬), 2016(11):41.

31. 刘海燕. 教研员的角色定位与发展期待[J]. 教育理论与实践, 2012(14):27-29.

32. 刘明亮. 高校教师职业道德建设存在的问题及对策[J]. 教育探索, 2014(9):94-95.

33. 刘强. 高校青年教师师德建设的思考[J]. 思想政治教育研究, 2012(4):103.

34. 龙建. 加强青年教师师德建设的几点思考[J]. 当代教育实践与教学研究(电子刊), 2016(4):551.

35. 龙绍赟, 徐海棠. 中小学教师职业道德现状与思考[J]. 内江科技, 2005(6):29-30.

36. 楼世洲, 张丽珍. 教师专业境界:精神世界和现实世界的和谐——过程哲学视野下的教师专业发展[J]. 教师教育研究, 2009(6):20-23.

37. 马达飞, 陈哲娟, 方素珍. 攀枝花市卫生行政部门中层管理干部胜任力研究[J]. 中国卫生事业管理, 2011(S1):91-93.

38. 毛伟, 盛群力. 梅耶多媒体教学设计10条原则:依托媒体技术实现意义学习[J]. 现代远程教育研究, 2017(1):26-35.

39. 南纪稳. 教师参与校本教育科研的因素分析[J]. 当代教师教育, 2012(1):79-84.

40. 秦勤. 新课程背景下语文教师哲学素养缺失之批判[J]. 科学咨询(教育科研):2014(11):25-26.

41. 饶惠霞,吴海燕. 国外胜任力研究新进展述评[J]. 科技管理研究,2010(16):125-127.

42. 史静琤,莫显昆,孙振球. 量表编制中内容效度指数的应用[J]. 中南大学学报(医学版),2012(2):49-52.

43. 时勘,王继承,李超平. 企业高层管理者胜任特征模型评价的研究[J]. 心理学报,2002(3):306-311.

44. 孙勋成. 青年教师教学能力培养途径研究[J]. 价值工程,2018(9):184-185.

45. 孙焱,孙朝仁. 生态哲学视域下农村教师专业发展的审视:基于《教师专业标准》对L市农村中小学教师专业发展的调查研究[J]. 江苏教育研究,2014(22):33-37.

46. 索尔蒂斯. 论教育哲学的前景[J]. 闵家胤,译. 国外社会科学,1984(3):8-12.

47. 唐燕雯. 高职院校青年教师教学能力发展的对策研究[J]. 才智,2018(1):30-32.

48. 夏晓虹. 从英国导师制看我国高校辅导员队伍建设[J]. 思想教育研究,2008(1):46-49.

49. 谢虔. 慕课背景下高校教师胜任力模型构建研究[J]. 辽宁高职学报,2017(11):92-95,103.

50. 任经辉. 新时期高校青年教师师德建设探析[J]. 学校党建与思想教育,2010(32):63-64.

51. 万宫泉. 基于能力素质模型的供电企业人力资源开发管理[J]. 中国电力教育,2010(22):257-259.

52. 王强,宋淑青. 幼儿教师胜任力模型之构建[J]. 上海教育科研,2008(4):52-54.

53. 王重鸣,陈民科. 管理胜任力特征分析:结构方程模型检验[J]. 心理科学,2002(5):513-516+637.

54. 王鹏,时勘. 培训需求评价的研究概况[J]. 心理学动态,1998(4):36-38+51.

55. 王坤庆. 教师专业发展的境界:形成教师个人的教育哲学[J]. 高等教育研究,2011(5):22-28.

56. 王小宁. 中小学青年教师的职业道德危机及其对策[J]. 科教导刊(上旬刊),2011(7):101,111.

57. 王晓芳,熊和妮. 构建中小学教师科研的多层次支持系统[J]. 中国教育学刊,2014(11):83-86.

58. 文双全. 高等学校教师自我提升探析[J]. 安徽工业大学学报(社会科学版),2007(2):145-146.

59. 吴旭君. 基于教师专业标准的中学教师专业能力发展对策[J]. 中国教育学刊,2013(8):78-80.

60. 许慧. 浅谈高校青年教师师德建设[J]. 中国校外教育(理论),2007(9):57.

61. 徐建平,谭小月,武琳,等. 优秀中小学教师胜任特征分析[J]. 教育学报,2011(1):48-53.

62. 徐鹏,雷娟,陈俊国. 基于学生角度构建医学院校教师胜任力模型研究[J]. 中国社会医学杂志,2018(2):23-31.

63. 熊思鹏,何齐宗. 高校青年教师教学胜任力的调查与思考[J]. 教育研究,2016(11):126-132.

64. 杨慧清. 青年教师教学能力的现状及提升策略[J]. 湘潭师范学院学报(社会科学版),2009(6):156-157.

65. 杨柳,任丽莉. 应用型本科院校青年教师专业发展现状及对策[J]. 教育与职业,2017(11):85-88.

66. 杨向东,马建红,邵捷. 中学教师分层培养模式探索[J]. 教学与管理,2015(34):22-24.

67. 姚翔,王垒,陈建红. 项目管理者胜任力模型[J]. 心理科学,2004(6):1497-1499.

68. 于杨,陈欣,刘益春. 美国中学教师培养改革:动向与启示[J]. 东北师范大学学报(哲学社会科学版),2008(6):70-75.

69. 于永顺. 我国中小学教师职业道德面临的主要问题及解决对策[J]. 教育科学,2001(1):18-23.

70. 张大良,纪志成,周萍. 高校青年教师教学能力的评价体系与影响因素研究[J]. 贵州社会科学,2009(9):91-96.

71. 张明明,许宝娟,陈晗曦,高职院校青年教师师德塑造研究[J]. 新校园(上旬刊),2017(3):139.

72. 张玉新. 加强高校青年教师师德建设的思考[J]. 学校党建与思想教育,2011(29):80-81.

73. 张维刚. 关于中小学多媒体课件制作中的若干问题及对策[J]. 电化教育研究,2001(5):66-68.

74. 赵骏. 高校教师职业道德建设探析[J]. 中国成人教育,2014(22):128-131.

75. 赵曙明,杜娟. 企业经营者胜任力及测评理论研究[J]. 外国经济与管理,2007(1):33-40.

76. 赵曙明,杜娟. 基于胜任力模型的人力资源管理研究[J]. 经济管理,2007(6):16-22.

77. 赵耀. 对中央国家机关人事干部胜任力的实证分析[J]. 人口与经济,2005(6):46-51+40.

78. 郑学宝,孙健敏. 县域经济发展与县级党政领导正职的胜任力模型研究:以广东省为倒[J]. 学术研究,2006(1):84-89.

79. 周榕. 高校教师远程教学胜任力模型构建的实证研究[J]. 电化教育研究,2012(11):86-92.

80. 朱宁波,刘丽娜. 中小学教师职业道德现状的调查研究[J]. 教育科学,2009(6):37-41.

81. 祝英杰,曲成平,商怀帅,等. 高等工科院校教师教学能力提升途径研究[J]. 中国成人教育,2016(12):147-150.

82. 邹大勇. 高校高层次青年教师师德建设探讨[J]. 中国成人教育,2007(10):97-98.

83. 诸园. 哲学人类学视角下的大学教师的卓越发展[J]. 教师教育研究,2015(6):21-25.

84. 孔德生,丛建伟,张萍."完整的人"与人的本质的全面实现:马克思人的本质理论的终极指向及其实践意义[J]. 理论探讨,2012(6):70-72.

85. 冯向东. 从"主体间性"看教学活动的要素关系[J]. 高等教育研究,2004(5):25-30.

86. 郭湛. 论主体间性或交互主体性[J]. 中国人民大学学报, 2001(3): 32-38.

87. 郭浩. 主体间性:师生关系的新视角[J]. 广西教育学院学报, 2007(1):5-9.

88. 郭芳, 朱旭东. 论教师哲学的内涵建构[J]. 教师教育研究, 2014(4):1-8.

89. 苏东霞. 略论教育异化[J]. 教育探索, 2006(10):40-41.

90. 钟丽佳. 试论教育的异化[J]. 安阳师范学院学报, 2008(1):124-126.

91. 郑臣. 从伦理学到政治学:亚里士多德实践哲学探源[J]. 兰州学刊, 2007(6):17-21.

92. 王金福. 实践本质问题与对马克思主义哲学的理解[J]. 探索, 1996(5):55-58.

93. 王家军. 我国古代教师的核心价值观[J]. 江苏第二师范学院学报, 2013(6):1-6.

94. 袁丽. 中国教师形象及其内涵的历史文化建构[J]. 教师教育研究, 2016(1):103-109.

95. 王家美. 古代教师的教学特点及其对现代教育的启示[J]. 无锡职业技术学院学报, 2008(4):39-40.

96. 郭芳. 近代中国民族主义教师观价值取向的流变与融合[J]. 河北师范大学学报(教育科学版), 2011(10):59-64.

97. 杨益茂. 洋务运动时期的新式教育[J]. 北京社会科学, 1996(1):108-118.

98. 杨凤城. 关于"又红又专"问题的历史评价[J]. 中共党史研究, 1997(4):56-61.

99. 朱旭东. 论教师专业发展的理论模型建构[J]. 教育研究, 2014(6):81-90.

100. 马廷新. 论现代主体总体性的失落及其救赎策略:走向以生态存在论为基础的实践交往理性[J]. 山东社会科学, 2015(6):142-147.

101. 赵光义. 教师发展异化与教育双主体交往的构建[J]. 苏州大学学报(教育科学版), 2019(4):73-79.

102. 饶从满. 教师发展若干基本问题辨析[J]. 中国教育学刊, 2009(4):83-86.

103. 张文桂. 课程改革中教师自我的异化与回归[J]. 当代教育科学, 2018(3):25-29.

104. 姜勇, 柳佳炜, 戴乃恩. 论教育研究的现象学范式与实证主义范式的差异[J]. 华东师范大学学报(教育科学版), 2018(6):61-68.

105. 元涛. 对教师发展的新理解:解读《"新基础教育"论》之"教师发展"观[J]. 中小学管理, 2007(3):54-55.

106. 伍叶琴, 李森, 戴宏才. 教师发展的客体性异化与主体性回归[J]. 教育研究, 2013(1):119-125.

107. 潘洪建. 教师解放:从制度规约到自由发展[J]. 教育科学研究, 2010(1):65-68.

108. 何菊玲. 教师专业成长的现象学旨趣[J]. 教育研究, 2010(11):88-94.

109. 刘钦瑶, 葛列众, 刘少英. 教师胜任力研究述评[J]. 高等工程教育研究, 2007(1):65-69.

110. 李田伟, 李福源. 高校教师能力素质模型[J]. 中国健康心理学杂志, 2013(3):374-377.

111. 王丽珍. 教师专业发展能力模型建构[J]. 教育理论与实践, 2013(22):36-40.

112. 课题组. 河北省中学教师基本素质的调查报告[J]. 河北大学学报(哲学社会科学版), 2001(2):38-42.

113. 王丽娜. 中学骨干教师科研论文撰写现状调查:以苏州市吴江区初中英语学科研究中心教师为例[J]. 教育科学论坛, 2015(15):31-33.

114. 褚治明. 中学教育科研对教师专业发展的重要影响研究[J]. 黑龙江教育学院学报, 2017(12):25-27.

115. 许伟. 中学青年教师"三环节五素养"培养模式的实践与研究[J]. 中小学教师培训, 2010(6):13-15.

116. 赵光义. SDFZ教师发展学校活动形态研究[J]. 当代教育家, 2017(9):52-55.

117. 赵光义. 以研修促发展:也谈"半塘书院"平台的搭建[J]. 教育研究

与评论(中学教育教学),2020(10):25-27.

118. 胡适. 书院制史略[J]. 东方杂志. 1924(3):142-146.

119. 谢延龙,周福盛. 教师发展的生存论转向[J]. 中国教育学刊,2011(8):68-70.

120. 赵光义. 为中学青年教师的专业发展探因问路[J]. 科技资讯,2018(27):195-196.

121. 姜勇. 论教师发展的"存在"之路[J]. 教师教育研究,2010(1):1-5.

122. 刘保兄,刘小娟. 教师成为领导者:美国新教师发展观述评[J]. 全球教育展望,2007(6):30-34.

123. 谢延龙. 让教师诗意地栖居在大地上:论教师发展的生存论意蕴[J]. 现代教育管理,2011(9):94-96.

124. 王蕾. 反思性教学:教师发展观的整合与反思的特殊性[J]. 教育探索,2009(5):78-79.

125. 谢延龙. 实存·生存·实践:教师发展的路向转换[J]. 教育理论与实践,2013(5):39-41.

126. 阮成武. 中国当代教师发展研究的理论创新:兼论"生命·实践"教育学派的教师发展观[J]. 课程·教材·教法,2012(10):103-109.

127. 宁虹. 实践-意义取向的教师专业发展[J]. 教育研究,2005(8):42-47.

128. 潘洪建. 教师解放:从制度规约到自由发展[J]. 教育科学研究,2010(1):65-68.

129. 常攀攀,陈佑清. 责权利相统一的主体:对学习主体内涵的新认识[J]. 教育研究与实验,2018(6):51-57.

130. 肖川. 论教学与交往[J]. 教育研究,1999(2):58-63.

131. 尹艳秋,叶绪江. 主体间性教育对个人主体性教育的超越[J]. 教育研究,2003(2):75-78.

132. 曾新. 论主体性教育中的主体间性[J]. 华中师范大学学报(人文社会科学版),2001(5):134-139.

133. 郑洁,陈莹. 我国高校青年教师胜任力发展的困境与提升路径[J]. 现代教育管理,2013(6):82-86.

三、学位论文

1. 卞立慧. 生命教育视角下的教师素质探析[D]. 成都:四川师范大学,2009.

2. 蔡冬云. 新形势下中学教师师德建设探讨[D]. 苏州:苏州大学,2009.

3. 陈菲儿. 思想政治教师专业素质及提升策略探究[D]. 西安:陕西师范大学,2013.

4. 陈利利. 小学班主任胜任力研究:以上海 MQ 小学为例[D]. 上海:上海师范大学,2017.

5. 成鹏. 小学教师胜任特征模型的构建与应用研究[D]. 苏州:苏州大学,2009.

6. 高岩. 教师个体教学哲学及其建构研究[D]. 西安:陕西师范大学,2012.

7. 崔子光. 电子高等院校教师胜任力素质模型的应用研究[D]. 兰州:西北师范大学,2015.

8. 何晶. 吉林省农村小学教师胜任力模型研究[D]. 大连:辽宁师范大学,2014.

9. 李勤. 中小学青年教师专业化成长机制研究[D]. 贵阳:贵州师范大学,2014.

10. 李银玲. 中学青年教师专业素质及提升研究[D]. 西安:陕西师范大学,2016.

11. 刘烨. ZS 职业技术学院教师岗位能力素质模型的构建与应用研究[D]. 成都:电子科技大学,2012.

12. 吕冬雪. 初中班主任胜任力研究[D]. 天津:天津师范大学,2016.

13. 吕建华. 中学教师胜任素质模型构建与测评[D]. 长春:东北师范大学,2011.

14. 蒙剑英. 过程哲学视域下特级教师的专业发展[D]. 桂林:广西师范大学,2015.

15. 孟丹华. B 市幼儿教师胜任力模型的构建[D]. 北京:北京交通大学,2015.

16. 庞雪. 我国小学青年教师职业道德建设研究[D]. 沈阳:沈阳师范大学,2013.

17. 任琳琳. 非师范专业背景小学青年教师教学能力提升研究[D]. 成都:四川师范大学,2017.

18. 盛春霞. 生命教育视野下的教师素质构建[D]. 曲阜:曲阜师范大学,2007.

19. 邵红云. 新形势下加强高校师德建设的途径研究[D]. 西安:长安大学,2008.

20. 王冠男. 河北省高职院校青年教师专业发展研究[D]. 石家庄:河北师范大学,2010.

21. 王璐瑶. 高校青年教师教学能力研究[D]. 哈尔滨:黑龙江大学,2016.

22. 许安国. 行业特色研究型大学教师胜任素质模型构建及实证研究[D]. 北京:北京交通大学,2013.

23. 张书娟. 社区教育专职教师胜任素质模型研究:以上海市为例[D]. 上海:华东师范大学,2011.

24. 赵雪晶. 我国中学教师教学评价素养研究[D]. 上海:华东师范大学,2014.

25. 周启加. 基础教育英语教师教学能力及其发展研究[D]. 上海:上海外国语大学,2011.

26. 朱玉芳. 生命哲学视阈中的中学教师专业化研究[D]. 苏州:苏州大学,2014.

27. 杨再勇. 心灵的教育:培养"完整的人"的内在向度[D]. 苏州:苏州大学,2014.

28. 车丽娜. 教师文化的嬗变与重建[D]. 济南:山东师范大学,2007.

29. 叶菊艳. 中国教育中教师身份的构建[D]. 香港:香港中文大学,2011.

30. 杨春. 反馈类型对大学生学习成绩的影响:自我调节学习的中介作用[D]. 长春:东北师范大学,2016.

四、外文文献

1. Boyatzis, R. E. *The Competent Manager: A Model for Effective Performance*

[M]. New York: John Wiley and Sons, Inc., 1982.

2. Bisschoff, Bennie Grobler. The management of teacher competence[J]. *Journal of In-Service Education*, 1998(24): 53-76.

3. Beatty, J. E., Leigh, J. S. A., & Dean, K. L. Philosophy rediscovered: Exploring the connections between teaching philosophies, educational philosophies, and philosophy[J]. *Journal of Management Education*, 2009(1): 99-114.

4. Danielson, Charlotte. *Enhancing Professional Practice: A Framework for Teaching* [M]. Alexandria, VA: Association for Supervision and Curriculum Development, 1996.

5. Dineke, E. H. Tigelaar, Diana H. J. M. Dolmans & Dineke H. A. P. Wolfhagen et al. The development and validation of a framework for teaching competencies in higher education[J]. *Higher Education*, 2004(48) :253-268.

6. Fruyt, F. D., Bockstaele, M. & Taris, R., et al. Police interview competencies: assessment and associated traits[J]. *European Journal of Personality*, 2006(20): 567-584.

7. Gillespie, K. H., Hilsen, L. R. & Wadsworth, E. C. *A Guide to Faculty Development: Practice Advice, Examples, and Resource* [M]. Bolton, MA: Anker Publishing Company, Inc., 2001.

8. Herneman, H. G., Milanowki, A. T. Alignment of human resource practices and teacher performance competency[J]. *Peabody Journal of Education*, 2004(4): 108-125.

9. Javrvis, D. K. *Junior Faculty Development: A Handbook* [M]. New York: Modem Language Association of America, 1991.

10. Jerry, G., Ronald, D. Simpson. Faculty development in the Unites States [J]. *Innovative Higher Education*, 1994(3): 167-176.

11. Janet Ouston. Management competences, school effectiveness and educational management[J]. *Educational Management and Administration*. 1993 (4): 212-221.

12. Janssenpa, K. L., Soolsm. A. J. & Seymour, L. C. Perinatal nursing education for single-room maternity care: An evaluation of competency-based model [J]. *Journal of Clinical Nursing*, 2005(14): 95-101.

13. Kay, J., Douglas, L. *Robertson, and Associates. A Guide to Faculty Development(second edition)*[M]. San Francisco: Jossey-Bass, 2010.

14. Lyle Spencer. *Competence At Work: Models for Superior Performance*[M]. New York: John Wiley and Sons, 1993.

15. McClelland, D. C. Identifying competencies with behavioral-event interviews[J]. *Psychological Science*, 1998(5): 331 –339.

16. McClelland, D. C. Testing for competency rather than for "intelligence" [J]. *American Psychologist*, 1973(28): 1 –14.

17. Nordhaug, O. Competency specifieities in organizations[J]. *International Studies of Management & Organization*, 1998(1): 8 –29.

18. Streifer, P. A. The validation of beginning teacher competencies in connecticut[J]. *Journal of Personnel Evaluation in Education*, 1987(1): 33 –55.

19. Shippmann, J. S., Ash, R. A. & Battista, M. et al. The practice of competency modeling[J]. *Personnel Psychology*, 2000(53): 703 –740.

20. Salovey, P., Mayer, J. D. Emotional intelligence [J]. *Journal of Imagination, Cognition and Personality*, 1990(9): 185 –211.

21. Schmidt, L. L. Competency modeling for the final frontier: Supporting psychosocial health and performance in low earth orbit[J]. *Performance Improvement*, 2008(3): 52 –58.

22. Tony Swainston. *Effective Teachers in Secondary Schools: A Reflective Resource for Performance Management* [M]. London: Continuum International Publishing Group, 2008.

23. Bergquist, W. H., Phillips, S. R. *A Handbook for Faculty Development* [M]. Washington, D. C: The Council of Independent Colleges, 1977.

附 录

附录一 中学青年教师能力素质模型访谈提纲

尊敬的老师：

您好！非常感谢您接受我们的访谈。中学青年教师正处于职业生涯的发展期，了解中学青年教师的能力素质有助于帮助中学青年教师更快地发展自己的能力，提升自己的素质。本次访谈记录仅供《中学青年教师能力素质模型建构及提升策略研究》课题研究使用，在研究的过程中，我们将充分保护您的权益，未经您允许不会透漏您的任何个人信息。

1. 您的个人基本信息。包括姓名、性别、出生年月、专业背景、学历、职称、获得奖励情况等。

2. 您认为中学青年教师的角色有哪些？这些角色分别应具备的能力素质有哪些？请就这些能力素质逐一举例说明。

3. 您认为要形成这些能力素质的主观因素和客观因素各自有哪些？请详细说明。

4. 您是否想成为一名中学教学名师？您认为中学教学名师应具备的能力素质有哪些？请分别进行论述。

5. 您认为成长为一名中学教学名师的主观因素和客观因素各自主要有哪些？请详细说明。

6. 您认为您和中学教学名师的差距有多少？具体体现在哪些能力素质上？您觉得您可以通过哪些努力或得到哪些支持能够成为一名中学教学名师？

7. 除了我们刚刚谈到的以外，您还有什么需要补充的？

附录二 《中学青年教师能力素质现状与影响因素调查问卷》(初测)

中学青年教师教学科研状况调查问卷

尊敬的老师:

您好!

为了解中学青年教师(35周岁以下)的教学与科研状况,诚邀您参加本次调查。本次调查仅做科研使用,您的回答没有对错之分,我们会严格保密。1-5代表题目描述符合您自己的程度,1代表非常不符合,2代表比较不符合,3代表一般,4代表比较符合,5代表非常符合。请在每道题后选择符合自己实际情况的数字。本调查不记姓名,请如实作答,感谢您的合作与支持!

1. 您的性别是:(1) 男 (2) 女
2. 您是哪个层次的老师:(1) 高中老师 (2) 初中老师
3. 您的最高学历是:(1) 本科 (2) 硕士 (3) 博士
4. 您的职称级别是:(1) 高级 (2) 中级 (3) 初级 (4) 无职称
5. 您的最后毕业专业是:_____
6. 您的教授科目是:_____
7. 您的年龄是:_____
8. 您的教龄是:_____

第一部分

描述	非常不符合	比较不符合	一般	比较符合	非常符合
1. 同事遇到问题时,经常和我讨论,询问我的意见	①	②	③	④	⑤
2. 我认为教育学、心理学的知识对我的教学工作有很大帮助	①	②	③	④	⑤
3. 我的板书层次分明	①	②	③	④	⑤
4. 学生经常向我求助	①	②	③	④	⑤
5. 我会采用不同的教学方法讲授教学重点和难点	①	②	③	④	⑤
6. 我能将教育学、心理学的知识运用到教学工作中	①	②	③	④	⑤
7. 我的课件有图片、Flash动画、视频	①	②	③	④	⑤
8. 我认为基本知识面越广越有利于提升学生的素质	①	②	③	④	⑤

续表

描述	非常不符合	比较不符合	一般	比较符合	非常符合
9. 很多学生喜欢和我在一起	①	②	③	④	⑤
10. 在课堂上我会安排很多形式的师生互动	①	②	③	④	⑤
11. 我给学生的反馈都很及时	①	②	③	④	⑤
12. 我在课堂上能够利用多种方法调动学生的积极性	①	②	③	④	⑤
13. 我能够处理课堂上的突发状况	①	②	③	④	⑤
14. 我在教学设计中有明确的重点和难点	①	②	③	④	⑤
15. 我的语言表达能力很好	①	②	③	④	⑤
16. 在课堂上我很注重师生互动	①	②	③	④	⑤
17. 学生喜欢上我的课	①	②	③	④	⑤
18. 我的教学设计中有明确的价值观目标	①	②	③	④	⑤
19. 我的课件图文并茂	①	②	③	④	⑤
20. 我知道一门课中哪些章节是重点和难点	①	②	③	④	⑤
21. 我的教姿和教态很好	①	②	③	④	⑤
22. 我会针对学生的学情给学生布置家庭作业	①	②	③	④	⑤
23. 在课堂上，我能立刻观察到哪些学生在认真听课，哪些学生在开小差	①	②	③	④	⑤
24. 我的粉笔字写得很好	①	②	③	④	⑤
25. 我认为掌握基本知识对教学很有帮助	①	②	③	④	⑤
26. 给学生做评价的时候，我知道每个评价的目的	①	②	③	④	⑤
27. 我遇到高兴的事情常与同事分享	①	②	③	④	⑤
28. 我能够熟练地操作教学软件	①	②	③	④	⑤
29. 我有独到的课堂导入方法	①	②	③	④	⑤
30. 我常给学生的作业做详细批改	①	②	③	④	⑤
31. 我上课时会突出重难点	①	②	③	④	⑤
32. 我在教学中很重视板书设计	①	②	③	④	⑤
33. 我的课堂上学生秩序井然	①	②	③	④	⑤
34. 我能够利用表情、语调、身体姿势等提高教学效果	①	②	③	④	⑤
35. 我能将专业知识运用到现在的教学中	①	②	③	④	⑤
36. 我的教学设计中每堂课都有清晰的目标	①	②	③	④	⑤
37. 我能够很熟练地运用电子课件授课	①	②	③	④	⑤

描述	非常不符合	比较不符合	一般	比较符合	非常符合
38. 我会公平对待每个学生	①	②	③	④	⑤
39. 在讲授新课的过程中,我会针对不同的教学内容采用不同的教学形式	①	②	③	④	⑤
40. 我的同事常找我倾诉	①	②	③	④	⑤
41. 我的教学设计中的教学内容都对应了清晰的教学目标	①	②	③	④	⑤
42. 我专业知识很扎实	①	②	③	④	⑤
43. 我的知识面很丰富	①	②	③	④	⑤
44. 我很重视教学课件的制作	①	②	③	④	⑤
45. 我很擅长课堂导入	①	②	③	④	⑤
46. 我的教学设计中有明确的知识目标	①	②	③	④	⑤
47. 每一学期内我会给学生安排几堂总结课	①	②	③	④	⑤
48. 我对学生的评价很客观,不带个人情绪	①	②	③	④	⑤
49. 在讲授重难点时我会花更多的时间	①	②	③	④	⑤
50. 我的教学设计中有明确的教学方法	①	②	③	④	⑤
51. 我会给学生不同形式的反馈	①	②	③	④	⑤
52. 我认为学生比较喜欢知识面广的老师	①	②	③	④	⑤
53. 我能够运用教育学、心理学知识帮助学生学习	①	②	③	④	⑤
54. 我的课堂有严格的规则	①	②	③	④	⑤
55. 我在教学竞赛中获过奖	①	②	③	④	⑤
56. 我会认真倾听同事的倾诉	①	②	③	④	⑤
57. 我的教学设计中每堂课都有清晰的目标	①	②	③	④	⑤
58. 我遇到难过的事情常向同事倾诉	①	②	③	④	⑤
59. 我能够运用心理学的相关知识激发学生的学习动力	①	②	③	④	⑤
60. 我的板书图文并茂	①	②	③	④	⑤
61. 我经常帮助有困难的学生	①	②	③	④	⑤
62. 我能够将教学内容很好地表现在课件中	①	②	③	④	⑤
63. 对于课堂上违反纪律的学生,我有相应的规则惩罚他们	①	②	③	④	⑤
64. 我的教案里有完整的板书设计	①	②	③	④	⑤

续表

描述	非常不符合	比较不符合	一般	比较符合	非常符合
65. 我的教育学、心理学知识很扎实	①	②	③	④	⑤
66. 我认为只有掌握过硬的专业知识,才能适应新一轮的教学改革	①	②	③	④	⑤
67. 我会依据教学目标选择合适的教学内容	①	②	③	④	⑤
68. 我的板书看起来很美观	①	②	③	④	⑤
69. 每堂课我都会有课堂小结	①	②	③	④	⑤
70. 与其他学校相比,我们学校能够提供更高的平台用于工作	①	②	③	④	⑤
71. 在我的工作中,学校领导给予了很大的支持和帮助	①	②	③	④	⑤
72. 我在学校有和谐融洽的人际关系	①	②	③	④	⑤
73. 学校的政策对教师的个体成长是有帮助的	①	②	③	④	⑤
74. 我的风格和上级的领导风格很适应	①	②	③	④	⑤
75. 在学校里我的工作幸福感很高	①	②	③	④	⑤

第二部分

描述	非常不符合	比较不符合	一般	比较符合	非常符合
1. 我认为参与科研的价值在于用科学的方法解决教育教学工作中的问题	①	②	③	④	⑤
2. 我善于发现和找准具有可行性的研究点	①	②	③	④	⑤
3. 科研有助于提高自身教育教学研究能力	①	②	③	④	⑤
4. 我认为适应新一轮教育教学改革最需要提高的是科研能力	①	②	③	④	⑤
5. 我有一个高效的科研团队	①	②	③	④	⑤
6. 我知道研究方案一般包括哪几项内容	①	②	③	④	⑤
7. 我会通过实践及时调整科研思路	①	②	③	④	⑤
8. 我能够根据研究方案来实施研究	①	②	③	④	⑤
9. 我认为只有专家才能具备参与科研的条件	①	②	③	④	⑤
10. 我能够将科研成果运用于教学实践	①	②	③	④	⑤
11. 我了解课题研究的步骤	①	②	③	④	⑤
12. 我认为调查法是中学教师常用的研究方法	①	②	③	④	⑤

续表

描述	非常不符合	比较不符合	一般	比较符合	非常符合
13. 我认为课题研究是自己的创新活动,不需要文献查阅	①	②	③	④	⑤
14. 在进行科研时,我的研究方向总是摇摆不定	①	②	③	④	⑤
15. 我认为科研对教学工作有很大帮助,能引领教学改革	①	②	③	④	⑤
16. 我能够根据提出的研究问题进行文献查阅	①	②	③	④	⑤
17. 在科研团队中我能够发挥自己的作用	①	②	③	④	⑤
18. 我已掌握了科学研究的基本方法	①	②	③	④	⑤
19. 我善于充分利用学校提供的各种平台进行科研	①	②	③	④	⑤
20. 我擅长写研究报告	①	②	③	④	⑤
21. 我知道研究报告一般包括哪几部分的内容,以及各个部分的写法	①	②	③	④	⑤
22. 我能够在教学中发现值得研究的问题	①	②	③	④	⑤
23. 在现有的科研队伍中,我能够积极发挥团队协作能力	①	②	③	④	⑤
24. 我善于学习和创新科研方法	①	②	③	④	⑤
25. 在进行科研时,我通常会将遇到的难题进行团队讨论	①	②	③	④	⑤
26. 我能够对调查数据进行分析和统计处理	①	②	③	④	⑤
27. 我认为教师参加科研的意义是提高自身的理论水平和业务能力	①	②	③	④	⑤

第三部分

描述	非常不符合	比较不符合	一般	比较符合	非常符合
1. 在教学过程中,我经常会感到自身存在不足	①	②	③	④	⑤
2. 当我在教学中遇到问题时,我一般会自己钻研	①	②	③	④	⑤
3. 我平时通过学校组织的业务学习来提高专业能力	①	②	③	④	⑤
4. 我会给自己制定个人专业发展规划	①	②	③	④	⑤
5. 我习惯于观察记录自身的教学行为	①	②	③	④	⑤
6. 我需要参加关于学科新发展方面的培训	①	②	③	④	⑤
7. 我经常有学习进修的想法	①	②	③	④	⑤
8. 我每学期都会参加教研培训活动	①	②	③	④	⑤

续表

描述	非常不符合	比较不符合	一般	比较符合	非常符合
9. 我参加培训是为了接受新教育理念,获得新的知识与技能	①	②	③	④	⑤
10. 当我在教学中遇到问题时,我一般会请教其他老师	①	②	③	④	⑤
11. 我平时主要通过参加进修活动来进行专业学习	①	②	③	④	⑤
12. 我需要参加关于教学科研方面的培训	①	②	③	④	⑤
13. 我需要参加关于教师基本功方面的培训	①	②	③	④	⑤
14. 我认为要成长为一个专家教师,教学反思比较重要	①	②	③	④	⑤
15. 我有写教学日记的习惯	①	②	③	④	⑤
16. 我需要参加关于教育理论方面的培训	①	②	③	④	⑤
17. 我认为自我反思是提高自己专业能力的最好途径	①	②	③	④	⑤
18. 我平时主要通过参加教研活动来进行专业学习	①	②	③	④	⑤
19. 我认为教师进行教学与做研究两者之间完全能统一,没有矛盾	①	②	③	④	⑤
20. 我认为制定教师个人专业发展规划很有必要	①	②	③	④	⑤
21. 我参加培训只是服从学校安排	①	②	③	④	⑤

第四部分

仔细阅读每道题目并按实际作答,在每题后相应的选项中打"√"

描述	选项(按要求单选或多选)			
1. 您有多少关系密切,可以得到支持和帮助的朋友:(只选一项)	(1) 一个也没有	(2) 1~2个	(3) 3~5个	(4) 6个或6个以上
2. 近一年来您:(只选一项)	(1) 远离家人,且独居一室	(2) 住处经常变动,多数时间和陌生人住在一起	(3) 和同学、同事或朋友住在一起	(4) 和家人住在一起
3. 您与邻居:(只选一项)	(1) 相互之间从不关心,只是点头之交	(2) 遇到困难可能稍微关心	(3) 有些邻居很关心您	(4) 大多数邻居很关心您
4. 您与同学:(只选一项)	(1) 相互之间从不关心,只是点头之交	(2) 遇到困难可能稍微关心	(3) 有些同学很关心您	(4) 大多数同学很关心您

续表

描述	选项(按要求单选或多选)			
5(1) 您从恋人处得到的支持和照顾	A. 无	B. 极少	C. 一般	D. 全力支持
5(2) 您从父母处得到的支持和照顾	A. 无	B. 极少	C. 一般	D. 全力支持
5(3) 您从同学处得到的支持和照顾	A. 无	B. 极少	C. 一般	D. 全力支持
5(4) 您从兄弟姐妹处得到的支持和照顾	A. 无	B. 极少	C. 一般	D. 全力支持
5(5) 您从其他亲戚成员(如嫂子等)处得到的支持和照顾	A. 无	B. 极少	C. 一般	D. 全力支持
6. 过去,您在遇到急难情况时,曾经得到的经济支持和解决实际问题的帮助的来源有:	(1) 无任何来源	(2) 下列来源:(可选多项) A. 配偶;B. 其他家人;C. 亲戚;D. 朋友;E. 同事;F. 工作单位;G. 党团工会等官方或半官方组织;H. 宗教、社会团体等非官方组织;I. 其他(请列出)_____		
7. 过去,您在遇到急难情况时,曾经得到的安慰和关心的来源有:	(1) 无任何来源	(2) 下列来源:(可选多项) A. 配偶;B. 其他家人;C. 亲戚;D. 朋友;E. 同事;F. 工作单位;G. 党团工会等官方或半官方组织;H. 宗教、社会团体等非官方组织;I. 其他(请列出)_____		
8. 您在遇到烦恼时的倾诉方式:(只选一项)	(1) 从不向任何人倾诉	(2) 只向关系极为密切的1~2个人倾诉	(3) 如果朋友主动询问您会说出来	(4) 主动倾诉自己的烦恼,以获得支持和理解
9. 您在遇到烦恼时的求助方式:(只选一项)	(1) 只靠自己,不接受别人帮助	(2) 很少请求别人帮助	(3) 有时请求别人帮助	(4) 有困难时经常向家人、亲友、组织求援
10. 您对于团体(如党团组织、宗教组织、工会、学生会等)组织活动	(1) 从不参加	(2) 偶尔参加	(3) 经常参加	(4) 主动参加并积极活动

再次感谢您的填答!

附录三 《中学青年教师能力素质现状与影响因素调查问卷》(正式问卷)

中学青年教师(35周岁以下)教学科研状况调查问卷

尊敬的老师:

您好!

为了解中学青年教师(35周岁以下)的教学与科研状况,诚邀您参加本次调查。本次调查仅做科研使用,您的回答没有对错之分,我们会严格保密。1-5代表题目描述符合自己的程度,1代表非常不符合,2代表比较不符合,3代表一般,4代表比较符合,5代表非常符合。请在每道题后选择符合自己实际情况的数字。本调查不记姓名,请如实作答,感谢您的合作与支持!

1. 您的性别是:(1) 男 (2) 女
2. 您是哪个层次的老师:(1) 高中老师 (2) 初中老师
3. 您的最高学历是:(1) 本科 (2) 硕士 (3) 博士
4. 您的职称级别是:(1) 高级 (2) 中级 (3) 初级 (4) 无职称
5. 您的最后毕业专业是:_____
6. 您的教授科目是:_____
7. 您的年龄是:_____
8. 您的教龄是:_____

第一部分

描述	非常不符合	比较不符合	一般	比较符合	非常符合
1. 学生经常向我求助	①	②	③	④	⑤
2. 我能将教育学、心理学的知识运用到教学工作中	①	②	③	④	⑤
3. 很多学生喜欢和我在一起	①	②	③	④	⑤
4. 我给学生的反馈都很及时	①	②	③	④	⑤
5. 我在课堂上能够利用多种方法调动学生的积极性	①	②	③	④	⑤
6. 我能够处理课堂上的突发状况	①	②	③	④	⑤
7. 我在教学设计中有明确的重点和难点	①	②	③	④	⑤
8. 在课堂上我很注重师生互动	①	②	③	④	⑤

续表

描述	非常不符合	比较不符合	一般	比较符合	非常符合
9. 我的课件图文并茂	①	②	③	④	⑤
10. 我知道一门课中哪些章节是重点和难点	①	②	③	④	⑤
11. 在课堂上,我能立刻观察到哪些学生在认真听课,哪些学生在开小差	①	②	③	④	⑤
12. 我的粉笔字写得很好	①	②	③	④	⑤
13. 我认为掌握基本知识对教学很有帮助	①	②	③	④	⑤
14. 我上课时会突出重难点	①	②	③	④	⑤
15. 我能够利用表情、语调、身体姿势等提高教学效果	①	②	③	④	⑤
16. 我能够很熟练地运用电子课件授课	①	②	③	④	⑤
17. 我会公平对待每个学生	①	②	③	④	⑤
18. 在讲授新课的过程中,我会针对不同的教学内容采用不同的教学形式	①	②	③	④	⑤
19. 我的教学设计中的教学内容都对应了清晰的教学目标	①	②	③	④	⑤
20. 我很重视教学课件的制作	①	②	③	④	⑤
21. 在讲授重难点时我会花更多的时间	①	②	③	④	⑤
22. 我会给学生不同形式的反馈	①	②	③	④	⑤
23. 我认为学生比较喜欢知识面广的老师	①	②	③	④	⑤
24. 我能够运用教育学、心理学知识帮助学生学习	①	②	③	④	⑤
25. 我的课堂有严格的规则	①	②	③	④	⑤
26. 我的教学设计中每堂课都有清晰的目标	①	②	③	④	⑤
27. 我能够运用心理学的相关知识激发学生的学习动力	①	②	③	④	⑤
28. 我的板书图文并茂	①	②	③	④	⑤
29. 我能够将教学内容很好地表现在课件中	①	②	③	④	⑤
30. 对于课堂上违反纪律的学生,我有相应的规则惩罚他们	①	②	③	④	⑤
31. 我的教案里有完整的板书设计	①	②	③	④	⑤
32. 我的教育学、心理学知识很扎实	①	②	③	④	⑤
33. 我会依据教学目标选择合适的教学内容	①	②	③	④	⑤

续表

描述	非常不符合	比较不符合	一般	比较符合	非常符合
34. 与其他学校相比,我们学校能够提供更高的平台用于工作	①	②	③	④	⑤
35. 在我的工作中,学校领导给予了很大的支持和帮助	①	②	③	④	⑤
36. 我在学校有和谐融洽的人际关系	①	②	③	④	⑤
37. 学校的政策对教师的个体成长是有帮助	①	②	③	④	⑤
38. 我的风格和上级的领导风格很适应	①	②	③	④	⑤
39. 在学校里我的工作幸福感很高	①	②	③	④	⑤

第二部分

描述	非常不符合	比较不符合	一般	比较符合	非常符合
1. 我认为参与科研的价值在于用科学的方法解决教育教学工作中的问题	①	②	③	④	⑤
2. 科研有助于提高自身教育教学研究能力	①	②	③	④	⑤
3. 我认为适应新一轮教育教学改革最需要提高的是科研能力	①	②	③	④	⑤
4. 我知道研究方案一般包括哪几项内容	①	②	③	④	⑤
5. 我会通过实践及时调整科研思路	①	②	③	④	⑤
6. 我能够根据研究方案来实施研究	①	②	③	④	⑤
7. 我了解课题研究的步骤	①	②	③	④	⑤
8. 我认为调查法是中学教师常用的研究方法	①	②	③	④	⑤
9. 我能够根据提出的研究问题进行文献查阅	①	②	③	④	⑤
10. 我已掌握了科学研究的基本方法	①	②	③	④	⑤
11. 我善于充分利用学校提供的各种平台进行科研	①	②	③	④	⑤
12. 我擅于写研究报告	①	②	③	④	⑤
13. 我知道研究报告一般包括哪几部分的内容,以及各个部分的写法	①	②	③	④	⑤
14. 我能够在教学中发现值得研究的问题	①	②	③	④	⑤
15. 我能够对调查数据进行分析和统计处理	①	②	③	④	⑤

第三部分

描述	非常不符合	比较不符合	一般	比较符合	非常符合
1. 在教学过程中,我经常会感到自身存在的不足	①	②	③	④	⑤
2. 我经常有学习进修的想法	①	②	③	④	⑤
3. 我参加培训是为了接受新教育理念,获得新的知识与技能	①	②	③	④	⑤
4. 当我在教学中遇到问题时,我一般会请教其他老师	①	②	③	④	⑤
5. 我平时主要通过参加进修活动来进行专业学习	①	②	③	④	⑤
6. 我需要参加关于教学科研方面的培训	①	②	③	④	⑤
7. 我需要参加关于教师基本功方面的培训	①	②	③	④	⑤
8. 我认为要成长为一个专家教师,教学反思比较重要	①	②	③	④	⑤
9. 我有写教学日记的习惯	①	②	③	④	⑤
10. 我认为教师进行教学与做研究两者之间完全能统一,没有矛盾	①	②	③	④	⑤

第四部分

仔细阅读每道题目并按实际作答,在每题后相应的选项中打"√"

描述	选项(按要求单选或多选)			
1. 您有多少关系密切,可以得到支持和帮助的朋友:(只选一项)	(1) 一个也没有	(2) 1~2个	(3) 3~5个	(4) 6个或6个以上
2. 近一年来您:(只选一项)	(1) 远离家人,且独居一室	(2) 住处经常变动,多数时间和陌生人住在一起	(3) 和同学、同事或朋友住在一起	(4) 和家人住在一起
3. 您与邻居:(只选一项)	(1) 相互之间从不关心,只是点头之交	(2) 遇到困难可能稍微关心	(3) 有些邻居很关心您	(4) 大多数邻居很关心您
4. 您与同学:(只选一项)	(1) 相互之间从不关心,只是点头之交	(2) 遇到困难可能稍微关心	(3) 有些同学很关心您	(4) 大多数同学很关心您
5(1) 您从恋人处得到的支持和照顾	A. 无	B. 极少	C. 一般	D. 全力支持

续表

描述	选项(按要求单选或多选)			
5(2) 您从父母处得到的支持和照顾	A. 无	B. 极少	C. 一般	D. 全力支持
5(3) 您从同学处得到的支持和照顾	A. 无	B. 极少	C. 一般	D. 全力支持
5(4) 您从兄弟姐妹处得到的支持和照顾	A. 无	B. 极少	C. 一般	D. 全力支持
5(5) 您从其他亲戚成员(如嫂子等)处得到的支持和照顾	A. 无	B. 极少	C. 一般	D. 全力支持
6. 过去,您在遇到急难情况时,曾经得到的经济支持和解决实际问题的帮助的来源有:	(1) 无任何来源	(2) 下列来源:(可选多项) A. 配偶;B. 其他家人;C. 亲戚;D. 朋友;E. 同事;F. 工作单位;G. 党团工会等官方或半官方组织;H. 宗教、社会团体等非官方组织;I. 其他(请列出)_____		
7. 过去,您在遇到急难情况时,曾经得到的安慰和关心的来源有:	(1) 无任何来源	(2) 下列来源:(可选多项) A. 配偶;B. 其他家人;C. 亲戚;D. 朋友;E. 同事;F. 工作单位;G. 党团工会等官方或半官方组织;H. 宗教、社会团体等非官方组织;I. 其他(请列出)_____		
8. 您在遇到烦恼时的倾诉方式:(只选一项)	(1) 从不向任何人倾诉	(2) 只向关系极为密切的1~2个人倾诉	(3) 如果朋友主动询问您会说出来	(4) 主动倾诉自己的烦恼,以获得支持和理解
9. 您在遇到烦恼时的求助方式:(只选一项)	(1) 只靠自己,不接受别人帮助	(2) 很少请求别人帮助	(3) 有时请求别人帮助	(4) 有困难时经常向家人、亲友、组织求援
10. 您对于团体(如党团组织、宗教组织、工会、学生会等)组织活动	(1) 从不参加	(2) 偶尔参加	(3) 经常参加	(4) 主动参加并积极活动

再次感谢您的填答!

后 记

虽已将至"知天命"的年龄,行文至此也难抑心中的激动与感慨。2012年,我考取了苏州大学政治与公共管理学院的博士,六年来,我为人师、为人父、为人夫、为人子、为人徒,不断切换与调适这些身份与角色,其间偶感力不从心,单位工作繁重、家庭责任重大,常常无法一心一意对待学业,故一直延宕停摆。悠悠六载的博士求学岁月恰是见证生命中重要转折变动的大年代,其间甘苦,如人饮水,冷暖自知。在博士论文即将收官之时,心境却如同苏公在"定风波"所云:"回首向来萧瑟处,归去,也无风雨也无晴。"取得博士学位,是我年少时一直怀揣的梦想,也是我人生价值的自我实现。转眼六年的读博生涯已告一段落,告别的是一种状态、一段经历,也是曾经的自己。幸运的是,在求学过程中,我身后总是有人给我力量,无私地支持与帮助我。

首先,我要感谢的是我的恩师朱永新教授。朱老师不弃我学识疏浅容我入门,让我认识了很多同门师友,也有幸亲历了"新教育实验"的实践与发展。朱老师的家国情怀和俯首开耕教育实验的精神始终是指引我前进的灯塔。我想我是朱老师门下众多弟子当中最像树懒的学生,树懒的移动速度很慢,又经常原地定格,挪一步的时间平均是12秒,用八个字来形容最贴切:"磨磨蹭蹭、温温吞吞!"幸运的是朱老师对我这只"树懒"非常宽厚,总在我踌躇不前时捎来关心。六年的时光悠悠地过了,"树懒"要换一棵树继续生活,但朱老师的温厚宽容我会永远铭记在心。

其次,我要特别感谢教育学院许庆豫教授。六年来,许老师殷殷垂询,鼓励加持,让我得以完成论文,感念终身。在论文选题和写作过程中,许老师悉心的指导让我获益匪浅,许老师对待教育,对待学术研究的态度深深地影响着我,激励着我,也鞭策着我完成博士学位论文。许老师亲切温暖又随和的为人如同和煦的阳光,将继续照耀我努力向前。

同时，我还要感谢政治与公共管理学院的车玉玲教授，车教授答疑解惑，热心引导，帮助我解决了读博期间与论文写作中遇到的疑惑和困难。感谢给予我学业上指导和帮助的李兰芬老师、任平老师、杨思基老师、邢冬梅老师、庄友刚老师！感谢各位老师带给学生精彩的专业课和专题研究，感谢你们在我论文开题报告和预答辩中提出的宝贵建议，我得以完善和提升论文思路。诸位恩师之谆谆教诲，吾终身铭记！

政治与公共管理学院的各位老师用自己特有的方式践行着"养天地正气，法古今完人"的校训，正是有了他们的辛勤付出，才有我们的成长与收获。师恩难以回报，在此，我向苏州大学所有帮助和指导过我的老师表示最诚挚的谢意。

感谢所有帮助过我，鼓励过我的同窗学友和同门的兄弟姐妹们，因为有他们的鼓励与帮助，我的求学之路充满了关爱和美好，也激励着我不断践行新教育精神。

倘若没有我人生另一半的支持，完成这本专著对于我来说几乎是个不可能实现的任务，感谢内人冯霞老师一路走来的陪伴扶持，没有你就没有今日之我；儿子是支撑我继续向前的动力，也是我的希望之源；而父母抚养幼子，奉献青春人生，拉拔我们兄妹三人长大成人、成家立业，报答之道惟立身修德，无忝所生。

此时此刻，所有的感谢都苍白无力，仅就以此作来感谢所有曾给予我关心和帮助的人！我将继续扬起探索奋斗的风帆，去追寻，去求索，去实践！

2020 年 7 月 31 日